예수

Jesus Christ

성경 행간에 숨어있던 그를 만나다

김형석 지음

KB192307

이와우

머리말

인간은 누구나 일생을 통해서 몇 차례 신앙에 대한 종교적 계기를 가진다. 그 계기의 형태와 성격에는 차이가 있을지 모르나 내용에는 공통성이 있다. '영원한 것에 대한 그리움'이다.

나는 그 계기를 일찍 맞이한 셈이다. 14살, 중학교 1학년 때의 일이다. 그때 나는 건강의 문제로 삶의 한계를 느끼고 있었다. 그 겨울, 나에게 나타났고 내가 찾은 것이 아버지로서의 하느님이었고 영혼의 친구로서의 예수였다.

그 뒤로부터 오늘날까지 70년이 넘는 동안, 나는 내 생활에서 하루도 하느님과 예수를 떠날 수가 없었다. 솔직히 말하면 나는 예수를 잊거나 떠난 때가 있었어도 예수는 언제나 내 곁에 있었다. 그것은 마치, 나는 약속을 지키지 못했으나 상대방은 그 약속을 어기지 않은 것과 같은 상황이었다. 옛날 야곱은 베델에서 드린 기도를 잊었어도 야훼 신

예수

Jesus Christ

예수
성경 행간에 숨어있던 그를 만나다

초판 1쇄 발행 2015년 9월 14일
초판18쇄 발행 2023년 3월 27일

지은이 | 김형석

펴낸곳 | 도서출판 이와우
주소 | 경기도 고양시 일산동구 마두동 750 5층
전화 | 031)901-9616
이메일 | editorwoo@hotmail.com

디자인 | 디자인 붐
인쇄 · 제본 | (주)현문

출판등록 | 2013년 7월 8일 제2013-000115호

ISBN 978-89-98933-08-1 (03230)

은 야곱의 일생을 지켜 준 것과 같은 것이었다.

대개의 경우 예수는 내 옆 가까이에서 나와 함께 머무른다. 그러나 때로는 내 뒤에서 떨어져 내가 다시 찾아 주기를 기다리는 때도 있었다. 그렇다고 해서 나와 예수가 완전히 외면한 적은 없었다. 아니 있을 수가 없었다.

그런 점에서 예수는 나의 길이요, 진리요, 생명이기도 했다. 그는 나의 모든 것이었으며 나 자신이기도 했다.

지난여름, 나는 가까이 있기 때문에 오히려 모르는 점이 많았던 예수를 다시 한 번 찾아보기로 했다. 나를 위한 과제이기도 했으나 예수를 내 사랑하는 친구들에게 소개하며 알려주고 싶은 욕망에서였다. 그리고 그 주제는, 과연 인간 예수가 우리의 신앙적 대상이 되는 그리스도일 수 있는가 하는 것이었다.

그 작업은 생각했던 것보다 어려웠다. 내 친구의 대부분은 20세기 후반기를 살고 있는 지성인들이다. 그들에게도 나와 예수의 관계가 같은 뜻에서 성립될 수 있을까 함에 봉착하지 않을 수 없었기 때문이다.

나는 이 책의 독자들이 어떤 결론에 도달할지는 모른다. 그러나 예수가 누군인가를 묻고, 그 예수와의 관계가 어떤 것인가를 진지하게 모색하고 경건히 탐구하는 데 작은 도움이 된다면 그 이상의 고마움이 없겠다. 예수를 소개하는 것은 내가 할 수 있는 일이다. 그러나 그를 친구로 맞이하는 것은 내 한계를 넘어서는 일이다.

나는 이 책이 쓰여 질 수 있는 간접적인 동기를 준(일요일 오후의 신앙 강좌에 참석해 준) 여러분을 잊을 수가 없다. 반세기 동안의 긴 세월에 걸친 모임이었기 때문이다.

끝으로, 이 책을 교학사로부터 출판권을 이어받아 다시 발간해 준 이
와우 여러분에게 감사를 드린다.

2015년 가을
김형석

차례

JESUS

1

영원한 것을 향한 새로운 출발

30대 전후의 한 사나이가 요르단 강변을 따라 유대 광야를 향해 발걸음을 옮기고 있었다.

그의 이름은 예수였다.

그는 이 출발, 오랫동안 목수 일을 하면서 정들었던 나사렛을 떠나는 출발이 그의 생애 처음 출발인 동시에 마지막 출발임을 잘 알고 있었다. 그가 다시 이 고향을 찾아오는 일이 있더라도 그것은 지금의 공간적 의미와는 다르리라는 사실을 잘 알고 있었다.

예수는 누구에게도 작별 인사를 나누지 않은 것 같다. 나눌 필요가 없었던 것이다. 영혼의 출발이었기 때문에 육체와의 고별은 필요가 없었고, 또 그 이별은 의미가 없었던 것이다.

그는 지금 말로만 전해 들은 세례자 요한이 있는 곳을 찾아 가는 것이었다. 사해死海 서북 지방에는 엣세네 파에 속하는 종교 집단이 활동하고 있었으며, 쿰란 교단의 활약이 지속되고 있었기 때문이다. 그들은 예루살렘을 장악하고 있는 종교 집단으로부터는 추방을 당했고, 정치 권력층으로부터는 위험한 단체로 경계의 대상이 되어 있었다.

그러나 많은 사람들은 이스라엘의 장래는 그들에 의하여 희망을 찾으며 하늘나라가 건설된다면 그들을 통해서 이루어질 것이라는 기대를 걸고 있었다. 그들은 신앙의 순수성을 지키고 있었으며, 민족 해방의 정열을 불태우고 있었기 때문이다.

그들 가운데서 한 지도자가 공공연히 나타났다. 그는 세례자 요한이었다. 그는 예언자답게 특이한 생활을 하고 있었다. 오랫동안 한 벌의 낙타 털옷을 걸치고 있었으며, 식사는 들의 메뚜기와 바위틈의 꿀을 따 먹으면서 가르치고 세례를 베풀고 있었다.

세례자 요한은 모여드는 군중들에게 거리낌없이 큰 소리로 가르치곤 했다. 그 교훈은 이스라엘 사람들이 어렸을 때부터 익숙히 들어 온 구약의 교훈을 요약한 것이었다. 정의와 진노의 하느님을 재현해 주었고, 회개하지 않는 개인과 민족은 곧 멸망할 것이라고 자신만만한 설교를 했다. 모여든 사람들은 그의 풍채와 분노에 찬 설교에 끌려들어갈 수밖에 없었다. 위엄이 있고 권위로움을 갖추고 있는 예언자로서 손색이 없었다. 말라기 선지자 이후 끊어졌던 하느님의 예언자다운 모습을 누구나 발견할 수 있었다.

요한의 교훈을 믿고 따르려는 사람들은 회개를 선언하고 그 뜻을 굳히는 의미에서 세례를 받았다. 새로운 삶을 시작하는 증거로 삼았던 것이다.

요한을 둘러싼 많은 군중들 속에는 갈릴리의 한 젊은이가 있었다. 요한을 만나기 위해 떠났던 예수였다. 요한은 이 낯선 젊은이를 바라보았다. 그리고는 자신도 모르게 예수 앞으로 다가갔다. 둘은 한참 동안 말없이 서로 마주보았다. 두 사람의 눈은 침묵 속에서 깊은 대화를 나누었다. 두 사람은 똑같은 것을 느꼈다. 같은 사명과 뜻을 가지고 있으며, 누군가의 보내심을 받아 왔다는 직감이었다. 어쩌면 이 두 사람을 보낸 이는 야훼일지도 모른다. 예수는 신념과 정열에 불타는 요한의 눈을 살폈다. 모든 것을 불사르고도 남을 것 같은 불꽃이 타고 있었다. 요한은 예수의 얼굴과 두 눈을 응시했다. 한없이 깊고 넓은 호수가 있었고, 그 속에는 다함이 없는 믿음과 사랑이 피어오르고 있는 것 같았다.

얼마 후에 예수는 나에게도 세례를 베풀어 달라고 청했다. 요한은, "당신은 나보다 위대한 분입니다. 회개할 것이 없는 당신에게 어떻게 세례를 주겠습니까?"라며 사양했다. 그러나 예수는, "예로부터의 전통을 위해서, 그리고 여기에 모인 많은 사람들을 봐서 사양할 필요가 없지 않겠느냐."라고 종용했다. 요한은 예수의 뜻을 따랐다. 물론 이 절차는 대화보다는 침묵 속에 이루어진 묵계였을 것 같다.

예수는 볼 것을 보았고 만날 사람을 만났다. 그러나 요한은 뜻밖의 인물을 만났고, 감당할 수 없는 권위에 부딪쳤다. 이로부터 예수는 높이 올라가는 삶을 택했고, 요한은 스스로를 낮추어 가는 길을 걸어야 했다.

며칠 뒤 요한은 서슴지 않고 말했다. "세상 죄를 지고 가는 하느님의 어린 양을 보라. 나는 그의 신들메를 풀어 드릴 자격조차 갖추지 못한 사람이다."라고. 그리고 그는 자기를 따르던 제자들에게도, 앞으로는 나보다는 저 예수의 제자가 되는 것이 옳을 것이라고 양보하곤 했다.

요한은 스스로의 존재와 운명을, 밝은 태양이 떠오르기를 기다리던 새벽 별 같은 것으로 자인했다. 또 그렇게 살다가 죽어 갔다. 예수도 그 사실을 부인하지 않았다. 예수는 요한을 두고 "여인이 낳은 사람 중에는 세례자 요한보다 더 큰 사람이 없으나, 하늘나라에서는 모든 사람이 그보다 위대하다."라고 후일에 말했다. 그것은, 잠시라도 예수의 스승이었고 선배였던 요한을 얕잡아 보는 교만에서가 아니다. 그것이 두 사람을 보내 준 이의 뜻으로 믿었기 때문이다. 요한은 감옥에 있으면서 한때 그 사실을 의심했는지 모른다. 그러나 예수는 그 뜻을 의심하지도 않았고 그대로 자신의 삶과 역사를 밀고 나갔다.

요한을 중심으로 하는 집단에 예수가 얼마나 오래 머물렀는지는 확실하지 않다. 또 이미 말한 예수와 요한의 관계가 하루 이틀 사이에 이루어졌다고 고집할 이유도 없다. 그러나 예수는 자신이 믿으려는 바가 다가올 하늘나라의 뜻이 요한을 거쳐야 하겠으나 요한과 같지는 않다는 사실을 곧 발견했다. 요한은 구약적인 온갖 교훈은 완성시켜 주었으나, 하늘나라는 과거를 계승하는 데 있지 않고 미래에 있어야 한다는 엄연한 진실을 깨닫게 되었기 때문이다. 요한의 일이 끝나는 곳에 예수의 사명이 시작된다는 것을 통감했던 것이다.

그러면 예수가 가야 하는 곳은 어디였는가.

그곳은 사람들이 모이는 곳은 아니었다. 이제는 나홀로 하느님과 대결하는 장소를 찾아야 했다. 그래서 예수는 홀연히 광야에서 요단강 서쪽에 있는(지금은 유혹의 산으로 불리는) 높은 산 속으로 깊숙이 몸을 숨겼다. 그곳은 강도 떼들도 올라갈 필요가 없을 정도로 험준한 곳이었고, 짐승 소리밖에는 들려오지 않는 깊은 산 속이었다. 30여 년의 인간과의 삶을 단절하고 구약의 하느님과 자신만이 있는 공간을 찾아 영혼의 물음을 던지려 했던 것이다.

그러나 야훼 하느님은 그에게 나타나지 않았다. 구약의 야훼는 계속 침묵을 깨뜨리지 않는 것 같았다.

예수는 40일간을 몸부림쳤다. 그 고뇌는 죽음보다 더한 것이었다. 차라리 죽음을 택하는 편이 수월할 것 같았다. 40일이 50일이 되고, 다시 60일이 되었다면 예수는 다시 인간 사회로 돌아오지 못하고 죽었을지도 모른다. 그만큼 예수의 문제와 고뇌는 심각한 것이었다. 종교는 언제나 죽음보다 더 강하기 때문에 이끌리는 것이다.

그러나 40일이 지났을 때 문제의 실마리는 풀리기 시작했다. 성경은, '하느님이 아니라 악마가 먼저 나타났다.'라고 기록하고 있다. 악은 버려야 하는 것이다. 악마는 추방해야 하는 존재이다. 예수에게 먼저 나타난 것은 긍정적인 것보다 부정적인 것이었다.

「누가복음」에 따르면, 악마는 세 가지 문제를 제시했다. 물론 우리는 이때 악마가 어떤 모습을 가지고 나타났다고는 생각지 않는다. 그러나 정신적으로는 어떤 악의 대행자보다도 강한 힘을 가진 시험과 유혹을 예수는 겪어야 했던 것이다.

첫 번째 시험은, 이 돌들로 하여금 떡이 되게 하여 우선 굶주림을 해결해야 할 것이 아니겠느냐는 도전이었다.

40일 동안 굶주린 예수는 돌이 떡으로 보일 정도로 극한 상태에 처해 있었다. 그러나 비슷한 굶주림과 빈곤은 세상 어디에나 있었다. 손아래의 일곱 가족을 책임지기 위해 목수 일에 골몰했던 예수 자신이 그 빈곤의 쓰라림을 뼈저리게 느껴 왔을 것이다. 그 목수 일이란 오늘날의 초라한 목공소보다도 더 볼품 없는 상태였을 것이다. 당시의 예수는, 이 집 저 집의 부탁을 받은 대로 떠돌아다니면서 가벼운 가구들을 만들어 주고 수리도 해 주었을 것이다. 많은 사람들이, 예수는 항상 영양 실조에 걸려 있었으며, 허약한 체질의 소유자였을 것으로 추측하고 있다. 어려서부터 극심한 빈곤을 겪어야 했기 때문일 것이다. 그런 체험을 해 보지 못한 사람은 상상할 수가 없다.

이와 같은 경제적 빈곤은 예수의 주변 어디에나 있었다. 그리고 그것은 거의 체념 상태이기도 했다. 그러나 그 빈곤을 상대적으로 피부에 더 강하게 느끼게 하는 사태가 로마나 로마의 세력을 배경으로 하는 지역에서는 심하게 벌어지고 있었다. 빈부의 격차가 그 사실을 잘 말해주고 있었다.

그뿐만이 아니었다. 신앙적 전통을 빙자해서 로마의 세력과 공존하는 종교 지도자들은 어느 부유층 못지않게 호화로운 생활을 즐기고 있었다. 그들은 엄격한 종교적 규례는 잘 지키는 척하고 있었으나, 가난한 소시민들은 상상도 할 수 없는 물질적 풍요로움에 젖어 있었다.

이러한 현실을 잘 알고 있으면서 40일간의 굶주림을 겪은 예수에게,

악마는 돌로 떡을 만들어 먹자는 유혹을 하지 않았겠는가. 그리고 인간의 존엄성을 지키려고 하는 사람들까지도 그 요청에 일단은 순응하게 되어 있는 것이 속일 수 없는 현실이다.

옛날로 거슬러갈 필요가 없다. 산업 혁명 이후에 인류가 치르어 온 가장 큰 문제가 여기에 있었으며, 그러한 유혹의 책임을 지고 나선 마르크스주의자들을 뒤따르는 사회가 얼마나 많았는가. 악마는 검은색을 흰색으로 보라는 유혹을 하는 것이 아니다. 회색을 더 짙은 회색으로 바꾸자는 것이다. 현대 사회가 온통 악마의 유혹에 따라 돌로 떡을 만드는 경제 활동에 열을 올리고 있는 사태를 누가 마다할 수 있겠는가.

그러나 예수는 악마에게 대답했다.

"사람이 떡으로만 사는 것은 아니다."

예수는 떡을 부정하지 않았다. 경제 문제가 얼마나 소중하냐는 사실을 모를 예수가 아니다. 먹을 것과 경제 문제는 해결되어야 한다. 인간이 육체를 지니고 있는 한 떡과 경제는 기본 조건이 될 수밖에 없다. 그러나 「마태복음」에 따르면, 예수는 "하느님의 입으로 나오는 모든 말씀으로 사는 것이다."라고 추가하고 있다.

말씀의 우위성을 강조하고 있으며, 역사의 긴 안목으로 보았을 때 경제 문제를 해결짓는 길은 하느님의 말씀대로 사는 것이라고 명백히 토로했다. 만일 예수가 "떡이면 족하다."라고 대답했다면 인류는 어떻게 되는가. 그 결과는 두려움을 촉발시키며, 인류는 근본부터 붕괴될 수 있다. 그러나 예수는 하느님의 말씀, 즉 하느님의 뜻을 앞세우고 떡의 문제는 그 뒤의 과제로 돌린 것이다. 그렇다고 해서 예수의 경제관이 과거의 모든 것을 버리고 영零에서부터 재출발하자는 뜻은 아니다. 이미 구약에서는 '땀 흘려 일하라'고 가르친 바 있으며, 가난한 사람이 없는 사회를 만들자는 교훈으로 가득차 있다. 그 하느님의 뜻을 어겼기 때문에 빈곤이 뿌리를 내리게 되었고, 빈부의 격차가 극심한 당시의 현실을 만든 것은 누구나 다 알고 이는 사실이다. 오늘 우리들의 현실도 예외가 아닌 것 같이…….

그러나 여기에 나타난 예수의 정신은 무엇인가. 떡과 경제의 문제가 아무리 시급하고 소중하더라도 그것은 인생의 수단일 뿐 목적은 될 수 없다는 대전제이다. 앞으로 예수가 취급해야 할 역사적 과제는 삶의 수단인 경제가 아니라 삶 자체를 해결지음으로써 모든 경제 문제도 풀어 줄 수 있는 하느님의 말씀에 있다는 사실을 자각한 것이다. 이 '말씀'은 세속적으로 말하면 진실된 가치일 수 있고, 후에는 '복음'으로 나타나게 된다. 예수의 목적은 인류를 구원하는 복음에 있지 경제 문제에 있지 않다는 사실을 천명한 것이다. 지엽적인 경제 문제보다는 뿌리가 되는 복음을 주어야 하는 것이 예수의 출발이었던 것이다.

악마는 예수를 이끌고 높은 산으로 올라갔다. 세계의 모든 나라를 보여 주면서 권력의 극치를 실감케 했다. 그리고는 말했다. "이것들은 세상 권세에 속한 것이며, 나에게 위임되어 있다. 나에게 경의를 표하고 따른다면 이 모든 것을 줄 수 있다."라며 악마는 예수를 유혹했다.

이것은 예수뿐만이 아니다. 인간이면 누구나 겪는 인생 최대의 시련이다. 사람들은 가난에서 풀려나면 권력, 지위, 명예를 찾는다. 또 그것들을 가지게 되면 경제의 혜택은 쉽사리 뒤따르는 법이다. 예수도 그 당시 세계 국가였던 로마의 세력을 잘 알고 있었다. 로마의 권력을 배경삼고 있는 집권자들과 집단들이 어떤 위치에 있다는 사실도 매일같이 보아 왔다. 심지어는 종교 속에서도 권력과 지위와 명예를 위해 암투와 음모가 벌어지고 있다는 사실을 예수만이 모를 리 없었다. 또 인간들은 그것을 떠나서는 살 수 없고, 사나이의 일생은 거기에서 평가되고 결정된다는 사실은 누구나 인정하고 있는 것이었다.

악마는 예수에게, 너도 그 사회에 동참해야 할 것이 아니냐는 강한 권유를 한 것이다. 믿을 것은 그것뿐이며, 하늘나라를 위한 책임도 그 뒤에 해결될 것이라고 유혹해 왔다.

악의로 해석하지 않더라도 그런 유혹은 누구나 받는다. '내가 교장이 되면 더 참신한 교육을 할 수 있는데.'라는 생각을 하지 않는 교육자가 있겠는가. 국정을 바로잡기 위해 장관이 되며 국회 의원이 되려는 사람들은 얼마든지 있다. 후진 국가에 쿠테타가 자주 일어나며, 혁명의 의미를 정당화하는 이유도 여기에 있다. 큰 교회나 교단의 책임자가 된다면 하느님의 교회에 더 크게 봉사하며, 주교가 되면 평신도로 있을 때보다도 더 많은 전도를 할 수 있을 것이라는 생각은 목사나 신부들도 가지는 통념이다.

악마의 유혹은 언제나 어리석지 않다. 상대방의 생각이 높을수록 그 위치에 맞는 문제를 꺼내는 법이다. 아홉을 거부하다가도 하나를 긍정하면 그 시험에 빠지게 된다.

악마는 예수에게 말한다. 이런 것들은 세상에 속하며 또 불가결한 문제들이다. 그러므로 일단은 세상의 권세를 잡고 있는 나에게 순종하며 경의를 표해야 줄 수 있는 것들이라고……. 말하자면 일단은 세속주의자가 되거나 세상과 타협을 해야 한다고 타이른 것이다. 그리고 그 자체들이 귀하기 때문에 그것들에 머리를 숙이지 않고는 목적에 도달할 수가 없다.

두 번째 시험은 처음 것과는 달랐다. 악마는, 나에게 절을 하면 이 모든 것을 노력 없이 주겠다고 약속한다. 다시 말하면 권력, 지위, 명예 등의 어떤 권위를 인정하면 된다는 것이다. 정신적 복종만 하면 얻을 수 있다는 것이다. 사실, 시험을 받고 있는 예수가 누구인가. 이름 없는 소시민이다. 아무것도 가진 것이 없다. 지금과 같은 위치에서 하늘나라를 위해 전진한다는 것은 맨손으로 태산을 옮기려는 것처럼 무모한 짓이다. 누가 날 따르며, 어떤 사람들이 내 말에 귀를 기울일 것인가. 어떤 권위를 가져야 일을 할 수 있고, 추종자가 생기고 일의 성취를 기약 받을 수 있지 않겠는가.

문제는 거기에서 그치지 않는다. 예수의 주변을 둘러싸고 있는 권력과 명성의 기성세력들은 태산같이 험준하게 솟아 있어, 언제라도 예수의 존재를 무無로 돌릴 수가 있었다. 로마 총독 빌라도의 세력, 헤롯 왕의 위력, 그들이 거느리고 있는 군대들, 그 속에서 종교적 권력을 교묘히 장악하고 있는 공의회의 종교적 세력. 이런 것들을 생각하면 앞으로 있을 예수의 위치란 깊은 숲 속을 기어다니는 힘 없는 짐승과 같은 상황에 불과했다. 그 속에 새로운 나라를 건설하기 위해 뛰어든다는 것은 누가 보아도 철부지의 장난이었다.

　그것을 아는 악마는 예수에게, 나와 함께 머물면서 세상 권세의 위력을 보며 그와 타협을 해야 할 것이 아니냐고 속삭인 것이다.

　그러나 이에 대한 예수의 대답은 간단했다. "모든 권위는 하느님께만 있으며, 홀로 그 분을 섬길 따름이다."라는 대답이었다.

　만일 예수가 지상의 나라를 뜻했다면 악마와 타협할 수 있을지 모른다. 예수의 뜻이 일시적인 세속적 건설에 있었다면 예수는 그렇게 냉정한 거절을 하지는 않았을 것이다. 그러나 예수가 염원하는 나라는 지상적인 것이 아니었다. 인간적인 노력으로 쌓아올릴 수 있는 건설과는 달랐다. 예수의 나라는 하느님의 뜻에 의해 하느님께 바쳐질 나라였던 것이다. 이 세상에서는 아무리 초라하고 지지자가 없다고 하더라도 그 나라는 세상의 권위나 권세 밑에 세워질 수 없는 것이었다.

　그것은 땅 위에 집을 짓지 않고 하늘 위에 집을 세우는 것과 같이 어려운 일일지 모른다. 그러나 건설되어야 하는 나라이다. 그것은 로마의 권력이 아니라 나사렛 마을의 빈민들 속에 세워져야 하는 나라이다. 그 나라는 빌라도나 헤롯의 궁중을 통해서가 아니라 병에 시달리고 있는 사람들, 권력의 그늘에서 희롱당하고 있는 가엾은 여성들, 죄의식 때문에 머리를 들지 못하고 있는 억눌린 사람들 속에 그들을 위해 건설되는 나라이어야 한다.

　이런 나라는 땅 위에서도 가장 미천한 건설이다. 그 나라를 위해 로마의 권력으로 상징되는 모든 세력을 버려야 하는 것이다. 그것은 모래탑을 쌓기 위해 궁궐을 천시해야 하는 철없는 어린애의 뜻과도 비교

할 수 있다. 그러나 그 선택이 예수의 선택인 것이다. 그 나라를 위해서는 세속적인 모든 권력을 외면하고 오직 하느님께만 경배를 드려야 하는 것이다.

이렇게 큰 모험이 없고, 그렇게 타산이 맞지 않는 선택이 없다. 그러나 예수는 그 길을 선택해야 했다. 이 세상에는 둘도 없이 어리석어 보이는 선택인 것이다.

두 번째 시험을 끝낸 악마는 다시 예수를 예루살렘 성전 위로 데리고 갔다. 이 성전은 이스라엘 사람들에게 있어서는 야훼 하느님이 머무는 집이었다. 그 웅장함이나 화려함은 그 당시 사람들의 눈으로 본다면 절대적인 것이었다. 성경은 악마가 성전 꼭대기에 예수를 서게 했다고 말한다. 악마는 예수에게 말했다. "만일 당신이 하느님의 아들이거든 여기서 뛰어내려라. 성경에 있는 말대로 하느님이 자기 사자들에 명하여 그대를 지키게 하실 것이다. 그래서 그들이 손으로 그대를 받들어 그대의 발이 돌에 부딪치지 않게 할 것이다."

악마의 세 번째 유혹은 또 달랐다. 예수가 모든 대답을 구약에서 끌어내고 있음을 본 악마는 자신이 먼저 성경을 인용했다. '성경에 있는 말대로……'라고. 그것은 차원이 높은 유혹이었다. 성경에도 있는데, 그것이 무슨 어려운 일이냐는 것이다.

그러면 이 시험은 무엇인가.

예수가 감감히 쳐다보이는 성전 꼭대기에 서서 많은 군중들을 내려다보면서, '여러분, 보시오. 내가 하느님의 사자임을 이제 증명해 보일 것입니다. 이 높은 곳에서 뛰어내리더라도 야훼께서 천사들로 하여금 내 발을 붙들어 상하지 않는 것으로 그 표적을 삼을 것입니다.'라고 외친다 하자. 그 결과는 어떻게 되는가. 수많은 군중이 '여기 메시아가 나타났다. 우리 모두 그를 따르자.'라며 구름같이 몰려들 것이다. 그러면 모든 일이 수월하게 풀려 나갈 것이다. 전도를 하기도 쉬우며, 복음을 전하는 데도 최선의 방법이 될 것이다.

이런 생각은 누구나 할 수 있다. 큰 조직을 만들고, 그 위력을 힘입어 한꺼번에 수만 명에게 전도할 길은 없겠는가. 텔레비전이나 매스컴을 이용해서 수천 명을 동원해 전도의 길을 열어야 하지 않겠는가. 수단과 방법만 좋으면 남들이 몇 해에 걸쳐 할 일을 하루 이틀 동안에 해낼 수 있을 것이 아닌가. 내 옆에 모여드는 한두 사람이나 몇십 명을 상대로 복음을 전하기보다는 수십만 명을 한꺼번에 신앙으로 이끄는 방법도 있지 않겠는가.

이런 생각은 어디에나 있다. 그리고 우리 자신들도 그런 방법과 수단을 찾고 있다. 기독교가 계속 노력해 온 길이 여기에 있었던 것도 사실이다.

예수에게 있어 그 문제는 더욱 절박했다. 아무것도 가진 것이 없는 예수가 인류를 대상으로 하늘나라를 건설하는데, 다른 것은 모르더라도 어떤 수단과 방법은 있어야 할 것이 아닌가. 그리고 그것은 인간의 지혜에 속하는 것이며, 그 지혜는 하느님께서도 묵인하거나 용납해 주시지 않겠는가. 목적이 하느님께 있는 것이므로……

악마는 그 수단과 방법을 요청하면서 가르쳤던 것이다. 경제나 권력은 배제하더라도 수단과 방법은 하느님께서 받아들일 것이라는 속삭임이었다. 그것마저 없다면 예수의 뜻은 물거품같이 사라지고 모든 노력은 제자리걸음을 벗어나지 못하겠기 때문이다. 달걀을 던져 바위를 깨겠다는 어리석음을 왜 감행하려고 하는가.

그렇다면 예수는 어떤 대답을 해야 하는가. 예수는 구약 「신명기」에 나오는 말씀을 받아들였다. '주 너의 하느님을 시험치 말라.'라는 기록이었다.

세상의 나라와 하느님의 나라는 질적으로 다르다. 두 나라를 함께 건설하는 일은 불가능하다. 예수의 목적은 하늘나라에 있었다. 하늘나라를 건설함에 있어 세속적인 수단과 방법을 이용하는 것은 옳지 않다. 그것은 세속적인 것과 더불어 끝나고 마는 일이다. 영원한 나라는 하느님께 속하는 것이며, 그것은 오직 하느님의 뜻에 따라 이루어진다.

여기에 예수는 가장 어려운 결단을 내렸다. 내가 인간의 지혜를 쓰면서 세상의 나라를 위하는 것과 같은 수단을 쓴다면, 그리고 하느님께서 그것을 용납하실 것으로 생각한다면 그것은 보내심을 받은 나의 뜻일 수도 없고, 하느님을 내 편으로 끌어들이면서 이용하고 시험해 보는 일에 지나지 않는다. 하느님의 나라는 일점의 인간적인 수단과 방법도 없이 오직 하느님의 뜻에 따라 이루어져야 한다.

그러면 하느님의 뜻이란 무엇인가. 인간에 대한 지극한 사랑이다. 그들과 함께 머물면서 그들의 동반자가 되고, 그들을 하느님의 자녀로 바꾸어 주는 일이다.

그들의 굶주림을 해결해 주는 일은 귀하다. 그러나 그것은 그들 자신이 해결해야 할 문제이며, 세상의 책임자와 지도자가 할 수 있는 일이다. 그들에게는 정치적인 해방과 자유가 있어야 한다. 그러나 그 책임을 위하여 세속적인 힘에 아첨하거나 복종해서는 안 된다. 세상적인 능력을 하느님이 원하시는 방향으로 이끌어 주어야 한다. 문제가 되는 것은 하느님의 뜻에 따라 모든 인간을 사랑해 주는 일이다. 그들과 같이 울고 기뻐하며 그들의 곁에 머물고, 그들 모두가 하느님의 자녀로 스스로의 삶을 변화시키도록 돕는 일이다. 그 일이 중하다고 해서 사랑 이외의 다른 방법이나 수단을 쓸 필요는 없다.

이것이 예수가 다짐한 세 가지 시험의 결론이었다. 그리고 예수는 40일간의 시험을 끝내고 인간들이 있는 곳으로 내려왔다.

그 예수가 무슨 일을 어떻게 할 것인가. 그것은 마치 가냘픈 몸을 가진 토끼가 늑대와 사자들, 그리고 굶주린 맹수들이 득실거리는 숲 속으로 뛰어드는 것 같이 어리석고도 무모한 짓이 아닐까. 굶주린 늑대들이 토끼를 내버려 두겠는가. 살기에 찬 맹수들은 토끼를 잡아먹고도 굶주림을 채울 수 없는 처지가 아닌가.

그래서 우리는 토끼에게 타일러 보는 것이다. '숲 속으로 가는 것은 지혜롭지 못하다. 그것은 너 자신의 생명을 무가치하게 내던지는 일밖에 되지 않는다.'라고. 그러면 토끼는 무엇이라고 대답하겠는가. '나도 그것은 알고 있다. 과거에도 많은 하느님의 사자들이 같은 길을 걸어오지 않았는가. 그래도 그들의 죄악과 악의 세력을 이기기 위해서는 누군가가 가야 하는 것을 어떻게 하겠는가. 자신의 안전 때문에 스스로를 희생시키는 사람이 아무도 없다면 이 세계의 암흑과 인류의 비참은 누가 책임을 지겠는가. 하느님께서 원하시는 길을 알면서도 그 길

을 포기한다면 내가 이 세상에 태어난 뜻이 어디 있겠는가. 일의 성패
와 결과는 하느님만이 아시는 일이다. 가야 하는 것은 나의 성스러운
의무일 뿐이다.'

이렇게 예수는 자신의 길을 택한 것이다. 그 길을 택하기 위해 예수
는 시험을 거쳤고, 아직 뚜렷하지 못한 성령의 힘을 기대하면서 인간
들이 있는 세상으로 떠난 것이다.

2

예수의 초기 전도 생활

마귀에게 시험을 받은 예수는 요한의 집단을 떠나 고향인 갈릴리 지방으로 향했다. 짧은 기간이었으나 예수는 세례자 요한과 그 집단을 통해 많은 것을 보았고, 또 많은 것을 극복해야 한다는 사실을 깨달았다. 요한은 구약의 연장이었으나 구약의 추종자일 뿐 그 완성도 아니며 극복도 못 된다는 것을 발견했던 것이다. 역사적으로 보았을 때에도 요한은 '광야에 외치는 소리'일 수는 있어도 그 소리의 영원한 실체는 될 수 없었다. 예수는 낡은 것과 새 것은 구별되어야 하며, 영원한 것을 낡은 부대에 넣는 일은 어리석다는 점을 통감했다.

요한은 비범한 것을 원했다. 그러나 영원한 것은 평범 속에 머무는 것이다. 요한은 정의를 호소했다. 그러나 예수는 사랑을 견지해야 했다. 요한은 남다른 옷을 입고, 일반 사람들이 택하지 않은 생활을 과시했다. 그러나 예수는 평범한 사람들의 삶 속에서 하느님의 뜻을 드러내야 했다. 예수의 옷은 목수 일을 할 때의 옷 그대로였다. 성경에는 죽을 때 예수의 옷을 로마 군인들이 제비뽑아 나누어 가졌다고 기록되어 있을 뿐, 예수의 옷이나 육체적 생활에 관한 기록은 별로 없다. 일반인들과 같이 평범한 생활로 자족했던 것이다. 육체적인 생활에 관심이 클수록 정신적인 일이 소홀해짐은 우리들도 잘 알고 있는 사실이다.

예수가 처음 찾아갔던 곳은 이스라엘 동북부에 있는 갈릴리의 호반 지역이었다. 예수가 자라고 목수 일을 했던 곳은 갈릴리 산간에 있는 나사렛 마을이었다. 거기에는 이미 노년기에 접어들고 있는 어머니 마리아가 있었고, 여섯 남매나 되는 형제들이 생업에 종사하고 있었다.

개신교측의 많은 학자들은 예수의 네 남동생과 두 여동생은 예수의 친형제들일 것이라고 주장한다. 그러나 천주교측에서는 그들은 사촌형제들일 것으로 보고 있다. 성경 원문에는 그 내용을 구별할 확실성이 없기 때문이다. 그러나 예수에 대한 어머니 마리아의 관심 못지않게 그 형제들이 관심을 쏟은 것을 보면 친형제들로 보아도 큰 잘못은 아닐 것 같다.

상식적으로 생각해 보면, 유다 지방과 요한 집단을 떠난 예수에게 있어 관심을 끄는 곳은 그래도 나사렛이었을 것이다. 그러나 예수는 갈릴리 가버나움 지역을 먼저 찾아갔다. 거기에는 몇 가지 이유가 잠재해 있었을 것이다. 육체의 고향은 갈릴리 나사렛 마을이지만, 지금의 예수에게 중요한 것은 영혼의 사업이다. 그 일을 위해서는 여러 가지

면에서 갈릴리보다 앞서 있고 조건이 좋은 이 지역이 예수를 끌어당겼을 것 같다. 인간적인 정보다는 복음을 위한 사명이 더 중요했기 때문이다. 뿐만 아니라, 호반 지역에서는 적지 않은 예수의 친지들이 이미 살고 있었고, 그들과의 관계로 이 지역은 전부터 생소하지 않은 친밀감을 주는 곳이었다. 학자들에 따르면, 얼마 후 예수는 어머니를 모시고 이 지역에서 산 것 같다는 추측을 내리고도 있다.

어쨌든 예수는 떠날 때와는 달라진 모습을 하고 갈릴리 호반 지역인 가버나움을 중심으로 그의 초기 사업을 시작했다.

이 지역은 중동 지방 일대에서 가장 살기 좋으며, 농촌 지역보다는 생활이 다양하게 발달한 고장이었다. 농사를 짓는 사람들도 있었으나 물고기를 잡는 것으로 생업을 삼는 어부들도 있었고, 로마풍이 깔려 있던 리베리아 도시도 있었다. 이 도시는 안디바 헤롯 왕이 로마 정권에 아첨하기 위해 로마 황제 티베리우스의 이름을 따 건설한 곳이었다.

이 지역은 사막으로 둘러싸인 중동 지방에서는 가장 아름답고 풍요로운 고장이었다. 갈릴리 바다라고는 하나 맞은쪽이 어디서나 바라다보일 정도로 아늑한 호수이고, 북쪽에 솟아있는 헬몬 산은 때로는 백설을 이고 있는 수려한 영봉靈峰이다. 중동 지역 일대에서 갈릴리 호반 지역만큼 온화하고 좋은 기후를 자랑할 곳도 별로 없었다. 남쪽 유다에 있는 예루살렘은 정치와 종교의 중심지여서 예수가 갈 곳은 못 되었다. 세 가지 시험의 유혹이 있었던 곳도 모두 지리적으로는 그 지역이었다. 가이사랴는 지중해 바닷가 도시이다. 거기서는 로마와의 거래가 빈번히 이루어지고 있었으며, 로마의 지사가 머물기도 하는, 권력과 군사의 중심지이기도 했다. 분봉왕 헤롯이 상주하는 곳도 이 호반지역은 아니었기 때문에 예수의 순수하고 소박한 전도 생활의 출발점이 이 호반 지역이 되었다는 것은 있을 법한 일이다.

갈릴리를 찾아온 예수의 마음은 단순했다. 어떻게 해서든지 하느님의 뜻대로 많은 이웃을 사랑하자는 것이었다. 사랑을 나누어 주고 싶은 간절한 심정, 그것이 예수의 전부였다. 그 으뜸 가는 책임은 하느님 아버지의 뜻을 전하는 일이었다. 즉, 전도 생활을 시작하는 것이었다.

그러나 예수의 사랑을 받아들여야 할 대상들은 너무나 다양했다. 우선 수없이 많은 병자들이 아픔의 고통과 절망에서 벗어나기를 바랐다. 인간에게 있어 무엇보다도 소중한 것은 생명이다. 그 소중한 생명을 위협받고 있는 환자들은 병의 치료 이상의 급선무가 없다. 그들은 구약을 통해, 하느님이 보내 주신 사자들은 자신들의 병을 치료해 주는 것으로 믿고 있었다. 만일 예수가 하느님의 뜻을 선포하고 하늘나라를 원한다면, 그 예수는 틀림없이 자신들의 병을 고쳐 줄 것으로 믿고 있는 사람들이었다.

예수의 입장에서 보았을 때도 그렇다. 병 때문에 인간의 자격을 잃고 쓸모 없는 여생을 보낼 사람들을 외면하면서 어떻게 하느님의 나라를 선포하며, 하느님의 사랑의 전능성을 호소할 수가 있겠는가. 그들을 사랑한다는 것은 곧 그들을 치료해 주는 일이다. 그 일은 나와는 상관이 없다고 거절하면서 야훼 하느님의 능력과 사랑을 가르칠 수는 없었을 것이다.

또 예수에게 관심을 가지는 군중들은 구약의 교훈과 전통을 잘 알고 있기 때문에, 당시 벌어지고 있는 종교 사회의 비리와 모순을 예수가 어떻게 시정해 주겠는가 하는 것이었다. 그 당시 이스라엘 사람들이 가지고 있는 야훼 신과 구약적 신앙은 세계 어디에서도 그 유례를 볼 수 없을 정도로 열성적인 것이었다. 특히 사마리아 지방 사람이나 갈릴리 사람들은 유다와 예루살렘을 멀리하고 있거나 갈 수조차 없었기 때문에 종교적 차등감에서 오는 불만도 적지 않았다. 종교계의 부조리와 모순은 절정에 달하고 있는데 예수는 이에 대하여 어떤 생각을 가지고 있으며, 또 무엇을 가르칠 것인가 하는 기대와 관심은 대단했다. 그들은 일단은 목수였던 예수에게 모여들 수밖에 없었다.

예수에 대한 기대는 그것으로 그치지 않았다. 이스라엘 사람들은 다윗 왕 이후 계속 통일된 조국을 유지하지 못했다. 그 쓰라린 조국 분단과 비극의 비통한 역사에 종말을 고하고 새로운 왕국을 창건해 줄 메시아가 올 것이라고 기대하는 민중들의 꿈은 이스라엘의 정치적 주권의 회복과 연결되어 있었다. 로마로부터 독립이 모든 신앙과 민족적 열망의 전부였다. 그러므로 이 사람들 앞에 한 지도자가 나타난다는 것은 그들의 기대를 채워 주는 독립 운동의 선도자이면서 책임자가 되어야 한다. 그러므로 갈릴리 호반 지역에 사는 많은 사람들은 누군가가 야훼의 이름을 가지고 나타나면 그가 과연 우리 민족의 지도자이면서 로마로부터 해방을 쟁취해 줄 것인가를 물었던 것이다. 과거에도 많은 지도자들이 그와 같은 뜻을 선포하고 나섰다가 로마의 권력 앞에 무력하게 사라지곤 했다.

물론 이런 뜻은 유다 지방의 민중들 속에도 있었다. 그들이 관官에서는 강도라고 부르는 바라바를 독립 운동의 선구자로 믿어 왔다는 사실에서도 그 상황을 짐작할 수 있다. 물론 정치 활동의 중심 무대는 유다 지방이다. 모든 사건은 유월절을 전후해서 예루살렘에서 벌어지는 것이 상례이며, 정치와 종교의 본고장은 유다 지방으로 공인되어 있다. 그러나 반反로마적인 감정과 독립주의자들의 집산지는 오히려 예루살렘이 아닌 유다의 광야 지방이 아니면 갈릴리 지역이었다.

이러한 민중적 기대가 하늘나라를 선포하고 있는 예수를 예외자로 볼 수는 없었던 것이다.

우리는 갈릴리 호반 지역은 아름답고 살기 좋은 곳이었다고 말했다. 그러나 극히 소수의 부유층 사람들을 제외하고는 모두가 가난과 굶주림을 벗어날 길이 없었다. 또 그들의 대부분은 경제적인 예속 상태를 벗어날 길이 없었다. 크게는 로마의 식민지로서의 착취였으며, 작게는 가진 자와 못 가진 자의 주종 관계였다. 이 속에서 사는 사람들이 예수가 나타났을 때 그들이 해방을 열망했음에는 틀림이 없다.

바로 이런 와중에 아무것도 가진 것이 없는 예수가 사랑의 왕국을 선포하고 나타난 것이다.

이때 누구보다도 인간적 기대를 안고 예수에게 다가온 사람들은(불행하게도) 환자들이었다. 그 당시만 하더라도 평균 수명이 짧았고, 의료 시설이 없었기 때문에 얼마나 많은 환자들이 모여들었으리라는 사실은 짐작하고도 남음이 있다. 물론 가벼운 환자들은 예수를 찾아왔을 리가 없다. 예수의 주변 사람들이 그들을 용납했을 리가 없었겠기 때문이다.

성경에 따르면, 수많은 환자들이 호반 지역 일대에서 몰려들었다. 그 당시만 하더라도 인구 밀도가 가장 많았고, 유대교의 시나고규(예배당)가 큰 마을마다 있었기 때문에, 한 사람이 치료를 받아 회복되었다고 하면 그 한 사람 때문에 열 사람은 모여들곤 했을 것이다. 그들은 병이 치료를 받아 나을 수 있으면 그 능력을 가진 사람은 다름 아닌 메시아이거나 야훼께서 보낸 인물임을 의심하지 않았다. 그러니까 대부분의 환자들은 중병에 걸려 신음하는, 의사의 능력 한계를 넘어서는 사람들이었다.

복음서에는 그 환자들에 관한 이야기가 비교적 상세히 기록되어 있다. 신의 능력이 아니고서는 치유될 수 없는 문둥병 환자들, 이미 완전히 시력을 잃은 맹인들, 치료가 불가능한 앉은뱅이들, 중풍으로 반신불수가 된 사람들, 귀신이 들려 바른 정신이 아닌 사람들, 심한 열병으로 고생하는 사람들, 혈루증을 앓고 있는 여인들, 가지각색의 환자들이 모여들었다. 비교적 예수의 행적이 솔직하게, 그리고 최초로 쓰여진 「마가복음」에 따르면, '해질 무렵에 사람들이 온갖 병으로 앓는 사람들을 있는 대로 다 데리고 예수께 왔다.' 또 '예수께서 어디를 가시든지 마을이나 도시나 촌이나 사람들이 병자들을 거리에 데려다 놓고 그의 옷단만이라도 만지게 해 주십사고 예수께 간청했다.'라고 기록되어 있다. 충분히 짐작할 수 있는 현상이다.

이렇게 간절히 치료를 받기 위해 찾아오는 환자들을 외면할 수 없는 것이 예수의 마음이었고, 또 책임이기도 했다. 그들은 예수밖에는 찾아갈 곳이 없는 사람들이었다. 세력이 있거나 재산이 많은 사람들은 의사를 찾아갔을 것이나, 이들은 일생에 한 번밖에 없는 기대를 걸고 예수를 찾아오곤 했다.

물론 예수는 의사가 아니었다. 그러나 그들을 도저히 외면 할 수 없는 것이 예수의 당연한 의무였다. 그때 예수가 할 수 있는 길은 무엇인가. 하느님께 호소하는 길밖에 도리가 없었다. "아버지, 저들을 어떻게 버릴 수가 있습니까. 저를 버리시더라도 저 많은 가련한 사람들은 버리시지 마시옵소서."라고. 예수는 그들의 곁을 떠나지 않았다. 아니, 떠날 수가 없었던 것이다. 그래서 예수는 정신적인 의사가 되어야 했던 것이며, 하느님께서는 예수에게 그 책임을 맡기셨던 것이다.

성경에 따르면, 예수는 수많은 환자를 고쳐 주었다. 마태·마가·누가의 복음을 공관복음*이라고 한다. 이 세 복음서에 다 같이 기재된 사실만 따르더라도 당시의 예수는 많은 사람들에게 능력 있는 의사로 나타났으며, 그 능력은 하느님의 사자다운 것이라고 믿었다. 약을 쓰거나 수술을 하는 등의 치료가 아니었기 때문이다.

예수가 환자들을 대하는 태도는 언제나 극진했다. 후에는 환자들을 줄이려고 노력하기는 했으나 치료에 임할 때에는 언제나 정성스러웠

---

* 공관복음: 신약 성경 중 최초의 마태·마가·누가 세 복음서의 총칭으로, 모두 그리스도의 생애와 교훈을 내용으로 하고 같은 서술법으로 기록하여 서로 비교 연구된 데서 나온 말.

고, 모든 환자를 차별 없이 지성껏 보살펴 주었다. 예수는 그들의 육체적인 병보다도 그들의 정신적인 상태와 종교적인 심정을 더 중요히 여겼다. 예수를 찾아온 환자들도 예수를 보통 의사로 본 것이 아니라 하느님의 사자로 대했기 때문이다.

우리는 예수가 모든 병을 다 고쳐 주었는지는 알 수가 없다. 그것은 몇 환자가 치료를 받고 나았더라도 소문은 더 확대되었을 것이며, 기다리면 저절로 나을 수 있는 병도 사람들은 예수의 기적적인 치유였다고 선전했겠기 때문이다. 어느 정도의 기간이 지난 후에 완쾌된 병도 당장 회복된 것 같이 설치면서 다른 환자를 유인하는 사람도 있었을 것이다. 또 그런 사태는 언제, 어디에나 있는 법이다.

그러나 여기에서 중요한 것은 환자들을 대하는 예수의 태도이다. 이제 그 한 가지 예를 들어 보자. 이 내용은 세 복음서에 다 같이 기록된 내용이다.

예수가 가버나움 어떤 집에 들어가서 가르치고 있을 때였다. 사람들이 너무 많이 모여, 상당히 큰 집인데도 불구하고 집 앞뜰까지 청중으로 가득 차 있었다. 그때 멀리서 한 중풍병자가 치료를 받기 위해 네 사람이 침상을 둘러메고 집 앞까지 다가왔으나 도저히 예수를 대면할 수가 없었다. 그들은 할 수 없이 평면으로 된 옥상으로 올라가 지붕을 젖히고, 환자를 네모진 큰 천으로 감싸고 줄을 드리워 예수 앞에 내려보내는 수법을 썼다. 네 귀퉁이를 끈에 매달아 내려보냈던 것이다. 예수는 가르침을 중단해야 했고, 모여든 사람들은 일제히 그 환자에게 시선을 모을 수밖에 없었다.

이 사실을 목격한 예수는 먼저 환자의 간절한 기대와 그를 돕는 네 사람의 믿음을 마음 깊이 공감했다. 그리고 "이 사람아, 네 죄가 사해졌다."라고 말했다.

이 말은 누가 들어도 어울리지 않는 내용이다. 세상의 어떤 의사도 이런 말로 환자를 치료하는 일은 없었고 또 있을 수 없다. 그러나 예수는 환자와 네 사람의 마음을 알고 있었으며, 이들이 죄의 사함을 받는 것이 선결 문제임을 잘 알고 있었다.

예수의 말을 들은 청중들은 의문의 여지가 없었다. 그것은 자연스러운 발언이었다. 그러나 거기에 동석했던 율법 학자들은 도저히 이해할 수 없는 말이었다. 이 율법 학자들이 자진해서 거기에 와 있었는지, 유다에 진을 치고 있는 종교적 집단, 특히 공의회의 파송을 받아서 온 사람들인지는 분명치 않다. 가야바를 정점으로 한 공의회에서는 세례자 요한이나 무력 혁명에 앞장섰던 바라바와 같이 예수에 대한 관심도 컸고, 또 항상 감시와 경계의 책임을 소홀히 하지 않고 있었을 것이기 때문이다.

그들은 입 밖으로 내놓지는 않았으나, '이 사람이 어지하여 이런 말을 하는가. 이것은 하느님을 모독하는 것이다. 하느님 한 분밖에 누가 죄를 사할 수 있는가?'라며 놀라움을 금치 못했을 것이다. 있을 수 없는, 누구도 할 수 없는 처사였기 때문이다. 그러나 예수는 율법 학자들의 마음을 읽고 다시 말을 이어 갔다.

"왜 너희는 그와 같은 생각을 품고 있느냐. 중풍병 환자에게 '네 죄가 사해졌다'고 하는 것과 '일어나 네 침상을 들고 걸어가라'고 하는 것 중에 어느 편이 더 말하기가 쉬우냐. 인자가 땅에서 죄 사하는 권세를 가지고 있음을 너희에게 알게 하겠다." 그리고 나서 예수는 많은 사람들이 보고 듣는 가운데 중풍병자에게

"내가 네게 명한다. 일어나 침상을 들고 집으로 가라."
라고 힘차게 말했다.

복음서에는 그 환자가 일어나 사람들 앞에서 자리를 들고 나갔다고 기록되어 있다. 그것을 본 사람들은 크게 놀라 하느님을 찬양하면서 "이것은 처음 보는 일이다!"라고 감탄했다.

이 내용에서 우리가 발견하는 예수의 뜻은, 의사로서의 치료이기보다는 신앙인으로서의 의사라는 뜻이다. 그리고 그것은 일방 불가능하면서도 또 필요한 것임도 사실이다. 사실 따져 보면 인간의 병은 약이나 수술로 치유되는 육체적인 병만 있는 것이 아니다. 노이로제와 같은 신경 및 정신적인 병도 있는가 하면 인간적 절망에서 오는 인간학적 질환도 있다. 어떤 면에서는 제3의 병인 인간적 질환이 더 무서울지도 모른다. 절망과 자살의 병은 의사로서는 치료할 수 없는 병이다.

예수가 네 죄를 사했다고 말하는 것은 바로 이 죄의식 때문에 절망에 빠진 사람에게 인간적 희망과 구원을 약속해 주는 일이다. 거기에서 정신적인 치료로 옮아가고 그 뒤에 육체적 병을 문제삼은 흔적이 뚜렷하다. 우리는 신부에게 죄를 고백함으로써 정신적 안정을 얻는 많은 신자들을 알고 있다. 죄악으로부터 해방이 얼마나 귀중하고 선결적인 인간의 요청인가를 아는 사람은 모두가 알고 있다.

그리고 이러한 인간 및 정신적 치료는 상대방의 육체와 더불어 영혼의 치료를 동반해 준다. 그것이 의사로서의 예수의 특성이었다. 예수는 어떤 환자를 대하든지 먼저 그의 영혼과 인간됨을 살폈다. 그 뒤에 육체적인 병에 치유의 뜻을 옮겼다. 이것은 예수만이 할 수 있는 훌륭한 뜻이었고 종교의 특전이기도 했다. 병을 치료하는 데 목적이 있었다기보다는 인간을 구원하는 데 궁극적인 뜻이 있었다.

　그래서 예수는 어떠한 환자를 대하든지 모두 다른 자세를 취했다. 그들의 인간적 위치와 신앙의 성격, 그리고 그들의 정신 상태와 육체적 질환을 살핀 것이다. 한 사람도 똑같은 방법으로 대하지 않았다. 그것은 예수의 지극한 인간애의 정신이 가능케 해준 결과였다. 어떤 환자에게도 희망을 안겨주며 생을 긍정할 수 있는 가능성을 주고 싶었던 것이다. 한마디로 말하면 예수는 희망과 사랑을 안겨 주는 의사였던 것이다.

　그러므로 예수는 너무 많은 환자가 모여들기 때문에 잠시 그 자리를 떠난 일은 있어도 일단 접촉했던 환자를 그대로 돌려 보낸 기록은 없다. 더 귀중한 책임이 없었다면 예수는 많은 환자들과 더불어 더 많은 시간과 노력을 바쳤을지도 모른다. 때로는 치료가 불가능한 환자와 오래 머물더라도 그에 대한 사랑은 거절할 수가 없었을 것이다.

　사람들은 이런 문제에 접하면 곧 기적에 관한 질문을 한다. 그러한 기적이 있을 수 있겠느냐고 반문한다. 누구나 물어 보고 싶은 문제이다. 그러나 예수 자신에게 있어서는 그런 사건들에 대해 기적 여부의 관심을 가지는 것이 이상했을 것이다. 예수에 따르면 인간에게 참다운 신앙이 있고 하느님의 사랑이 베풀어지면, 기적이라고 물을 필요가 없는 사건들이 일어나는 것은 당연한 것으로 여겨진다. 어떻게 보면 세상에는 기적도 없지만 기적이 아닌 것도 없다고 예수는 생각했을지 모른다. 하느님에 대한 영광과 인간의 믿음, 그리고 예수의 사랑의 행위가 필요한 것이지, 그 결과에 대한 기적 여하를 따지는 것은 예수의 주변 사람들이 꺼내는 문제일 뿐이다. 은총적 삶의 극치를 찾는 것이 예수의 삶이었다. 그것이 기적이냐 아니냐는 2차적 관심이었다. 그런 체험은 예수 이외의 적지 않은 제자들과 신도들도 체험한 것이 아니었을까. 동일한 사태를 보는 관점의 차이를 시정하는 일이 더욱 중요하다. 인간의 구원을 염원하는 예수의 의사로서의 책임은 지극히 당연하면서도 이루어져야 할 성스러운 의무였던 것이다.

그러나 이러한 예수의 치료적 사업은 반드시 소망스러운 결과만으로 이어진 것은 아니었다. 환자들이 모여들기 시작했으나, 그들을 일일이 돌본다는 것은 예수의 사업에 큰 차질과 실패를 가져오게 할 가능성을 크게 만드는 것이었다. 그러다가는 예수는 한낱 인간적 의사로 전락할 가능성도 생겼고, 환자들도 믿음보다는 치유 자체를 바라는 상태로 변질될 우려가 농후해졌다. 그리고 더 많은 건강한 사람들도 예수를 호기심의 대상으로 삼는 방향으로 기울어질 수도 있었다. 그것은 예수의 본래 하늘나라를 위한 선포와 어긋나는 결과를 가져오기에 알맞은 것이었다.

예수는 모여드는 환자가 많을수록 부담스러움과 회의에 빠지기 시작했다. 중요한 것은, 환자를 위하는 일이 아니라 복음을 선포하는 사명이다. 그런데 차츰 본말이 전도되는 상태로 바뀌고 있었다. 복음은 영구히 남을 것이지만 환자는 일시적인 결과에 그치기 일쑤다. 환자가 늘어날수록 복음을 위한 책임이 약화되어 간다는 것은 앞날을 우려케 하는 결과이기도 했다.

그런 상념에 빠져 있을 즈음, 호반 지역의 기후도 바뀌고 예수를 대하는 주민들의 관심에도 변화가 생기기 시작했다. 복음과 하늘나라에 대한 기대보다는 현실적 욕망과 정치 및 사회적인 구체적 목적을 노골적으로 드러내기 시작했다. 그들에게 필요한 것은 내일의 문제나 생의 영구한 과제는 아니었다. 당장 무엇인가가 이루어져야 하며, 그 결과가 세속적인 변화로 나타나기를 희망하게 되었다. 그것은 그들의 자연스러운 추세이기도 하였다. 환자는 늘어날 가능성이 있어도 복음에 대한 정열은 불타오를 것 같지 않았다.

이런 고민에 빠졌을 때 예수에게 한 가지 생각이 떠올랐다. 잠시 고향인 나사렛에 다녀오는 편이 어떨까 하는 착상이었다. 오래 떠나 있었던 고향을 찾아보고 싶은 마음도 있었으나, 나사렛에서 가버나움까지 찾아왔던 어머니 마리아와 동생들의 생각도 떠올랐기 때문이다.

예수의 가족들은 3, 4년 전부터 예수와 거리가 멀어지고 있었다. 그 이전의 예수는 생업과 목수 일에 많은 시간과 노력을 쏟고 있었다. 가족들과 함께 같은 생활을 하고 있었다. 그러던 예수가 3, 4년 전부터는 명상에 잠기기 시작했고, 때로는 고뇌에 찬 모습으로 밤을 새우기도 했다. 그의 눈에는 슬픔이 깃들기 일쑤였고, 자신도 모르는 번뇌의 나날을 보내곤 했다. 가족들은 예수가 어떤 정신적인 병에 걸린 것은 아닌지를 걱정했을 정도였다.

그러던 예수가 홀연히 집을 나간 것이다. 생계를 위한 계획도 세워주지 않았고, 무슨 목적이라는 말도 없이 종적을 감춘 것이다. 동생들 간에는 혹시 정신병의 소치가 아니었는가를 의심하는 이도 있었다.

그렇게 가장이 없는 긴 세월이 지난 뒤에 예수가 가버나움에 나타났다는 소문을 전해 들은 것이다. 소문은 확실했고, 예수의 색다른 등단은 의심할 여지가 없게 되었다. 그런데 전해 오는 소식에 따르면 예수는 그동안 완전히 딴 사람이 되어 버렸다. 어떤 사람들은 예수가 세례자 요한의 제자가 되어 돌아왔다고 했다. 또 어떤 사람들은 예수는 예언자로 나타났다고도 했다. 많은 기적을 행하고 있다는 풍문도 들려왔다. 또 어떤 사람들은 예수가 정신병자가 된 것 같다고도 했다.

이런 소식을 전해들은 어머니 마리아는 걱정스러웠고, 동생들은 형이 이전과 같이 목수 일을 계속해 줄 수 있을까를 살피고 있었다. 예수는 그동안 하느님의 사람으로 탈바꿈을 했으나 가족들은 한층 더 세속적인 관심이 깊어지고 있었다. 그래서 동생들은 상의한 끝에, 몇이서 이미 노년기에 접어들고 있는 어머니를 모시고 가버나움으로 예수를 찾아갔다.

그 날도 예수는 바빴다. 환자들이 모여들고 있었으며, 예수의 이야기를 들으려는 청중들이 집 안팎을 에워싸고 있었기 때문에 가족들은 예수를 대면조차 하기 어려운 실정이었다. 할 수 없이 가족들은 사람을 시켜, 멀리 나사렛에서 어머님과 형제들이 왔으니 만나 달라고 부탁을 했던 것이다.

그러나 예수의 태도는 냉담했다. 마치 가족들은 안중에도 없었다는 듯이, "누가 내 어머니이며 누가 내 동생이냐. (앞으로는) 하느님의 뜻대로 사는 사람이 내 어머니가 되며 형제가 될 것이다."라고 퉁명스럽게 말했다.

그 말을 들은 청중들도 예수의 효심과 형제들에 대한 애정을 의심했을 정도였으니, 그 말을 전해 들은 어머니와 동생들은 크게 실망했음에 틀림이 없다. 복음서는 그 이상의 기록은 남기지 않고 있다. 「요한복음」에 따르면 장막절에 동생들이, 숨어서 다니지 말고 떳떳이 예루살렘에 올라가 생사를 결판내야 할 것이 아니냐고 예수를 힐난한 기록이 있다.

추측하건대 예수의 냉대를 참지 못한 가족들은 다시 나사렛으로 돌아갔을 것이다. 실망스러움은 물론 어떤 면에서는 원망스러운 생각도 떠올랐을지 모른다. 어쨌든 예수를 찾아간 것은 잘못이었고 실패였던 것이다.

그러나 그런 태도로 가족들을 돌려보낸 예수의 마음은 달랐다. 그곳에 모인 청중들에게 세상의 일보다는 하느님 나라가 얼마나 절대적이라는 뜻도 알려 주어야 했고, 완전히 세속적 요청에 빠져 있는 가족들의 장래를 위해 냉대하는 것 같은 태도를 취하기는 했으나 인간 예수의 마음은 예나 지금이나 마찬가지로 어머니와 가족들을 사랑하고 있었다. 오직 그 사랑의 차원이 달랐을 뿐이었다. 먼 후일에는 모두가 깨달을 수 있는 내용이었으나, 그때는 그 길밖에 도리가 없었던 것이다.

이런 상황에서 예수는 여러 가지 상념을 안고 고향을 잠시 찾기로 했다. 30년의 정이 어려 있는 산간 마을 나사렛을 찾은 것이다.

3

막간의 사건들

나사렛 마을은 예수가 거기를 떠날 때와 마찬가지로 아무 변화가 없었다. 마을 뒷산에는 풀꽃들이 피어 있었고, 마을 앞 계곡에는 바위와 돌들이 예전같이 뒹굴고 있었다.

예수는 예고 없이 방문했기 때문에 많은 제자들이 동행한 것 같지는 않다. 그러나 예수가 나타났다는 소문은 순식간에 온 마을에 퍼져 나갔다. 그들은 이미 가버나움 지역에서 번져오는 소식을 전해 듣고 있었으며, 예수의 가족들이 실망하고 돌아왔다는 보고도 접하고 있었다. 그래서 예수에 대한 관심과 태도는 모두가 달랐다. 예수의 행적과 교훈을 직접 보고 들었던 사람들은 예수를 예언자로 생각하고 있었으나, 가족들의 이야기를 전해들은 사람들은 예수를 불효스러우면서도 건전한 정신 상태가 못 된다고 믿고 있었다. 그 밖의 사람들은 호기심에 찬 눈으로 예수를 바라보는 실정이었다. 혹시 예수가 세례자 요한이나 열심당의 뒤를 이어 민족 운동을 주도하는 것이 아닌가 하고 날카로운 시선으로 주목하는 사람들도 있었다.

복음서에 의하면, 예수가 도착한 때는 안식일을 맞춰서였다. 호반 지역에서 자주 있었던 습관대로 예수는 안식일에 유대인들이 모이는 예배당으로 들어갔다. 전통을 따라 나사렛의 생각이 있는 사람들은 시간을 맞추어 모여들었기 때문에 그 날에는 더 많은 청중이 집합했다.

예수는 정중히 무리들 속에서 자리를 옮겨 사서司書에게 부탁해서 받은 구약의 한 부분인 이사야의 글을 읽어 주었다.

주의 영이 내게 임하셨도다.
주께서 내게 기름을 부으심은
가난한 자들에게 기쁜 소식을 전하게 하심이라.
주께서 나를 보내심은
포로 된 자들에게 해방을 선포하고
눈먼 자들에게 눈 뜨임을 선포하며
눌린 자들을 놓아 주고
주의 은혜의 해를 선포하게 하심이라.

이 부분은 그들이 부푼 희망과 기대를 걸고 수백 년 동안 읽어 온 메시아에 대한 예언으로 알려진 내용이었다. 그런데 놀라운 것은, 책을 접어 사서에게 건네 주면서 예수가

"이 성경 말씀이 오늘 너희에게 이루어졌다."
라고 선언한 것이다.

회당에 모였던 사람들 모두가 놀랐다. 저 위엄과 권위는 어디에서 온 것인가. 예수의 아버지는 가난한 목수 요셉이었는데, 오래 전에 세상을 떠났다. 그의 어머니 마리아는 지금도 우리와 같이 초라한 생활을 이어 가고 있지 않은가. 그의 네 남동생과 누이들은 모두 우리와 함께 살면서 결혼하고 아기를 낳아 기르고 있지 않은가. 그런데 저 예수는 어떻게 된 것인가.

그 무리들 속에는 예수와 같이 뛰놀던 소꿉동무들도 있었다. 예수라는 이름은 흔히 들을 수 있는 이름이어서, 요셉의 아들 예수로 구별해야 할 정도로 흔한 이름이었다. 무엇보다도 믿기 어려운 것은, 예수는 오랫동안 목수 일을 하며 부탁을 받은 대로 이 집 저 집 찾아가서 창문을 수리해 주고 문틀을 고쳐 주지 않았던가. 우리가 주는 몇 푼 안 되는 돈을 받으면서 감사해 하던 사람이 아닌가. 그의 어머니는 식량이 떨어지면 자주 우리 집까지 찾아와 곡식을 빌려 가곤 하지 않았는가. 그런 예수가 저렇게 다른 모습으로 나타날 수가 있을까.

예수를 키워 준 고향 나사렛은 그들로 하여금 초라했던 목수 예수의 공간 이외에 아무것도 아니었다. 이 공간에 대한 공감이 그들의 생각과 마음을 사로잡아 버렸다. 아무리 뜯어보아도 예수는 초라했던 목수 예수일 뿐이었다. 저 예수가 가버나움에서 무슨 일을 했다고 해도 우리는 믿을 수가 없다. 믿고 의지할 만한 게 아무것도 없지 않은가. 오히려 잘못 처신했다가는 예수가 우리 고장에서 태어났다고 해서 로마의 정치적 보복을 당할지도 모르는 일이었다.

　이런 상념들이 회당에 모인 사람들과 나사렛 사람들의 공통된 의문과 불안으로 번져 나갔다. 기대심이 의아심으로 변했고, 의아심은 경계심으로 바뀌기 시작했다.

　누구보다도 그 사실을 먼저 눈치챈 사람은 예수 자신이었다. 그들에게는 아무리 설명해도 목수 예수가 하늘나라의 선포자인 그리스도임을 알 수도 없었고 믿을 수도 없는 일이었다. 그들의 불신이 너무 심했기 때문에 예수도 속마음을 토로해 버렸다. "구약의 말대로, 선지자는 고향을 떠나서는 존경받지 못하는 곳이 없다. 당신네들은 아무 믿음도 없으면서 가버나움에서 행한 이적을 왜 여기에서는 하지 않느냐고 힐문할 것이다. 그리고는 의원아, 네 병을 먼저 고치라고 대들 것이다."

　예수는 고향을 찾은 것을 후회했다. 그 표정을 읽은 무리들은 반발과 적개심을 품기 시작했다. 특히 엘리야 시대에 이스라엘의 많은 미망인들이 버림을 받았으나 하느님의 은총은 이방 지역에 살던 과부에게 임했고, 엘리사 때에도 국내에 많은 문둥병 환자들이 있었으나 그들은 버림을 받고, 수리아국 사람 나아만만이 고침을 받았다는 예수의 말을 들었을 때는 더 참을 수가 없었다. 그들은 예수를 끌고 나가 마을 앞 낭떠러지에서 밀어뜨려 죽이려고까지 하였다.

　그러나 예수는 태연히 그들 사이를 빠져나와 고향을 떠났다. 몇 사람의 병을 치료해 주었을 뿐이었다. 고침을 받은 사람들은 모든 선입관 없이 예수의 권능을 믿고 있었던 버림받은 사람들이었다.

　예수의 마음은 괴롭고 아팠다. 사랑하고 믿었던 사람들에게 배반을 당하면 더욱 외로워지는 법이다. 고향에서 배척을 받은 예수는 정말 머리 둘 곳이 없는 소외자인 스스로를 발견할 수밖에 없었다.

예수는 고향을 등지고 어디론가 다시 떠나야 했다. 동행했던 몇몇 제자들도 실의에 빠졌다. 호반 마을들에서보다는 크게 환영을 받을 것으로 기대했던 고향에서 뜻밖의 배반과 배척을 받았기 때문이다. 그들은 발길을 재촉해 갈 곳이 없었다. 예수의 마음을 읽은 제자들도 별로 말이 없었다.

어디로 가는가. 막간을 이용해서 떠났던 기분으로 그들은 천천히 갈릴리 호반 지역으로 다시 발길을 옮겼다.

예수는 그동안 몇 가지 깊은 생각에 잠기기 시작했다. 앞으로 해야 할 일들의 성격과 방향 문제였다.

지금까지는 가련한 환자들을 돌보아 주는 일과 복음을 가르치는 일을 병행해 왔다. 그러나 환자들을 돌보는 일이 더 많았다. 예수는 그들을 버릴 수 없었고, 그들의 심령까지 치유해 주어야 했던 것이다. 사람들은 그것을 기적의 대명사로 선전했고, 예수의 진심과 어긋나는 결과를 만들곤 했다. 그때문에 더 소중한 복음의 말씀은 빛을 보지 못하는 실정이었다.

예수는 마음속으로 다짐했다. 영구히 남을 것은 말씀이기 때문에 복음에 더 많은 정성과 뜻을 모으자는 결심이었다.

또 한 가지 문제가 남았다. 지금까지는 예수 개인이 모든 일을 해 왔다. 그러던 중 몇 사람의 동지를 만났고, 그들은 예수를 따르는 제자가 되었다. 하지만 이대로 가다가는 몇 제자마저 떠날 수도 있었고, 때로는 너무 많은 사람들이 모여들어 동역자의 신분이 확실치 못한 경우가 생길 수도 있었다. 그렇다면 미리부터 하늘나라를 위한 동역자를 정해두는 편이 좋지 않을까 하는 생각이 들었다. 고향과 가족들로부터 버림을 받았을 때 예수는 그런 생각을 굳히게 되었을지도 모른다. 그리고 예수의 제자들이 예수의 뜻을 따라 함께 일할 수 있다면 하늘나라를 위한 전도는 더 효과적일 수도 있는 것이다.

또 하나의 변화는, 이때부터 예수는 홀로 있는 시간을 가지기를 좋아했고, 그때를 기도의 시간으로 보충하는 생활을 정식화하기 시작했다.
물론 지금까지도 예수의 생활은 곧 기도였고 기도가 그대로 생활로 나타나곤 했다. 그러나 이때부터는 옆 사람들이 보기에도 기도의 시간이 늘어나기 시작했는가 하면 제자들도 그것을 본받길 원하는 것 같았다.
그 기도는 제사장들이나 바리새파 사람들과는 달랐다. 그들은 사람들이 모이는 곳이 아니면 기도를 드리지 않았으나, 예수는 언제나 아무에게도 보이지 않는 곳에 혼자 앉아 조용히 기도를 드리는 것이었다. 그리고 어떤 중요한 일을 앞두고는 더 열심히 기도를 드리는 것을 제자들은 볼 수 있었다.

이윽고 예수의 일행은 다시 호반 마을에 다다랐다.

잠시 예수를 떠났던 군중들은 다시 모여들기 시작했다. 거기에는 병 치료를 받기 원하는 환자들, 말씀을 듣기 원하는 중산층 사람들, 어떤 혁명적 거사를 기대하는 정치성이 농후한 사람들, 헤롯 왕으로부터 지시를 받은 정탐꾼들, 유다의 공의회에서 파송을 받은 밀정들, 기적에 대한 호기심에 할 일 없이 모여드는 사람들로 뒤범벅이었다. 예수가 가장 상대로 삼고 싶어한 사람들은 말씀을 사모하는 신앙심을 갖춘 경건한 인물들이었다. 그러나 그들의 수는 적었다. 군중들은 땅 위의 나라를 위했고, 예수는 영원한 나라를 염원했던 차이 때문이었다. 그러나 수가 적었다고 해서 그런 사람들이 없는 것은 아니었다. 그들은 적극적으로 예수의 주변까지 다가오지 않을 뿐이었다.

어떤 날 예수는 며칠 동안의 긴 기도 시간을 보낸 뒤, 가까운 무리들 속에서 12명을 따로 뽑아 제자로 삼기로 했다. 그들과는 앞으로 계속해서 함께 일하며 고락을 나누어야한다는 생각을 굳혔던 것이다. 물론 12라는 숫자가 중요한 것은 아니다. 그러나 이스라엘 사람들은 예부터 7의 수를 거룩히 여기는 일면, 12는 하느님의 축복의 숫자로 생각하는 습관이 있었다. 이스라엘의 12지파라는 말은 그들이 일생 동안 수없이 들어온 숫자였다. 지상의 왕국이 12지파로 되었듯이 하늘나라를 위한 12일꾼을 생각했던 것 같다. 때문에 그것은 예수의 생각이라기보다는 모두가 가지고 있는 통념이기도 했다.

그러면 누구를 뽑는가. 복음서들은 그 경위와 설명을 비교적 상세히 전해 주고 있다. 이미 뽑혔던 사람들도 있고 더 추가된 사람도 있어, 어쨌든 그 수는 12명으로 채워졌다.

12명 가운데 4, 5명은 전도 생활 처음부터 예수의 제자가 되어 있었다. 그리고 나머지 몇 사람은 12명을 뽑을 때 추가된 것으로 짐작된다. 물론 이 12명이 예수의 제자 전부도 아니었고, 반드시 그들만이 예수의 전도를 협조한 것은 아니다. 그러나 이들은 그 뒤부터 예수와 함께 머물면서 공동 생활을 시작했고, 남다른 친밀감을 가지고 예수의 사업을 도왔던 것이다. 그래서 오늘도 우리는 '예수와 그의 12제자'라는 말을 항상 쓰고 있다.

공관복음에 따르면, 예수가 처음 뽑은 제자들 4명은 모두 어부들이었다. 그들은 서로 가깝고, 먼 인척 관계를 이루고 있었다.

예수가 전도 생활을 시작한 지 얼마 지나지 않은 어느 화창한 봄날쯤이었을까. 그 날도 예수는 군중들을 가르치게 되어 있어서 갈릴리 북쪽 호숫가의 약속된 장소를 찾았다. 그 날은 뜻밖에도 너무 많은 사람들이 모여들었다. 예수가 이야기할 마땅한 자리가 없어 망설이고 있을 때, 호숫가에 두 척의 어선이 대기하고 있었다. 예수는 그 배 중의 하나에 올라 배를 언덕에서 적당한 거리까지 떼어 놓으라고 부탁한 뒤, 배 위에서 가르치기 시작했다. 그 배의 주인은 시몬(베드로)이었다.

예수의 이야기는 낭랑하게 호숫가에 앉은 무리들에게 번져갔고, 사람들은 넋을 잃고 그 말에 귀를 기울이고 있었다. 예수의 이야기는 조금도 어렵지 않았다. 신앙적 관심과 열성을 가진 청중들은 제각기의 지적 수준에 따라 심도가 다른 이해를 할 수 있었다.

상당히 긴 이야기가 끝났다. 사람들은 제각기 흩어져 집으로 돌아가기 시작했다. 예수에게 배를 빌려 주었던 베드로는 모든 잡념에서 벗어나 예수의 교훈을 음미하고 있었다. 그때 예수는 그물을 씻고 있다가 배를 빌려 주었던 베드로에게, 마치 오랫동안 물고기를 잡지 못하게 해서 미안했다는 듯이, 배를 옮겨 저 깊은 곳에 그물을 던져 보라고 말했다. 예수의 말씀을 새겨 보고 있던 베드로는, '좋은 말씀은 당신께서 해 주셨지만 그래도 물고기를 잡는 일에야 우리가 더 많은 경험을 가지고 있지 않습니까. 그 깊은 곳은 물고기가 없는 곳입니다. 그러나 말씀대로 따르겠습니다.'라고 마음속으로 대답하면서 그물을 깊은 곳으로 던졌다. 베드로는 물고기가 없어 빈 그물을 끌어올릴 때 저분이 퍽 실망할 것이라고 생각하면서 그물을 던졌을 것이다.

그러나 의외의 일이 생겼다. 상상도 할 수 없을 만큼의 물고기가 잡힌 것이다. 베드로는 아무 말도 없이 예수의 얼굴을 쳐다보았다. 예수는 베드로를 건너다보고 있었다. 두 사람의 눈이 마주쳤다. 베드로는 예수의 말없는 눈빛에서 큰 충격을 받았다. 시몬은 황급히 예수의 발 앞에 엎드리면서 "주님, 제게서 떠나 주십시오. 저는 죄인입니다."라고 고백했다. 예수는 조용히 입을 열었다. "이제부터 너는 나를 따르라. 앞으로 너는 사람을 낚는 어부가 될 것이다." 그 부탁을 받은 베드로는 아무 말 없이 모든 것을 버리고 예수를 따랐다. 같이 그물을 말리고 있던 안드레도 형의 뒤를 따르기로 했다.

「누가복음」에 따르면, 세배대의 아들인 요한과 야고보도 같은 곳에 있다가 예수의 뒤를 따라 제자가 되었다고 기록하고 있다. 그러나 다른 복음서에는, 세배대의 두 아들은 약간 떨어진 곳에서 그물을 깁고 있다가 예수를 따른 것으로 되어있다. 그러나 그 차이는 큰 문제가 아니다. 같은 바닷가에서 두 형제씩 네 어부가 예수의 처음 제자가 된 것은 사실이다. 요한과 야고보의 가정은 베드로보다는 어느 정도 부유했을지 모른다. 유대 사람들은 누구의 집안이라고 부를 때는 약간의 전통과 유서가 있을 때 사용하기를 좋아했다. 그러나 어떻게 보면 베드로는 이미 나이가 들었고, 부친은 세상을 떠난지 오래 되었기 때문에 누구의 아들 베드로라는 서두가 없었을지도 모른다.

이 네 사람은 예수를 따르는 순간 모든 것을 다 버리고 떠났다고 확실히 기록되어 있다. 거기에는 여러 가지 뜻이 포함되어 있다. 그들의 선택과 결단이 대단했음을 뜻하는 것은 사실이다. 요한과 야고보는 배에서 같이 일했던 부친을 남겨 두고 예수를 따랐다고 되어 있다. 신앙적 결단의 한 면을 잘 보여 주는 기록이다.

그들 중에서 요한은 아직 결혼 전이었을 것 같다. 예수의 제자 중 가장 젊은 편이었고, 예수도 세상을 떠날 때 요한에게 자기의 어머니에 대한 책임을 의탁한 것으로 보아 그런 짐작을 할 수도 있다.

왜 예수가 최초의 네 제자를 어부 중에서 선택한 것일까. 우리는 그 뜻을 알 수가 없다. 그러나 이 네 제자 중에서 베드로, 요한, 야고보가 가장 많은 총애와 기대를 받는 제자가 된 것을 보면, 그들의 순박성과 사심이 없는 신앙을 택했던 것이 아닌가 한다. 그들의 결단으로 미루어 종교적 열성은 의심의 여지가 없으며, 당시의 풍토로 보아 어부였던 그들의 인간적 소박성은 쉽게 엿볼 수 있을 것 같다.

둘째 번으로 부름을 받아 제자가 된 사람은 레위였다. 레위는 후에 마태라는 이름으로 불리게 된다. 지금 우리가 읽고 있는 「마태복음」은 이 제자에 의해 기록된 것으로 전해진다.

그 날 오전에도 레위는 세무서에 앉아 세무를 관장하고 있었다. 그 당시 세금을 받는 직책은 친親로마의 관리로 되어 있었기 때문에 백성들은 그들을 좋아하지 않았다. 부당한 세금이 강요되는 경우가 많았고, 또 그 세금은 로마의 국고금으로 들어가고 있었기 때문이다. 바리새파 사람들이 세리稅吏들을 죄인이라고 부른 이유를 쉽게 짐작할 수 있다. 그래서 세무원들은 종교를 배경으로 하는 당시의 지도자층에는 섞일 수가 없었다. 그리고 세리들은 대체로 부유한 살림을 하고 있었기 때문에 민중들로부터는 냉대를 받았으며, 세상이 바뀌게 되면 친로마 관리로 숙청의 대상이 될 사람들로 지목을 받고 있었다.

레위도 이러한 신분이었기 때문에 예수를 가까이 따라다니지는 못했을 것이다. 그러나 예수에 관한 이야기는 자주 들어왔고, 참다운 종교적 지도자가 있다면 예수 같은 사람이 아닐까 하는 생각은 전부터 가지고 있었다. 가능하다면 자신도 규탄을 받고 있는 세리직을 떠나 정신적으로 값있는 인생을 살고 싶다는 뜻은 오래 전부터 가지고 있었다. 누구 못지않게 애국심도 가지고 있었고, 참다운 인생을 가질 수만 있다면 이 죄스러운 삶의 올무에서 벗어나고 싶은 생각을 언제나 가지고 있었다.

그때였다. 레위의 사무실을 겸한 집 앞을 지나가던 예수가 잠시 발걸음을 멈추고 레위에게 "나를 따라오라."라고 말했다. 예수의 모습과 자신을 향한 시선을 경건하게 느낀 레위는 말없이 세무서에서 나와 예수를 따르겠다고 확약했다. 그리고는 예수의 일행을 집으로 맞아들였다. 예수를 위한 환영과 자신이 가정과 이웃을 떠나는 송별 잔치를 하고 싶어서였다. 레위는 함께 일하고 있던 동료들, 가까이 사귀고 있던 친지들을 모두 잔치에 초대했다. 될 수 있는 대로 많은 사람들에게 즐거운 연회를 베풀고 싶었던 것이다.

잔치 분위기가 고조되고 있을 때였다. 전부터 예수의 동정에 관심을 모으고 있던 바리새파 사람들과 그들의 스승이 되는 율법 학자들이 나타나 예수와 그 가까운 일행을 레위와 함께 비꼬았다. "당신네 스승인 예수는 어째서 세리나 죄인과 사귀며 식사를 하는 겁니까? 우리는 그런 죄인들과는 말도 하지 않는데……."라고. 그 말을 들은 세리들과 동석자들은 민망스러이 예수의 얼굴을 넘겨다보았다. 예수도 그 말을 똑똑히 들었기 때문이다. 그러나 예수는 아무렇지도 않다는 듯 담담히 입을 열었다.

"건강한 사람에게는 의사가 필요 없으나 병자에게는 필요한 것이다. 나는 의인을 부르러 온 것이 아니라 죄인을 부르러 온 것이다."

힐난했던 사람에게는 반감을 사기 알맞은 대답이었으나, 그 이야기를 들은 식탁에 둘러앉은 손님들에게는 복음의 말씀이 아닐 수 없었다. 지금도 스스로를 죄인으로 생각하는 사람은 예수를 따르게 되어 있는 것이 복음인 것이다.

그 밖의 일곱 제자들은 어떤 절차를 밟아 뽑혔는지 성경에는 자세한 기록이 없다. 우리는 그들의 전직도 알지 못하며 출신과 인간성도 확실하게 모른다. 도마라는 제자는 의심이 많았고, 실증주의적 성격을 가진 사람이었던 것으로 알려져 있다. 부활한 스승 예수에게 증거를 보여 줄 것을 요청했기 때문이다. 베드로와 같은 이름을 가진 시몬이라는 사람도 있었는데, 그는 열혈당에 속해 있었다고 적혀 있다. 적극적인 반로마 집단에 속해 있었다는 뜻이다.

그러나 예수의 열두 제자 중에 우리가 무심히 넘길 수 없는 사람은 가롯 사람 유다이다. 모든 복음서가 열두 제자의 이름을 적을 때 맨 먼저 나오는 사람은 베드로이다. 그리고 가장 끝에 적히는 사람이 유다이다. 복음서는 언제나, 유다는 예수에 대한 반역자로 서술하고 있다. 지금도 많은 사람들이 왜 예수가 유다를 제자로 삼았는가를 묻고 싶어 할 정도로 유다는 문제의 인물이었다.

그가 누구였는가. 우리는 정확한 정보를 모른다. 가롯 사람이라고 언제나 지목되나, 가롯이 어딘지는 정확치 않다. 또 유다의 생업이나 가족 상황도 항상 미지수이다. 그러나 예수가 살아 있는 동안은 이 가롯 유다가 언제나 무대의 중심 인물로 등장하고 있음은 사실이다.

여러 가지 상황을 미루어 보아 가롯 유다는 떠돌이 인물이었던 것 같다. 일정한 지역이나 직업에 정착하기보다는 어떤 꿈을 안고 여러 곳을 방황하면서 돈과 권력을 찾아 헤매던 인물임에는 틀림이 없을 것이다. 예수의 일행 중에 금전에 관한 이야기만 나오면 유다가 꼭 등장한다. 또 유다는 예수 일행의 재정 책임자로 있었으며, 돈을 사랑했다고 적혀 있다.

유다는 권모술수에 능한 인물이었던 것 같다. 그래서 예수 일행의 생활은 대체로 유다의 의견에 따랐을 것이다. 유다는 자신의 뜻을 베드로나 다른 제자를 시켜 나타냈지만 모든 발의의 장본인은 유다였을 가능성이 크다. 후일에 스승인 예수를 감쪽같이 팔아넘기는 것을 보아서도 짐작할 수가 있다.

그러나 우리가 여기에 극복해야 할 사실은, 유다는 열두 제자들 가운데 누구보다도 정치적 야망과 권력에 대한 집념이 강했던 인물이라는 점이다. 예수의 제자들은 대개가 가난하고 소박했으며, 사회 문제나 독립 투쟁의 역사 같은 것을 잘 알지 못하고 있었다. 예수의 제자들에게 장점이 있다면 바로 순박성과 신앙적 열성이었다. 그러나 유다는 달랐다. 예수가 없을 때에는 예수를 대신해서 로마의 권력과 이스라엘의 장래에 관해서 이야기해 주기도 했고, 독립 투사들이 어떻게 항쟁하다가 처형당했다는 사실을 설명해 주기도 했을 것이다.

그만큼 유다는 박식했고 견문이 넓었다. 그리고 동료들을 세상의 권력과 정치적인 방향으로 이끌어 가곤 했다. 베드로나 요한, 야고보와 같은 촌뜨기까지 마지막에는 장관의 꿈을 가졌을 정도로 변했다. 그와 같은 변화를 일으킨 사람이 누구였겠는가. 역시 가룟 유다밖에는 생각해 볼 수가 없다.

아마 예수의 제자들 중에 예수와 동등한 위치에서 예수를 대할 수 있는 사람은 가롯 유다뿐이었을 것이다. 그는 예수의 제자로 있으면서도 로마의 지사 빌라도가 어떤 정책을 쓰고 있는지에도 관심을 쏟았고, 헤롯 가문의 동태에 대해서도 잘 알고 있었다. 예루살렘의 종교 집단과 그들 권력의 막대함과 한계성도 누구 못지않게 파악하고 있었다. 베드로가 고지식한 신앙층이라면 유다는 능란한 세상통이라고 보는 것이 좋을 것이다. 예수의 제자들은 하늘나라의 교훈은 스승에게서 들었으나 세상 나라의 지식은 유다를 통해서 배웠음에 틀림이 없다.

그 결말은 앞으로 전개되는 사실들을 통해 어렵지 않게 엿볼 수 있다. 어쨌든 예수의 열두 제자들 중에 가롯 유다가 끼어 있었다는 것은, 타락한 천사가 악마의 세력을 대신했다는 전설과 같이 예수와는 대조적인 위치가 되었고, 빛이 있는 곳에 그림자가 따르듯이 유다는 어둠의 세력을 대신하기에 이르렀다. 이것은 예수의 생활 주변의 사실이었던 동시에 역사의 법칙이기도 했던 것이다.

이렇게 해서 예수는 죽을 때까지 열두 제자와 생활을 같이했고, 두세 차례는 열두 제자들을 따로 불러 자기 대신 전도여행을 부탁하기도 했다. 제자들은 그 뜻을 몰랐으나, 예수는 머지않은 뒷날 자기가 죽은 후에 일어날 일들을 예측했기 때문에 취한 일이었을지 모른다.

이런 일이 진행되고 있을 즈음 또 하나의 충격적인 사건이 벌어졌다. 그리고 그 사건은 예수로 하여금 자신의 사명과 운명을 음미하게 하는 큰 계기가 되기도 했다. 그것은 세례자 요한이 헤롯 왕에 의하여 처형된 사실이었다.

예수가 전도 생활을 시작하고 얼마 안 되었을 무렵, 세례자 요한은 갈릴리를 다스리고 있던 분봉왕 헤롯에 의하여 체포되었고 구금된 상태에 있었다. 간접적인 동기는 사회 혼란을 더 방치할 수 없었기 때문이었으나, 직접적인 원인은 헤롯 왕이 자기 동생의 아내인 헤로디아를 아내로 취한 불륜적 사건에 있었다. 모든 사람들이 그 사건을 알고는 있었으나 대놓고 그 불륜을 책하거나 규탄하는 사람은 없었다. 그것은 생명을 건 모험이었기 때문이다. 그러나 그 사실을 확인한 요한으로서는 묵과할 수 없는 중대사였다. 정치 이전에 신앙적 배신과 도덕적 불륜은 용서받을 수 없는 사실이었기 때문이다. 요한과 같이 정의의 하느님과 진노의 심판을 외쳐 온 예언자로서는 참아 넘길 수 없는 일이었다.

헤롯 왕은 갈릴리 일대의 치안 사정과 백성들의 동태를 언제나 손바닥을 들여다보듯이 살피고 있었다. 결국은 요한을 잡아 투옥시켰다. 그러면서도 헤롯 왕은, 요한에 대한 호기심과 그의 가르침 때문에 기회가 있을 때마다 요한을 불러 그의 이야기를 듣곤 했다. 그때마다 요한은, 동생의 아내 헤로디아의 일로 헤롯 왕의 마음을 괴롭히는 것이었다. 그렇다고 모든 백성들이 예언자로 믿고 있는 요한을 손쉽게 처리할 수도 없는 일이었다.

요한은 오랫동안 감옥에 있었으나 헤롯 왕의 후의를 얻어 제자들과의 면담이 허용되고 있었다. 그래서 죽기 얼마 전에는 두 제자를 예수에게 보내 당신이 이스라엘을 구원할 메시아인지, 아니면 우리가 또 다른 사람을 기다려야 할 것인지를 물은 일도 있었다. 그때 예수는 구약의 글을 인용하여 자신이 메시아임을 암시해 주기도 했다. 예수의 고향 나사렛 사람들과 같이 요한은 예수를 보았고 잘 알고 있었기 때문에 권위를 갖춘 인물임은 인정했으나, 온 백성이 기다리는 메시아임을 확인하지 못했기 때문이었다. 그래서 예수도 "나(인간 예수에 붙잡힌) 때문에 걸려 넘어지지 않는 사람은 복이 있다."라고 말했다.

요한의 제자들이 돌아간 뒤에 예수는 요한이 구약에 예고된 선지자이며, 자신이 그 뒤를 따라 하늘나라를 선포할 당사자임을 알려 주었다. 그러나 율법과 도덕의 세계에서는 최고의 인물인 요한도 다가올 하늘나라에서는 미미한 존재임을 뚜렷이 알려 주었다.

그랬던 요한이 비참하게 죽임을 당한 것이다. 그 역사적 사건은 너무나 비극적인 충격을 지금까지도 우리에게 안겨 주고 있다.

사건은 헤롯 왕의 생일 잔치에서 벌어졌다. 헤롯 왕은 많은 고관들과 이스라엘의 정치적 실권자들, 그리고 갈릴리의 원로들까지 초대한 뒤 호화로운 연회를 베풀고 있었다. 술과 노래와 춤이 만장의 손님들을 사로잡고 있을 때였다. 헤롯 왕은 헤로디아의 딸 살로메에게 손님들을 위해 춤을 추도록 요청했다.

살로메는 사교계의 풍습을 잘 아는 요염하고 아리따운 아가씨였다. 어떤 춤을 관중들이 즐긴다는 것도 알고 있었고, 사나이들의 넋을 잃게 하는 자태가 어떤 것인지도 너무나 잘 알고 있었다. 큰아버지인 헤롯 왕이 어떤 지위에 있고 또 어떤 성격을 지니고 있다는 것을 모를 리 없었다.

살로메의 춤은 만장의 갈채를 받았고, 헤롯 왕은 더할 수 없이 만족했다. 조카딸이라는 생각보다는 세상에서 가장 아름다운 마녀를 대하는 것 같은 인상을 받았다. 그래서 춤이 끝나고 살로메가 왕좌 앞에 섰을 때, 헤롯 왕은 "네가 원하는 것이면 내가 무엇이든지 주겠다. 이 나라의 반이라도 원한다면 사양치 않겠다."라고 호언했다. 손님들은 환성을 지르면서 갈채를 보냈다. 과연 저 아가씨가 왕에게 무엇을 요구할 것인가에 귀를 모았다.

　살로메는 교태를 부리면서 곧 대답을 할 것이라고 말하며, 정식 부인이 아니기 때문에 자리에는 나오지 못한 어머니에게 가서 무엇을 요구할 것인가를 상의했다. 어머니 헤로디아의 대답은 놀라운 것이었다. 그녀는 '세례자 요한의 머리'라고 말했다. 딸은 놀랐다. 그러나 같은 순간에 살로메의 입술에서 야릇한 미소가 흘렀다. 너무나 재미있는 일이라고 직감했다. 사실 그렇게 재미있는 일은 있을 수가 없었다. 연회석으로 돌아온 살로메는 모든 사람들이 지켜 보는 가운데 또렷이 말했다. "감옥에 갇혀 있는 세례자 요한의 머리를 잘라 쟁반에 담아서 당장 가질 수 있게 해주십시오." 헤롯 왕은 깜짝 놀랐다. 그리고 당황했다. 손님들도 청천벽력 같은 요청에 경악했다. 소녀는 그 모습들을 살피면서 속으로 웃었다. 그것은 악마의 웃음이었다. 모친과 백부에 대한 조소거리가 될 수도 있고, 왕국에서 항상 벌어지고 있는 부도덕한 사태에 대한 악의에 찬 비웃음이기도 했다.

　궁지에 몰린 헤롯 왕은 당황했다. 그러나 할 수 없이 요한의 머리를 잘라 오라고 시위관에게 지시를 내렸다. 하객들은 그 귀추를 주목했다. 과연 어떻게 되는 것일까. 시간이 오래 걸리지는 않았다. 두세 명의 시위병이 은쟁반에 피가 철철 흐르는 요한의 머리를 잘라 들고 입장했다. 아마 요한은 눈을 뜨고 있었을지도 모른다. 손님들은 끔찍스러운 광경에 놀라움을 금치 못했다. 헤롯 왕은 그 머리를 살로메에게 건네주었다. 소녀는 공포심을 억누르면서 사람들에게 보라는 듯이 요한의 머리를 들고 춤을 추면서 어머니에게로 갔다. 헤로디아는 요한의 머리를 보면서 드디어 보복을 했다는 만족감에 미소를 지었을 것이다. 이렇게 해서 용서받을 수 없는 죄악의 연극은 막을 내렸다.

손님들은 다 흩어져 돌아갔고, 그 소식은 온 이스라엘 지방에 두루 퍼졌다. 요한의 제자들은 머리가 없는 시신을 장사지냈다. 비참의 눈물을 삼키게 하는 정경이었다.

그 소식은 예수에게도 전달되었다. 소식을 들은 예수의 심정은 어떠했을까. 모든 예언자의 죽음이 이렇게 비극의 제물이 되어야 하는가. 이 같은 요한의 죽음이 모든 예언자의 운명이라면 자신만이 예외일 수는 없지 않은가. 요한 다음은 누구의 차례가 되겠는가. 비로소 예수는 자신의 운명과 내일을 점쳐 보지 않을 수 없었다.

소식을 전해들은 제자들도 모두 놀랐다. 요한을 해친 헤롯 왕이 또 누구인들 거리낄 것이 있겠는가. 요한의 죽음은 전 이스라엘 민족에게 충격을 안겨 주었으나 예수와 그의 일행에 대해서는 더욱 심각한 것이었다.

이 즈음, 어느 날 제자들이 헤롯 왕은 우리도 해치려 하고 있다고 말했을 때 예수는, "그 여우에게 가서 말하라. 나는 아직 더 일해야 할 기간이 남아 있다고."라고 말했다. 이것은 요한의 죽음을 전해들은 예수의 충격이 얼마나 컸고, 또 그것이 예수로 하여금 당분간 호반 지역을 떠나 갈릴리 밖으로 거처를 옮기게 한 이유가 되었을지도 모른다. 예수에게는 죽음을 회피하기보다는 죽음 전에 해야 할 일이 아직 많이 남아 있었기 때문이다.

4

예수의 교훈들 Ⅰ

먼저 이야기로 돌아가자.

예수가 전도 생활을 시작했을 때 담당했던 두 가지 일은 병을 고치는 것과 복음을 전하는 것이었다. 이 둘은 예수의 생애에 걸쳐 계속되었다. 그러나 초창기에는 많은 환자들 때문에 교훈을 남기는 일은 뜻대로 되지 못했다. 그것이 예수에게 있어서는 하나의 고통스러운 부담이었다. 병의 치료는 일시적이며 제한된 일이나, 말씀을 남기는 것은 영구하면서도 제약이 없는 결과로 확산될 수 있었기 때문이다. 그래서 고향 나사렛을 다녀온 뒤부터는 많은 시간을 말씀을 전파하는 데 바쳤다. 병을 고치는 일은 가능하다면 제자들에게 맡기고 싶었던 것이다.

물론 나사렛을 찾아가기 전에도 많은 가르침을 남겼다. 그즈음의 교훈은 주로 두 가지 성격을 띠고 있었다. 구약의 교훈을 어떻게 신약적인 신앙으로 발전시키는가였고, 윤리적인 가르침을 어떻게 종교적인 것으로 완성시키는가였다. 말하자면 하늘나라를 위한 예비적 교훈에 치중했던 것이다. 그리고 그것은 인간이 윤리에서 종교를 찾는 길이기도 했고, 유대인들에게 있어서는 구약적 율법을 극복하는 과정이기도 했다. 예수가 입버릇처럼, 구약에서는 이렇게 가르쳤으나 나는 너희에게 이렇게 말한다고 한 것이 그 뜻이다. 세상 사람들은 이렇게 말하지만 나는 너희에게 이렇게 가르친다고 한 뜻들이 바로 그것을 말한다.

이스라엘 사람들은 모세 이후부터 율법과 계명을 신앙과 사회생활의 규범으로 믿고 지켜 왔다. 율법에 대한 준엄성이 이스라엘 민족 고유의 아집스러움과 합쳐져 교조주의가 되었고, 그 병폐적인 영향은 대단한 것이었다. 율법과 계명의 내용을 축조적으로, 문자 그대로 지키기를 원했을 뿐만 아니라 인간적 교만이 겹쳐, 그 결과로 나타나는 폐습은 인간성 자체를 병들게 만들 정도였다.

그중에서도 십계명은 모세가 직접 야훼 하느님으로부터 전수받은 것이기 때문에 누구도 어길 수 없는, 또 어겨서는 안 되는 절대적인 것이었다.

그중에서도 제4계명에 속하는 것은 안식일에 관한 것이었다.

'안식일을 기억하여 성일로 지키라. 엿새 동안에 네 모든 일을 힘써 하고 제7일은 너의 하느님 여호와의 안식일이니 너나, 네 자녀나, 네 노비나, 네 육축이나, 네 문 안에 유하는 객일지라도 일하지 말라. 엿

새 동안에 여호와께서 하늘과 땅과 바다와 그 가운데 만물을 만드시고 제7일에 쉬셨으니, 그러므로 여호와께서 안식일을 복되고 거룩한 날로 삼으셨느니라.'

그러나 이 안식일을 지키는 습관은 차차 교리화되고 형식에 치우치기 시작했다. 일을 하는 것은 죄악이기 때문에 식사를 짓지 않았음은 물론, 세수를 하는 것이나 머리를 다듬는 일도 금지되었고, 심지어는 지팡이를 짚고 다니는 것이 땅을 파는 일과 통한다고 해서 금지해야 한다고 할 지경이었다. 몇 년 전만 해도, 한국 교회에서 교회로 나오기 위해 버스를 타는 것은 죄가 아니나 돌아가는 길에 버스를 타는 것은 죄가 된다고 판단을 내린 목사가 실제로 있었을 정도였으니.

그럴 즈음이었다. 예수가 처음 전도를 시작한 봄철 어느 안식일에, 예수의 일행은 따가운 볕을 쬐면서 밀밭 사이를 걷고 있었다. 물론 호반 지역에서의 일이다.

그때 예수의 한두 제자들이 길에서 손에 잡히는 밀 이삭을 뜯어 손으로 비벼 먹었다. 이스라엘 사람들은 무화과 열매나 밀 이삭 같은 것은 길 가는 길손들이 따 먹는 것을 용인하고 있었다. 그것도 율법책 속에 허락되어 있었기 때문이다.

그런데 제자들이 밀 이삭을 비벼 먹는 것을 본 바리새파 사람들이 예수에게 항의를 해 왔다. 안식일에는 일체의 노동이 금지되었는데, 어떻게 밀을 비벼 먹는 일을 할 수 있으며, 왜 당신은 그것을 금지시키지 않느냐는 힐난이었다.

예수의 제자들은 당황했고, 제소자는 비非신앙적인 처사를 나무랐기에 자신을 가질 수 있었다.

그러나 예수는 제자들의 처사에 아무 말도 하지 않고 바리새파 사람들에게 반문했다. "너희는 성경에서, 다윗 왕이 일행과 더불어 먼 길에 지쳐 있을 때 성전에 들어가 먹을 수 없도록 되어 있는 제사 떡을 자신과 일행이 함께 먹었다는 사실을 알고 있지 않느냐? 그리고 그것을 성경은 정당한 처사로 간주하고 있으며, 너희도 그렇게 생각하고 있지 않느냐? 따져 보면 제사장들은 가장 신성하다고 여기는 성전 안에서 안식일을 가리지 않고 일하게 되어 있지 않느냐? 너희는 안식일이 사람을 위해 있는 것인데, 마치 사람이 안식일을 위해 있는 것으로 착각하고 있는 것이다. 귀한 것은 제물이 아니고 사랑할 수 있는 마음이라고 구약에 기록되어 있는 교훈을 왜 그렇게 이해하지 못하는가. 확실히 말해 두지만, 내가 안식일의 주인임을 알게 될 것이다."

우리는 지금 이 사실과 교훈을 당연한 것으로 받아들이고 있다. 그러나 그 당시에 이런 말을 할 수 있다는 것은 경탄에 해당하는 혁명적 교훈이다. 만일 예루살렘 성전 뜰에서 이런 말을 했다면 종교 재판에 회부되어 예수는 성전 밖으로 끌려나가 돌무덤에 묻힐 수도 있는 발언이었다.

그러나 생각해 보면 바로 이러한 예수의 가르침 때문에 구약 종교에서 신약 종교로의 가능성이 열리게 된 것이다. 지금도 적지 않은 기독교계의 지도자들이 똑같은 과오를 범하고 있으며, 모든 종교가 예외

없이 같은 죄를 저지르고 있음을 누가 부정할 수 있는가.

많은 종교인들은 종교가 인간을 위해 있음에도 불구하고 인간이 종교를 위해 존재하는 것으로 착각한다. 석가가 인간을 위해 애써 주었기에 불교가 탄생한 것이다. 인간이 석가를 위해 존재한다고 생각하면 그것을 가장 반대할 사람이 곧 석가인 것이다. 심지어는 인간이 교회를 위해 있고, 교회가 인간을 위해 존립한다는 뜻을 거부하는 사람들까지 있을 정도이다. 중세기 기독교의 과오들은 대부분 이런 위치에서 저질러진 것이다.

예수의 교훈은 명쾌했다. 안식일을 비롯한 모든 율법과 계명이 사람을 위해 있는 것이지 사람이 율법이나 계명을 위해 사는 것이 아니며, 종교는 언제나 목적과 방법을 뚜렷이 가르쳐 주어야 한다. 그런데 항상 그 순서를 뒤집는 과오를 범하곤 했다. 지금도 비슷한 잘못은 얼마든지 있다. 일부 교파에서 꼭 어느 날을 안식일로 지켜야 한다든지, 안식일에 일을 하는 것은 죄라고 해서 어린 청소년들의 마음을 멍들게 하는 불행은 없어야 한다. 만일 기독교와 상관이 없는 제3자가 그런 현상을 보면 어떻게 생각하겠는가. 필요도 없는 옷을 입혀놓고 왜 먼지를 털지 않느냐고 책망하는 것만큼이나 어리석은 일이다.

이렇게 본다면 율법과 계명으로부터의 해방이 신약 종교의 탄생이었고 모든 면에서 휴머니티가 최우위를 점해야 한다고 가르친 것이 예수의 뜻이었던 것이다. 이것은 지금까지의 많은 종교의 과오를 바로잡아 주는 뜻인 동시에 앞으로 어떤 종교도 범해서는 안 되는 가르침이다.

만일 안식일을 논해야 할 계제가 된다면 예수의 뜻과 마음이 그 표준

이 된다는 생각에서 판단되어야 할 것이다. 내가 안식일의 주인이라는데에 그 뜻이 함축되어 있고, 앞으로 나와 더불어 안식일이 그 뜻을 지니게 될 것이라는 예언일 수도 있다. 지금은 그 뜻이 채워지고 있다. 크리스천들은 '그리스도와 더불어 안식일을!'이라고 생각해 잘못이 없을 것이며, 인간은 누구나 선한 뜻이 이루어질 수 있는 7일간의 하루를 안식과 축복의 날로 삼는 것이 좋을 것이다.

제4계명은 6일간 열심히 일한 사람이 하루의 안식을 취하는 것을 하느님의 은총의 뜻이라고 지적해 준 것이다.

안식일에 일어난 또 하나의 사건을 소개함으로써 우리들의 판단을 바로잡기로 하자.

예수가 어떤 안식일에 회당에 들어가 가르칠 때, 한쪽 손이 오그라진 환자가 끼여 있었다. 물론 치료를 받기 위해서였다. 거기에 동석했던 바리새파 사람들은 예수의 거동을 살피고 있었다. 저 환자를 고쳐 준다면 그것은 안식일을 범하는 죄가 되는 것이라고 생각했다.

그 마음을 안 예수는 무리들이 지켜보는 가운데 그 환자를 "일어나 이 앞으로 나오라."고 불러 환자를 세워 놓고,

"안식일에 착한 일을 하는 것이 좋으냐 악한 일을 하는 것이 좋으냐, 목숨을 구하는 것이 좋으냐 목숨을 죽이는 것이 좋으냐?"
라고 반문했다.

누구도 입을 열지 못했다. 착한 일을 해야 한다는 것도 안식일을 범하는 결과가 되기 때문이었다. 그때 예수는 노하여 그들을 둘러보고,

그들의 마음이 굳어진 것을 탄식했다고 마가는 기록하고 있다.

예수는 환자를 치료해 주었고, 바리새파 사람들은 그곳을 빠져 나가 언제나 대립적인 위치에 있던 헤롯 당원들과 예수를 처치할 것을 협의했다고 말하고 있다.

비슷한 일은 얼마든지 있다. 바리새파 사람이 일제 때의 민족주의자에 해당한다면, 헤롯 당파 사람은 친일파에 속할 정도로 극한적 대립을 일삼아 온 사람들이었다.

이스라엘의 민족성은 그들의 종교가 만들어 주기도 했으나, 그들의 민족성이 구약적 인상의 성격을 굳히기도 했다. 이러한 상황에서 태어난 것의 하나가 맹세하기를 즐기는 습성이었다. 사실 인생을 과학적으로 비판하면서 사는 사람들은 별로 맹세를 하지 않는다. 과학은 계속적인 개선을 필요로 하기 때문에 맹세의 필요성을 인정하지 않는다. 이에 비하면 도덕과 윤리를 소중히 여기는 사람들은 자신에 대한 확인을 하기 좋아한다. 도덕과 의무는 불가결의 관계를 맺고 있으며, 의무는 우리에게 어떤 삶의 내용을 강요해 오기도 한다.

그러나 종교를 믿는 사람들은 신앙의 대상을 필요로 하며, 그 대상은 절대적인 것이라고 믿으며 믿음의 대상을 걸고 자신을 확인하기 때문에 맹세의 습관이 많아진다. 예수 당시에도 그것은 예외가 아니었다.

그래서 예수는,

"너희는 거짓 맹세를 하지 말고 네가 주께 맹세한 것은 다 지키라는 옛 사람들의 말을 들어왔다. 그러나 나는 너희들에게 말한다. 너희는 어떤 경우에도 맹세는 하지 마라. 다만 '네' 할 것은 '네' 하고 '아니오' 할 것은 '아니오'라고 하는데 그치라. 여기서 지나치는 것은 악에서 오는 것이다."

라고 가르쳤다.

하늘, 땅, 예루살렘을 두고도 맹세하지 말며, 더욱이 하느님을 두고 맹세하는 것은 죄가 된다. 예수는 자기의 머리카락 하나도 맘대로 하지 못하면서 머리를 두고 맹세하는 것 같은 과오를 범해서는 안 된다고 가르쳤다.

오늘 우리는 이 이야기를 들었을 때 크게 문제삼지 않는다. 성실하고 지혜롭게 인생을 사는 사람들은 그 뜻을 수긍하는데 어려움을 느끼지 않는다. 인간은 약하기 때문에 언제나 자신의 약속을 어길 수 있으며, 또 계속해서 성장해야 하기 때문에 어떤 절대적 한계를 인정할 수 없는 것이다.

그러나 이스라엘 사람들은 그러지 못했다. 그들은 구약의 습관에 따라 항상 맹세를 즐겨 왔으며, 그 맹세가 곧 신앙의 확인인 듯 착각해 왔다. 맹세를 할 수 없는 사람은 신앙이 약한 것과 같이 생각되었다. 하느님을 믿는 것은 하느님과의 약속을 지키는 것이며, 그 약속을 표현하는 길이 곧 맹세인 듯 잘못 생각했다.

이와 같은 습관은 지금도 남아 있다. 목사는 결혼식을 주례할 때 곧잘 맹세를 시킨다. "……케 하기를 맹세하십니까?"라고 묻는다. 그러나 그것은 예수의 뜻이 아니다. 나 자신도 맹세를 해서는 안 되지만 다른 사람에게 맹세를 시키는 일은 소망스럽지 못하다. 아무리 종교 행사라고 해도 인간에게 절대라는 것은 있을 수 없다. "……케 하도록 노력하시겠습니까?"라고 묻는 편이 옳을 것이다.

왜 예수는 '네'와 '아니오'에 그치라고 했는가. 인간은 언제나 자신을 절대화해서는 안 된다. 그것이 곧 반反신앙적인 것이다. 성실하게 반성하며 진실되게 노력해서 자기 성장을 이끌어 가야 한다. 절대화는 교만이며, 교만은 곧 사회악을 유발한다. 현재는 세상의 모든 학설과 주의, 사상까지도 상대적인 방향을 택하고 있는데 신앙인들이 절대주의를 택하는 것은 바람직하지 못하다.

우리는 그 실례를 베드로에게서 본다. 예수가 너희들 모두는 나를 버리게 될 것이라고 말했을 때, 베드로는 자기만은 절대로 예수를 배반하지 않을 것이라고 장담했다. 그러나 몇 시간이 지나지 않아 베드로는 작은 여종 앞에서 세 번씩이나 예수를 부인했다. 그 뼈저린 실수를 자인한 베드로는 심히 뉘우치며 통곡했다고 성경은 기록하고 있다. 그 과정이 없었다면 베드로는 참다운 사도가 될 수 없었을 것이다.

또 이 맹세라고 하는 정신적 상황 속에 종교적 단점이 내재되기도 한다. 과학적 삶을 영위하는 사람들은 개선을 거듭하면서 살기 때문에 자기분열이나 자가당착이 없다. 개선된 생활을 지속적으로 끌어올리면 된다. 도덕을 믿는 사람은 그때 그때 양심의 판단에 따르면 된다. 그런데 신앙인들을 절대자를 소개하고 그 뜻을 가르치면서 자신은 여전히 한 인간으로 살아야 한다. 가르치기는 고상하고 성스러운 뜻을 말하지만 스스로의 생활은 인간성을 벗어날 수가 없다. 여기에서 정신적 갈등이 오며, 생각과 생활 간의 공백이 생긴다. 심하게 되면 위선이 도

사리며, 이중 인격이라는 정신적 불행에 빠질 수도 있다. 그것은 참다운 신앙도 못 되며 바람직스러운 삶도 아니다.

역시 우리는 '네'와 '아니오'를 성실하게 판단하면서 경건한 인생을 이끌어 가야 하겠다. 이것이 율법의 전통을 이어 온 이스라엘 사람들에 대한 예수의 교훈이었던 것이다.

또 예수는 가르친다.

"눈은 눈으로, 이는 이로 갚으라고 하신 말씀을 너희는 들었다. 그러나 나는 너희들에게 가르친다. 너희에게 악을 행하는 사람에게 보복하지 마라. 또 너희는 네 이웃을 사랑하고, 원수를 미워하라고 하신 말씀을 들었다. 그러나 나는 너희에게 말한다. 원수를 사랑하고 너희를 박해하는 사람들을 위해 기도하라. 그래야 너희가 하늘에 계신 아버지의 아들이 될 것이다. 그러므로 하늘에 계신 너희 아버지께서 완전하신 것같이 너희도 완전해지라."

이 교훈은 「마태복음」 첫 부분에 나오며 「누가복음」에도 기록되어 있는 부분이다.

이 교훈도 역시 당시의 모든 사람들이 유대교적 율법을 믿고 있었을 때 예수가 준 혁명적 복음이다.

구약의 하느님은 정의의 신이다. 옳고 그른 것을 엄격히 구별하여 상벌을 가하며, 택함을 받은 이스라엘 민족을 위해서(그들이 야훼의 뜻에 복종하는 한) 이방민족에게 무자비한 처벌을 사양하지 않는 투쟁과 분노의 신이다. 그러므로 이러한 뜻이 개인에게도 적용되어 정의와 보복은 신앙적으로 당연한 듯이 여겨져 왔다. 지금도 구약과 비슷한 신앙을 가지고 있는 이슬람 교도들 사이에서 볼 수 있는 생활 관념이다.

그러나 예수는 이 구약의 민족주의적 신앙을 인류 신앙으로 승화시켜 준다. 악을 행하는 사람에게 동질적인 보복을 하는 것은 서로의 불행과 사회악을 배가시켜 갈 뿐이다. 보복보다는 더 넓은 사랑으로 악을 해소시켜 나가는 일이 하늘나라를 위해서는 필수적인 것이다. 그 뜻을 받은 바울도 더 큰 선으로 악을 이기는 것이 신앙이라고 말하고 있다. 이 뜻을 받아들이는 사람들은 그것을 비폭력 운동이라고 말한다. 우리 세기에 와서도 톨스토이나 간디가 같은 뜻을 실천에 옮기려고 노력했다. 그렇다. 기독교의 본질은 선으로 악을 이기며, 사랑으로 원수를 포섭하는 데 그 뜻이 있다. 그리고 인류의 평화와 행복스러운 장래를 위해서는 결국 그 길을 택할 수밖에 없지 않겠는가. 만일 역사의 완성을 하늘나라로 본다면 예수의 교훈에는 조금도 잘못이 없다.

우리는 어떻게 원수를 사랑할 수 있느냐고 반문한다. 불가능하며, 무의미한 것을 요청한다고 생각한다. 그러나 경험을 쌓아 보면 그것은 자연스러우며, 그렇게 되지 않으면 안 된다. 원수를 가진다는 것은 동등한 가치 판단을 가진 사람들이 이해 관계나 감정 문제로 갈등이 생길 때 발생한다. 그러나 한쪽이 훨씬 높은 가치 판단력을 가지고 있거나 인격이 높을 때에는 상대방이 하는 모든 일이 가엾어 보이며, 그의 행동에 연민을 느끼는 법이다. 어린애가 어른에게 대들 때 우리는 그런 경우를 자주 보며, 교양 수준이 낮은 사람이 우리를 원수인 양 야단

칠 때, 우리는 위에서 내려다보면서 그런 일은 없어야 할 텐데 하고 괴로운 심정을 가진다.

예수가 십자가에서 저들의 죄를 용서해 달라고 기도한 것은 지극히 당연한 것이며, 수많은 크리스천들이 같은 뜻으로 죽임을 당해 왔다. 언제나 상대방을 사랑할 수 있는 사람들은 그를 원수로 여기지는 않는다. 그래서 예수는 하늘에 계신 아버지께서 완전하심같이 너희도 선과 사랑으로 완전한 삶을 살라고 부탁한 것이다.

만일 이 뜻이 불가능하여 구약적 신앙으로 되돌아간다면 우리는 예수의 뜻을 저버리게 된다. 예수의 뜻을 포기하는 것은 크리스천이 되지 않는다는 가벼운 말이 아니다. 그것은 인류와 역사의 희망과 평화를 단념하는 비극의 길이 되기도 한다. 그렇다면 구약적 율법을 벗어나 새로운 하늘나라를 염원했던 예수의 말은 극히 당연한 복음의 뜻이 아닐 수 없다.

예수의 소문이 갈릴리 일대에 퍼지게 되자, 유다와 예루살렘에 사는 종교적 지도자들의 관심은 예수에게로 쏠리게 되었다. 그들은 이미 자기 나름대로의 신앙을 가지고 있었기 때문에 예수의 뜻을 따르기보다는 호기심과 경계의 대상으로 삼았다. 그리고 그들 가운데는 적지 않은 정탐꾼들이 섞여 있었다. 그들의 대부분은 공의회에서 파송받은 사람들이었다. 예수가 이스라엘의 전통적인 신앙을 따르고 있는지의 여부도 알아야 했고, 혹시 종교적인 신앙을 빙자한 反로마적 폭동을 획책하고 있는지도 살펴야 했던 것이다. 이 첩자들은 그들이 본 것을 가야바 일파의 공의회 간부들에게 보고할 책임을 가지고 있었다. 첩보자들은 예루살렘의 종교 단체에서 파송된 이들만은 아니었다. 헤롯 왕으로부터도 계속 추적을 당하는 것이 예수의 처지였다. 그렇지 않아도 갈릴리 지방은 정치적 권력이 크게 작용하는 유다 지방에서 멀리 떨어져 있어, 반로마 폭동이 규모는 작지만 계속 일어나고 있었다. 31년에도 갈릴리 사람 몇 명이 그런 일 때문에 빌라도에 의해 가혹한 처형을 받은 일이 있었다. 이 지역을 책임 맡은 헤롯 왕이 자신의 통치권을 위해서라도 예수에 대한 감시는 소홀히 할 수 없었던 것이다. 성경에 자주 헤롯 왕이라는 말이 나오는 것을 보아서도 쉽게 짐작할 수 있다. 일제 시대의 실정을 미루어 보아서도 추측할 수 있는 일이다. 서울에는 친일파 지도자들이 자리잡고 있으면서 정치 세력을 배경으로 매국적인 일을 서슴지 않았으나, 평안도나 함경도 지역에는 중립적이거나 반일적 풍토가 가시지 않았고, 북간도 지역으로 가면 독립 투사들의 활동이 표면화되고 있었다. 이 당시의 갈릴리 지역은 북한과 간도 지역을 합친 것 같은 상황에 처해 있었다.

이런 시기의 일이다. 예루살렘에서 내려온 바리새파 사람들과 율법 학자 몇 사람이 예수의 활동을 살피다가 예수에게 질문을 했다. 예수의 제자 중 몇 사람이 손을 씻지 않은 채 떡을 떼어 먹는 것을 보았기 때문이었다. 우리들의 존귀한 전통에 따른다면, 음식을 먹을 때에는 반드시 손을 씻은 다음에 떡을 떼도록 되어 있고, 특히 저자에서 돌아온 사람은 반드시 온몸을 정결하게 씻는 장로들의 교훈을 지키도록 되어 있다. 그런데 당신들의 제자들은 그 전통과 교훈을 무시하고 더러운 손으로 떡을 떼는 악을 저지르지 않느냐는 불평스러운 힐난이었다. 이와 같은 질문을 받은 예수는 제자들의 과오를 조금도 나무라지 않았다. 오히려 질문을 한 사람들을 우회적으로 책망했다.

"지금 당신들의 질문을 받고 보니까 이사야의 말이 생각난다.

이 백성이 입술로는 나를 공경하여도
마음은 내게서 멀리 떠나 있다.
그들은 나를 헛되이 예배하며
사람의 훈계를 교리로 가르치고 있다.

라는 글이 바로 너희들의 현실을 지적한 것이 아니냐. 너희들은 인간적 교훈을 율법보다도 더 높이 생각하는 과오를 범하고 있으면서 그 부당성을 알지 못하느냐. 내가 한 가지 반문하겠는데, 너희들은 부모를 공경하라는 계명을 잘 알고 있으면서도 부모에게 드려야 할 것을 드리고 싶지 않으면, 하느님께 바치기로 되어 있기 때문에 부모에게 바칠 수 없다고 꾸며 네 것으로 만들고 있지 않은가. 너희들만이 욕망의 노예가 될 뿐만 아니라 다른 사람에게도 그렇게 가르치는 처사가 얼마나 잘못된 일이냐. 이렇게 큰 문제들은 잘못된 방향으로 이끌어 가면서 지극히 사소한 습관은 절대적인 것으로 생각하는 과오를 더 범해서는 안 될 것이다."

그러면서 예수는, "밖에서 몸으로 들어가는 것은 사람을 더럽히지 않으나 사람에게서 나오는 것이 오히려 사람을 더럽히는 것이다."라고 덧붙였다.

그러나 예수의 제자들은 어리석은 편이었다. 예수의 이 말의 뜻을 몰라 다시 질문을 할 정도였다. 예수는 약간 실망스러운 표정으로, "너희들도 그 뜻을 모르는가. 입으로 들어가는 음식은 모두가 깨끗하나 후에 배설물로 나올 때에는 더러운 것으로 변해 있지 않느냐. 걱정스러운 것은 음란, 탐욕, 악독, 사기, 질투, 배신, 교만, 어리석음 같은 것들이 인간 밖으로 나올 때에는 그 해독이 크다는 사실이다."

우리는 이 사실을 전해 들을 때 그 옛날의 종교 지도자들을 나무랄 필요는 없다. 지금도 같은 과오는 어디에나 나타나고 있기 때문이다. 어떤 종교 집단이 만들어 놓은 인습이나 전통을 가지고 다른 사람들을 정죄하는 일, 자신들의 편의를 위해 만든 교훈을 성경보다 귀한 듯이 생각하는 태도, 인간의 양심이나 자유보다도 율법을 더 위에 있는 것으로 생각하는 교계 지도자들의 과실은 어디에나 있지 않은가.

크리스천이 된다는 것은 언제나 올바른 가치 판단을 내리는 일이다. 가치 판단의 기준은 언제나 뚜렷하다. 모든 것은 인간과 인격을 위해 있으며, 인간이 하느님의 자녀로서 살 수 있도록 돕는 일이다. 윤리와 도덕은 귀하지만 인간 이상의 것이 될 수 없듯이, 율법과 계명은 중요하나 인간이 그의 노예가 되어서는 안 된다. 하물며 손을 씻느냐 안 씻느냐 하는 수준 이하의 인습으로 종교의 성스러운 가치를 퇴락시켜서는 안 된다.

「마태복음」에 따르면, 예수는 전도 초창기부터 하늘나라의 복음을 선포한 것으로 되어 있다. 그 대표적인 것이 5, 6, 7장에 있는 산상의 교훈이다. 「누가복음」과는 시기적으로 약간의 차이는 있으나 가르침의 성격과 내용에는 공통점이 많다.

산상 교훈 첫머리에서 나오는 부분은 우리가 잘 아는 8복(또는 9복)의 부분으로 시작된다.

> 마음이 가난한 사람은 복이 있다.
> 하늘나라가 그들의 것이다.
> 애통하는 사람은 복이 있다.
> 그들이 위로를 받을 것이다.
> 평화를 위하여 일하는 사람은 복이 있다.
> 하느님이 그들을 아들이라 부를 것이다.

등의 여덟 가지로 되어 있다.

적어도 이 교훈은 예수가 하늘나라의 복음을 선포하는 초창기의 것이며, 가장 인간적 보편성을 가진 내용이다. 복을 받는 뜻을 앞세웠다는 것은 우리 모두가 복에 대하여 관심을 가지고 있으며, 하늘나라도 새로운 축복의 뜻이 채워짐을 거부하지 않았다는 내용이다. 신앙은 차원이 다른 또 하나의 축복의 방향일 수도 있기 때문이다.

8복을 비롯한 산상 교훈을 읽는 사람들은 예수의 교훈의 출발점에 관하여 이상한 느낌을 가진다. 그것은 어떤 기성 종교적 냄새도 없는 인간적 관심에서 발상되었다는 점이다. 이스라엘 사람들은 율법이나 계명으로부터 교훈을 시작하며, 오늘의 신학자나 신부, 목사들은 어떤 교리적인 것으로부터 문제를 끌어 내기를 좋아한다. 그러나 예수의 말은 소박하고 담담한 인간적 과제로부터 시작한다. 「마태복음」은 본래가 이스라엘 사람을 염두에 두고 쓴 것이며, 저자는 예수의 족보를 나열하면서 구약으로부터 계승되는 예수 그리스도를 입증하려고 한 책이다. 그럼에도 불구하고 산상 교훈은 인간적 관심에서 온갖 문제를 끌어 내고 있다.

예를 들면 여러분은 모두가 복을 받기 원한다. 그러면 그 복은 어디에서 오는 것인가……. 이런 식으로 시작하여 전체 교훈이 선하고 아름다운 인간 관계에 집약된다. 그럼에도 불구하고 예수의 교훈이 끝났을 때, 사람들은 항상 듣는 율법 학자들의 가르침과는 달리 권위가 있는 가르침이었다고 감탄했다.

그러면 우리가 예시한 8복을 비롯한 산상의 교훈은 어떤 성격을 가진 말씀들인가.

예수는 담담하게, "너희들은 인간다운 인간이 되고 또 도덕적인 인간의 의무를 다하도록 노력하라. 그렇게 하면 하늘에 계신 아버지이신 하느님께서 더 많은 신앙적 은총을 내려 축복해 줄 것이다."라는 식으로 가르친다. 예수는 결코 우리가 생각하고 바라는 행운을 이야기하지 않았다. 노력 없이 원하기만 하면 행운이 굴러 떨어지는 것 같은 기대를 가져서는 안 된다는 뜻을 모든 면에서 암시해 준다. 그래서 "정의를 위해 박해를 받는 사람은 복이 있다. 하늘나라가 그들의 것이다."라고 가르친다.

아무 노력도 하지 않으면서 더 좋은 축복을 기대하는 것 같은 행운 관념은 오히려 인간의 능력을 저하시키며, 도덕적인 가치와 의무를 경시하는 과오를 범하게 한다. 인간은 누구나 도덕적인 의무를 다해야 한다. 그 지성스러운 노력이 하느님께 바쳐졌을 때 우리는 작은 노력에 큰 은총이 더해짐을 깨닫게 될 것이다. 이것은 축복의 길이다. 이 도덕적 교훈 가운데서 가장 소중하게 여긴 것이 선하고 아름다운 인간 관계의 육성이다.

"너희는 남에게 대접을 받고자 원하는 대로 남을 대접하라."라는 말을 강조하는 예수의 심정은 짐작하고도 남음이 있다.

만일 우리들 가운데 아무 종교도 믿지 않는 사람이 있거나 비록 다른 종교를 믿는 사람이 있다고 하더라도 산상 교훈을 읽었을 때는 아무런 거부감도 느끼지 않을 것이며, 조금도 이상한 점을 발견하지 못할 것이다. 한 인간이 걸어야 할 떳떳한 길을 꾸밈없이 가르치면서 그 위에 하느님의 축복이 더해짐을 약속해주고 있기 때문이다.

그러나 그 교훈의 내용은 지극히 조용하면서도 혁명적인 것이었다. 마음이 가난한 사람, 온유한 사람, 마음이 청결한 사람들의 표현은 그 자체가 구약의 전체 교훈에 대한 도전이며 로마 제국의 권력에 대한 항거적인 혁명 정신이었다. 강자가 선을 대신하는 지배 권력을 정당시하는 로마가 아니었던가. 한 사람의 통치자를 위해 모든 사람이 노예화되는 역사를 정당시하는 수천 년의 역사가 흘러오지 않았던가. 야훼 신은 강자의 편이라고 가르쳐 온 구약을 믿는 국민들이 아니었는가.

지배자가 역사를 만들어 낸다는 사실을 누구도 의심하지 않은 시대가 아니었던가.

이런 상황 속에서 가난과 온유를 가르치고 봉사와 희생을 가르친다는 것은 사리에 어긋날 뿐만 아니라, 힘의 세계와 역사 속에서는 상상할 수도 없는 교훈이었다. 그러나 예수가 가르쳐 주는 하늘나라는 그렇게밖에는 이루어질 수 없는 것이었다. 예수는 그것이 좁은 문인 것을 잘 알고 있었다. 그 시대에서뿐만 아니라 세속적인 삶의 의미를 찾는 모든 시대에 있어서 그 길은 언제나 좁고 험할 수밖에 없었다.

그러나 이러한 예수의 가르침을 믿고 그대로 따르는 사람들은 놀라운 은총과 축복의 경험을 터득하게 될 것이다. 자기 한 사람의 선한 노력이 많은 사람에게 축복의 길이 됨을 깨닫게 될 것이며 현재의 짧은, 그러나 지성스러운 노력이 유구한 역사의 결과로 나타나게 됨을 배우게 될 것이다.

우리는 네 오른손이 하는 것을 왼손이 모르게 일하라는 교훈을 접한다. 그러나 그런 정신으로 일하는 것만이 영구히 역사에 남아 하늘나라를 건설하게 된다는 귀중한 깨달음에 도달하기는 쉽지 않다. 예수는 이 모든 뜻들이 하늘나라 건설에 필요하다는 가르침을 주고 있다.

5

예수의 교훈들 II

예수의 교훈은 초창기를 넘어서면서부터는 성격과 방향이 조금씩 달라졌다. 구약에서 신약으로의 과정이나 세상 사람들의 생각을 바꾸어 주는 단계를 넘어 직접 하늘나라에 대한 가르침으로 비중을 높여 가기 시작했다. 예수가 의도하는 하늘나라는 직접적인 설명이 곤란하기 때문에 예수는 자연히 비유를 들어 말하기를 좋아했으며, 한 기간 동안은 제자들이 '우리 스승은 비유가 아니면 말하지 않는다.'라고 서술했을 정도였다. 그때마다 예수는, 내가 하늘나라를 어떻게 비유하면 좋을까 하는 서두를 항상 사용했다.

예수의 행적을 중심으로 기록하고 교훈을 가장 적게 소개한 「마가복음」에 따르더라도, 제4장은 완전히 씨 뿌리는 비유에 할당하고 있다. 더불어 비유를 즐기는 예수의 모습을 잘 보여주고 있다. 예수의 비유는 가장 쉬운 소재로부터 나온다. 계절을 따라 바뀌는 자연과 농사의 비유가 있는가 하면, 물고기를 잡는 어부들의 생활에서 그 내용을 따오기도 하며, 이스라엘 사람들의 생활 여러 면에서 하늘나라를 위한 교훈을 이끌어 낸다. 혼인 잔치, 포도원과 일꾼들의 생활, 귀인들이 벼슬을 얻으러 떠나는 일, 그 당시 흔히 들을 수 있었던 귀신들의 이야기, 길가에서 항상 눈에 띄는 무화과나무, 제사장과 사마리아 사람의 비교, 장사꾼들의 영리 사업, 예루살렘 성전의 좁은 문 등, 비유의 대상으로 떠오르지 않은 것이 없다. 그리고 그 모든 비유가 예수에게 있어서는 하늘나라를 알려주는 귀중한 교훈이 되는 것들이었다.

마가는, '예수께서 이와 같이 많은 비유로 그들이 알아들을 수 있게 말씀을 전하셨다. 비유가 아니면 말씀하시지 않았으나 제자들에게는 따로 모든 것을 설명해 주셨다.'라고 기록하고 있다.

그 가운데서도 가장 초창기의 널리 알려진 비유가 씨 뿌리는 이야기이다. 이 이야기는 예수가 전도 생활을 시작한 첫 봄 갈릴리 호반 지역에서 농부들이 씨를 뿌리고 있는 것을 직접 보면서 말해 준 것이다. 공관복음의 세 가지가 거의 같은 내용을 전해 주고 있다. 그 후에도 씨를 뿌리는 일과 연관된 농사에 관한 비유들이 있다. 요약된 내용은 이러한 것들이다.

'한 농부가 씨를 뿌리러 나갔다. 씨를 뿌리는데 더러는 길가에 떨어

져 공중의 새들이 날아와서 쪼아 먹었다. 더러는 흙이 별로 없는 돌밭
에 떨어졌다. 싹은 곧 났지만 흙이 깊지 않아 해가 뜨자 싹은 타버리고
뿌리가 없어 말라 버렸다. 또 더러는 가시 덤불 속에 떨어졌다. 그런데
가시나무가 자라 그 기운을 막아 버리니 열매를 맺지 못했다. 그런데
더러는 좋은 땅에 떨어졌다. 씨들은 싹이 나고 자라서 그 열매가 30배
도 되고 60배도 되고 100배도 되었다. 들을 귀가 있는 사람은 들으라.'

'하느님 나라는 이와 같다. 어떤 사람이 땅에 씨를 뿌려 놓고, 밤에는
자고 아침에는 깨고 하는 동안에 그 씨가 자라 나무가 되고 열매를 맺
지만 어떻게 그렇게 되는지 알지 못한다. 그러나 추수 때가 되면 거두
게 된다.'

'하느님 나라를 어떻게 묘사하며 또 무슨 비유로 그것을 설명할까.
겨자씨 한 알과 같다고 하겠다. 땅에 뿌려질 때에는 세상에 있는 모든
씨 가운데 가장 작은 것이지만, 뿌려진 다음에는 어떤 초목보다도 더
크게 자라서 공중의 새들이 그 그늘진 가지에 깃들일 수 있을 만큼 무
성하게 된다.'

'하늘나라는 마치 이와 같다. 어떤 사람이 자기 밭에 좋은 씨를 뿌렸
는데, 밤중에 그의 원수가 와서 가라지를 뿌리고 갔다. 밀의 싹이 나고
알이 찰 때에 가라지도 보였다. 종들이 주인에게 "주인님, 우리는 좋
은 씨를 뿌렸는데 가라지가 어디서 생겼습니까?"라고 물었다. 주인은,

"원수들이 그렇게 했구나!"라고 대답했다. 종들이, "그러면 우리가 그 가라지를 뽑아 버릴까요?"라고 물었다. 주인은, "가만 두어라. 가라지를 뽑다가 밀까지 다쳐서야 되겠는가. 추수할 때에 밀은 곳간에 넣고 가라지는 불태워 버리면 될 것이니라."라고 타일렀다.'

예수는 위와 같은 비유들을 말한 뒤 제자들에게 설명을 아끼지 않았다. 지적 수준이 높은 제자들이었다면 설명은 필요가 없었을 것이다. 그러나 예수는 한 번도 그들의 무지를 책하지는 않았다. 알아듣고 깨달을 수 있도록 더 쉽게 설명을 해주곤 했다.

오늘 우리는 이 비유들을 되새기면서 여러 가지 교훈에 접하게 된다. 과연 우리들의 마음 밭이 30배, 60배, 100배의 열매를 거둘 수 있도록 성실하고 경건한 자세를 갖추고 있는가. 씨가 자라 싹이 나고 열매를 맺게 하는 하느님의 섭리를 지혜롭게 관찰하고 있는가. 세상에서 가장 미미한 말씀의 씨를 뿌렸으나 그 결과가 하느님의 은총을 입어 땅 위에서 가장 큰 나무가 되는 신비로운 체험을 한 일이 있는가. 밀과 가라지가 함께 자라지만 밀이 다칠까 걱정스러워 종들에게 손대지 말라고 당부하는 긍정적 자세를 이해하고 있는가. 역사의 심판이 다가왔을 때 우리가 택해야 할 선택과 결의는 어떤 것인지 자성自省해 본 일이 있는가. 생각해 보면 무한히 많은 지혜와 진리의 교훈이 그 속에 깔려 있는 것이 아닐까.

밀이 다칠까 걱정스러워 기다리는 주인의 심정을 이해한다면, 오늘날과 같이 부정적이며 책망 위주의 교육이 가능할 수 있을까. 주인의 뜻을 깨닫는다면, 20여 년 동안 매일같이 '뿌리를 뽑는다'고 호통을 치는 사회 지도자들이 나올 수 있을까. 겨자씨의 가능성을 안다면 내가 하는 작은 선과 사랑의 봉사를 쉽게 단념하거나 포기할 수 있을까. 역사의 심판을 믿는다면 세계사와 장래에 대한 희망을 회의와 절망으로 맞이할 수 있을까.

예수의 교훈은 자연과 우주, 세상과 인간, 질서와 섭리, 은총과 완성을 포함한 긍정적이면서도 무한의 가능성을 약속해 주는 내용들이다.

어찌하여 예수는 이와 같은 비유를 즐겨 썼는가. '비유가 아니면 말하지 않았다.'라고 제자들이 기록했을 정도로 비유가 필요했는가.

우리는 예수가 아닌 다른 사람들이었다고 해도 앞으로 있을 하늘나라를 설명하는 데 있어 직설적인 설명은 불가능했을 것으로 인정한다. 계시록을 읽어 보면 잘 알 수 있는 일이다. 비유를 통한 상징적인 가르침을 통하지 않고는 그 뜻을 전달 할 길이 없었을 것이다. 그것은 마치 예술 작품들이 상징적인 표현을 빌려야 하는 것과 통하는 바이기도 하다.

그러나 예수가 즐겨 비유를 사용한 데는 더 큰 뜻이 깔려 있다. 비유는 상징적인 것이다. 상징symbol 속에는 언제나 어떤 뜻이 들어가 있다. 중요한 것은 상징적인 이야기가 아니라 그 속에 내포되어 있는 의미meaning이다. 만일 그 뜻이 깔려 있지 않다면 비유는 필요가 없어진다. 그러면 의미는 무엇을 위해 있는가. 그 의미의 실현으로서의 실재reality가 더 중요하다. 예수가 비유를 즐겨 쓴 것은, 직접적인 논조를 통해 반대자들의 시비를 사거나 불필요한 방해공작을 받는 일도 피하고 싶었지만, 언젠가는 비유의 뜻을 깨달을 제자들이 그 뜻을 실천에 옮겨 주기를 기대했기 때문이었다.

대체로 종교적인 삶에는 두 가지 순환적인 과정이 있다. 상징에서 의미를 통해 실재로 가는 길과 실재에서 의미를 통해 상징(비유)으로 가는 길이다. 종교적 인식이 앞설 때에는 비유와 상징적 설화를 통해 뜻을 깨닫고, 그 뜻을 실천함으로써 종교적 실재에 도달하게 된다. 그러나 종교적 체험을 먼저 하는 사람은 체험적 실재의 뜻을 깨닫고 전달하기 위해 비유적인 표현을 쓰게 된다. 물론 중요한 것은 종교적 실재에 해당하는 체험이다. 그러나 비유의 뜻을 통하지 않은 체험은 공허하거나 진실한 의미를 갖추기 어려울 수 있으며, 종교적 체험을 겪은 사람은 그 의미의 객관성을 인정받으며, 그 내용은 상징적인 것으로 나타나게 된다.

예수가 '귀 있는 사람은 들으라'고 말한 것은 비유로서의 설화 그 자체가 아니라, 그 내용과 뜻을 깨달아 실천에 옮길 수 있는 사람이 되라는 뜻이다. 그리고 실제로 예수의 제자들은 후에 비유의 뜻을 깨달았고, 그 뜻을 실천에 옮겨 기독교를 육성하기에 이르렀다. 이러한 순환적 관계는 예수 당시에만 있었던 것은 아니다. 지금도 이루어지고 있는 종교적 현실이며, 모든 종교가 있는 곳에는 언제나 나타나는 현상이다.

예수는 또 가르친다.

'하늘나라는 마치 밭에 묻혀 있는 보물과 같다. 사람이 그것을 발견하면 다시 묻어 두고 기뻐하며 집에 돌아가서는 있는 것을 다 팔아 그 밭을 산다.'

'또 하늘나라는 좋은 진주를 구하는 장사꾼과 같다. 그가 값진 진주 하나를 발견하면 집에 가서 있는 것을 다 팔아 그 진주를 산다.'

'또 하늘나라는 바다에 친 그물과 같다. 물고기 가운데 좋은 것은 추려 그릇에 담고 나쁜 것은 내다 버린다.'

'눈은 몸의 등불이다. 그러므로 네 눈이 성하면 온몸이 밝을 것이요, 네 눈이 나쁘면 온몸이 어두울 것이다. 그러므로 만일 네 속에 있는 빛이 어두우면 그 어둠이 얼마나 심하겠느냐. 맹인이 맹인을 인도하면 모두 불행해질 것이 아니냐.'

이상은 예수의 몇 가지 비유적인 교훈들이다. 이 교훈들은 무엇을 뜻하는가. 적어도 하늘나라의 역군이 되기 위해서는 세상일에 대해 올바른 가치 판단을 내려야 할 것이 아니겠냐는 뜻이다. 신앙이란 맹목적인 추종도 아니며, 종교를 가진다는 것은 어떤 이들을 위해 집단 생활이나 행동을 하는 것이 아니다. 적어도 사리 판단이 분명하며, 누가 보든지 타당성 있는 가치 판단을 높은 위치에서 내릴 수 있어야 한다.

진실과 거짓을 구별하지 못하고 권력이나 이해관계에 얽매어 추종한다면 그들은 차라리 종교를 떠나는 편이 옳을 것이다. 정의와 불의를 구별할 줄 몰라 개인적인 출세나 명예에 맹종하는 크리스천은 용납될 수 없다. 주변에 일어나는 모든 일에는 선과 악의 비판이 필요하고, 그 뜻을 명백히 가리고 따를 수 있어야 한다. 무엇이 더 귀하고 어떤 것이 덜 귀한 것임을 가리지 못한다면 세상 나라와 하늘나라를 판별할 능력이 없지 않겠는가.

한 대학생으로부터 받은 질문이 생각난다. 성경을 읽어 보면 진실과 자유를 위해 살며 노력하라는 교훈은 몇천 번이나 되풀이되고 있는데, 목사님들이 설교를 할 때에는 신약에는 없고 구약에만 두세 차례 나오는 십일조만 강조하는 풍토가 왜 생겼는지 모르겠다는 물음이었다. 생각해 보면 너무 심한 가치관의 당착이 아닐 수 없다.

교회의 수가 늘어나는 것보다는 사회 공의가 실천되도록 노력해야 하며, 큰 행사를 자랑하기보다는 진실과 자유를 위한 노력이 앞서야 한다. 큰 성당이나 예배당은 짓지 않더라도 선하고 아름다운 인간 관계의 증진이 필요하며, 까다로운 의식 절차보다는 공감과 사랑이 있는 생활이 앞서야 함을 알아야 한다.

세상 사람들도 언제나 가치 판단의 기준을 가지고 있다. 그 하나의 예로서는 객관적 가치를 추구하는 일이다. 우리 모두를 위해서 앞으로 무엇이 이루어져야 하는가를 묻고 그에 따른다. 전체를 생각하며 미래 지향적인 가치를 따르려는 태도이다. 그것은 과학적 사고인 동시에 도덕적으로 인정받을 수 있는 가치 기준이다. 그러나 크리스천은 그보다 더 높은 가치 판단을 내릴 수 있으며, 그 뜻이 하늘나라에 부합될 수 있어 예수의 뒤를 따를 자격을 얻는다. 그럼에도 불구하고 크리스천들이 교권주의나 교회주의에 빠져 진리를 교리로 바꾸며 세상 사람들보다 올바른 가치 판단을 내리지 못한다면, 우리는 교회에는 나가고 크리스천 행사에는 참여하나 예수의 뜻을 따른다고는 볼 수 없게 된다.

눈이 어두워지면 온몸이 어두워지는 것 같이, 크리스천들이 정당한 가치 판단을 상실하거나 포기한다면 교회와 사회는 어떻게 되겠는가. 더 중요한 것은 크리스천들은 적어도 일시적으로 나타났다가 사라질 것과 영구히 남을 것은 가려야 하지 않겠는가. 신앙은 언제나 궁극적인 관심에서 생기며, 인간의 본질과 운명을 결정짓는 것이라면 세상의 모든 사람들이 긍정하고 따를 수 있는 어떤 가치관을 지니고 있어야 할 것이다.

우리는 몇 가지 짧은 교훈을 소개했을 뿐이다. 그리고 그 교훈을 남겨 준 예수의 뜻은 영구다. 왜 우리가 예수의 뜻을 따르게 되는가. 그의 가르침은 천 년이 지나고 수천 년의 세월이 흘러도 언제나 우리가 마음 깊이 받아들일 수 있는 진실과 희망의 복음이기 때문이다. 세속적인 모든 것을 버리고 간직해야 할 뜻이며 시대적인 온갖 것이 흘러간 뒤에도 귀하게 남을 가르침이기 때문에, 전 인간적인 선택과 결단에서 받아들여야 할 복음인 것이다.

"무엇을 먹을까, 무엇을 입을까 염려하지 마라. 그것들보다는 목숨이 귀하며, 그 목숨과 인격을 바쳐 찾아야 할 것은 하느님의 의와 나라이어야 하지 않겠느냐."라고 가르치는 뜻도 여기에 통하는 것이다.

인간과 역사에 있어 영원한 것. 그것을 찾아 나가는 가치 판단이 언제나 하늘나라를 위한 정진인 것이다.

예수는 또 가르친다.

'너희는 세상의 소금이다. 소금이 맛을 잃으면 무엇으로 다시 짜게
하겠느냐. 아무 데도 쓸데없어 밖에 버려져 사람들에게 밟힐 것이다.
너희는 세상의 빛이다. 너희 빛을 사람 앞에 비추어 사람들이 너희의
착한 행실을 보고 하늘에 계신 너희 아버지께 영광을 돌리게 하라.'

'나보다 아버지나 어머니를 더 사랑하는 사람은 내게 합당하지 않고,
나보다 아들이나 딸을 더 사랑하는 사람도 내게 합당하지 않다. 자기
목숨을 얻는 사람은 잃을 것이요, 나를 위하여 목숨을 잃는 사람은 얻
을 것이다.'

'내가 진정으로 진정으로 너희에게 말한다. 밀알 하나가 땅에 떨어져
죽지 않으면 한 알 그대로 있고 죽으면 많은 열매를 맺는다. 자기 목숨
을 사랑하는 사람은 잃을 것이요, 이 세상에서 자기 목숨을 미워하는
사람은 영원한 생명에 이르기까지 그 목숨을 보전할 것이다.'

이와 비슷한 일련의 교훈은 얼마든지 있다. 그리고 이러한 뜻은 예수
를 통한 기독교의 정신인 동시에 세상 모든 사람에게도 많은 뜻을 암
시해 주고 있다.

이 교훈들이 우리에게 주는 뜻은 자기 보존과 자기 희생 중 어느 것을 선택할 것인가다. 자신의 욕망과 소유를 위해 스스로를 보존하려고 하는 사람은 결국 자신을 잃게 되나, 영원한 것과 하늘나라를 위해 스스로를 희생하는 사람은 영원한 삶을 얻는다는 교훈이다.

소금은 스스로를 녹여 없이했을 때 그 소임을 다한다. 여기에 한 자루의 초가 있다고 하자. 그 초는 불타서 사라져 버린다. 그러나 그동안에 아무 소용도 없었던 초는 빛으로 바뀌어 이 우주에 영원히 머문다. 과학자들은 그 사실을 조금도 의심치 않는다. 예수는 인생의 진리도 그런 것임을 알려 주며, 그런 선택을 하도록 요청한다.

생각해 보면 모든 도덕과 종교가 우리에게 요청하는 최초의 선택이 무엇인가. 자신을 위한 이기적인 욕망과 소유를 위해 살 것인가, 아니면 이웃과 사회를 위해 자신을 주어야 하는가 함이다. 만일 우리들이 전자에 붙잡혀 정신적 한계를 벗어날 수 없다면 모든 비참과 파괴가 그에 따른다. 후진 사회의 정치적 비극이 어디서 오는가. 집권자들은 정권을 국민과 사회를 위해 위임받은 책임으로 생각지 못하고 그것을 개인이나 집단이 소유하는 것으로 착각한다. 그 때문에 본인과 사회가 치러야 하는 불행과 비참이 얼마나 큰가. 공산 사회와 후진 사회의 과오가 바로 여기에 있다.

예수는 이 교훈을 적극적으로 개진하기 위해, 살려는 자가 죽고 죽으려는 자가 살게 된다고 가르친다. 이것은 적극적인 선택이며 그 결과는 불을 보듯 뚜렷하다. 기업인들이 그 뜻을 지닌다면 사회의 경제 문제는 모두 풀릴 것이다. 정치가들이 그 신념을 가진다면 민주주의는 자연히 성취될 것이다. 교육자들이 같은 뜻을 가진다면 모든 학생들은 참다운 인생을 찾을 수 있게 된다. 이렇게 소아를 희생시킴으로써 대아를 살리고, 현실의 이해 관계를 떠나 영구한 가치를 추구하며 있어야 할 것을 위해 버릴 것을 버린다면 하늘나라는 가까워질 것이며, 우리의 삶은 참뜻을 되찾게 될 것이다. 그리고 이러한 예수의 교훈은 구약적인 것이 수정된 이후에 나타나며, 교회의 교리이기보다는 모든 인간의 의무가 되어야 한다.

여기에 예수의 뜻이 첨가되어야 한다. 이런 교훈은 만인이 따라야 할 참된 도리이기도 하나, 그것을 지키며 따르는 사람들이 더 높고 큰 하느님의 축복과 사랑을 받게 된다는 점이다. 예로부터 지성이면 감천이라는 말은 널리 쓰여져 왔다. 인간이 지성스러운 노력을 다하면 하늘도 감동해 돕는다는 뜻이다. 그것은 인간의 질서와 자연의 질서에서 통하는 바가 있다는 동양적 교훈이다. 예수는 그 정신을 좀더 인간적인 면으로 확대, 강조해 준다. 우리들의 사랑의 아버지가 되는 하느님은 우리를 어떻게 대해 주는가. 우리들이 경건한 마음으로 믿음의 길을 택했을 때에는 그것을 거절하지 않으며, 더 좋은 것으로 채워 주신다는 것이다. 다음의 기도의 장에서 재론하겠지만 바로 그것이 예수의 신앙적 교훈의 약속이기도 하다. 신앙이란 영어의 믿음faith에 해당한다. 신념belief과는 다르다. 신념은 내가 얻어 가진 것이다. 그러므로 그이상의 것은 다시 찾아야 한다. 그러나 신앙은 스스로를 바치는 충성이다. 자녀들은 자신의 신념, 즉 믿는 바를 아버지에게 이야기 할 수 있다. 그러나 아버지는 믿음으로서 진실된 충성을 그 신념 위에 추가해 이루어 준다.

그러므로 신앙을 가진다는 것은 욕망과 소유를 앞세운 자아를 부정하는 일로부터 시작하여 영원하고 성스러운 것을 위해 스스로를 바치며, 때로는 내맡기는 결단과 용기가 있어야 한다. 그 내맡김의 대상이 하느님 아버지이어야 하는 것이다.

시기적으로 보아 약간 늦은 편이기는 하나, 예수는 다음과 같은 가르침을 남긴 바도 있다. 역시 하늘나라를 비유한 교훈이다.

한 포도원 주인이 있었다. 그는 이른 아침에 일꾼들을 만나 포도원에 가서 일하기를 부탁했다. 누가 보아도 후한 품삯인 한 데나리온을 주기로 약속했다.

한참 뒤, 9시쯤 되어 이 주인은 일거리를 찾지 못해 서 있는 사람들을 보고 또 포도원으로 보냈다. 적당한 삯을 주겠다고 약속했다. 주인은 12시에도 몇 사람을 보냈고, 오후 3시에도 일자리를 찾지 못해 애태우는 사람을 포도원으로 보냈다. 오후 5시가 되었을 때, 주인은 장터에 나갔다가 서성거리고 있는 사람들을 보고, 왜 종일 이렇게 일없이 서성거리느냐고 물었다. 그들은 가족들이 굶주리고 있고, 우리도 일을 하고 싶으나 고용해 주는 사람이 없어 애태우고 있다고 말했다. 주인은 그들도 포도원으로 가서 일하라고 보냈다.

저녁 때가 되어 품삯을 줄 시각이 되었다. 주인은 관리인을 시켜 나중 온 사람부터 시작하여 정해진 품삯을 주라고 지시했다. 5시에 온 사람부터 시작해서 모두가 한 데나리온씩 받아 가지고 돌아갔다. 아침

일찍 처음부터 일한 사람은 더 많은 품삯을 받을 것으로 기대했다. 그러나 주인은 역시 한 데나리온을 주는 것이었다. 그때 처음부터 와서 일한 사람이 항의를 했다.

"주인님이 하시는 일은 공정하지 못합니다. 마지막 사람은 한두 시간밖에 일하지 않았는데 한 데나리온을 주고, 저는 일찍부터 찌는 더위 속에서 종일 일을 했는데 어째서 같은 삯을 주는 것입니까?"라고. 그런 불평은 할 수 있을 법하다. 그러나 주인의 대답은 달랐다. "나는 그대와 한 데나리온을 약속했고, 그것은 충분한 하루의 품삯이 되지 않느냐. 저 사람들에게는 내가 가족들의 어려움을 참작해서 그대와 같은 것을 주었을 뿐이다. 내가 그들에게 사랑을 베푼 것이 그대에게 잘못된 것은 없지 않느냐?"

이 이야기는 「마태복음」에 나오는 유명한 예수의 가르침이다. 영국의 러스킨이 이 비유를 들어 「나중에 온 이 사람에게도」라는 저서를 남겼고, 인도의 간디도 그 뜻을 계승했을 정도이다.

우리는 모두 경제적 생활을 영위하고 있다. 그 성패가 민족이나 국가의 행복과 번영을 가늠해 줄 정도이다. 산업 혁명 이후부터 마르크스가 나타나기까지, 또 오늘에 이르기까지 경제 문제는 개인과 사회의 가장 큰 중대사 중의 하나가 되었다. 예수가 처음 받은 시험도 돌로 떡을 만드는 일이었다.

예수는 이 문제의 해결을 위한 평이한 교훈을 당시의 실정에 맞추어 예리하게 전달해 주었다. 한 마디로 말하면, 경제나 사회 생활에 있어 정의의 질서만 가지고서는 문제가 풀리지 않으니 그 위에 사랑의 질서가 필수적이라는 뜻이다. 처음부터 수고한 노동자의 주장은 옳을 수도 있다. 그러나 그것만으로는 직업을 찾지 못한 더 가난한 사람들의 경제 문제는 해결되지 못한다.

처음의 노동자는 세상의 모든 일이 공평하고 정의롭게 이루어지기를 원했다. 그러나 그 속에는 이기적인 소유 의식이 잠재해 있었다. 약속 이상의 것을 가지고 살자는 것이다. 그래서 소유를 표준으로 정의의 질서가 이루어져야 한다고 주장한 것이다. 그러나 이에 대한 주인의 대답은 높은 차원의 것이었다. 만일 내가 그렇게 모든 문제를 처리한다면 저 가난한 사람들, 저녁 끼니를 해결할 수 없는 네 동료들과 친구들은 어떻게 하자는 것인가. 그리고 품삯을 마음대로 줄 수 있는 내가 사랑을 베풀지 않는다면 그들은 갈 곳이 없지 않은가를 묻는 것이다.

물론 정의의 질서는 귀하다. 그것이 깨진다면 사회는 존속할 수 없다. 그러나 개인과 사회가 안고 있는 어려운 과제는 정의만으로 해결되지 못한다. 오히려 정의 위에 사랑의 질서가 보충될 수 있을 때 모든 문제는 쉽게 해결될 수 있다.

사람들은 소크라테스, 플라톤, 아리스토텔레스 등에 의해 그리스와 서구 사회는 정의의 전통을 누려 받았다고 말한다. 그 후에 기독교의 사랑의 질서가 추가되어 오늘날의 서구적 성장과 번영이 이루어진 것으로 믿고 있다. 쇼펜하우어 같은 무신론적인 철학자도 정의를 구리銅에 비교한다면 사랑은 순금에 해당하는 것이라고 말했다. 그래서 소크라테스는 법정에서 자신은 사형을 받을 죄인이 아니라고 끝까지 변명했으나, 예수는 빌라도의 법정에서 한 마디의 변명도 하지 않았다. 예수가 의도한 것은 하느님의 사랑이 이루어지는 하늘나라였기 때문이다. 만일 예수까지도 정의의 질서로 그쳤다면 기독교가 원하는 하늘나라는 찾을 길이 없었을 것이다. 하늘나라는 사랑의 왕국이었고, 사랑의 실천이 모든 역사의 주류가 되어야 하는 것이다.

그러면 이때의 사랑은 어떤 숨겨진 절차를 밟고 있는가. 처음에 온 노동자는, 자신과 책임을 지고 있는 가족을 위한 소유만을 생각했다. 그러나 주인은 포도밭에 와 있는 모든 사람과 그들의 가족을 위해 주었다. 우선 넓은 공감대共感帶가 필요했던 것이다. 사랑은 언제나 공감과 이해가 앞서지 않으면 안 된다. 예수는 '이 세대는 피리를 불어도 춤추지 않으며, 다른 사람의 슬픔을 함께 할 줄 모르는 메마른 세상이다.'라고 한탄했다. 그런 상황 속에서 무슨 종교가 가능하겠는가를 자탄한 것이다.

그리고 우리는 이 공감을 가진 사람, 또 가져야 할 사람이 주인임을 잘 알고 있다. 품팔이꾼들이 공감을 가졌다 하더라도 그들은 결국 한 데나리온을 나누어 가졌음에 틀림이 없다. 사랑을 베풀 경제적 여유와 능력이 없었기 때문이다. 우리들의 현실도 마찬가지이다. 모든 직장과 사회의 지도층, 윗사람들은 남다른 공감을 가져야 한다. 그 공감이 사랑의 발단이 되는 것이다. 부유한 사람이 가난한 사람을 이해할 수 있고, 정치인들이 국민을 이해할 수 있으며, 문화인들이 성장하지 못한 대중을 이해할 수 있어야 한다. 그들, 즉 윗사람들은 자신들이 가진 것을 아랫사람들에게 주기 위해 있음을 알아야 한다. 그것이 다름 아닌 공감과 이해인 것이다.

정치가들이 업적을 노려 국민을 이용하는 일은 자주 있다. 기업인들이 수입을 올리기 위해 소비자들을 괴롭히는 일은 어느 사회에나 있다. 직장이나 사회의 윗사람들이 유형무형의 압력을 아랫사람들에게 가하는 일도 드물지 않다. 이런 구조적 부조리 때문에 오는 사회적 불안과 비극은 누가 해소시켜 줄 것인가. 언제나 사회의 윗사람들이 공감과 이해로 사랑을 실천하는 데서 비롯되어야 한다. 러스킨이나 간디가 이 비유를 들어 경제와 모든 사회 문제가 해결되는 귀중한 신념으로 삼은 데는 나름대로의 이유가 있다.

최근 사회 복지 체제를 의도하는 국가들이 수입이 많은 사람들의 세금으로 가난한 국민을 위해 주고, 자본주의 체제가 이미 소유 체제에서 기여 체제로 바뀌고 있음은 바로 이런 뜻의 사회적 실천으로 보는 것이 좋다. 국민 모두가 경제적 혜택을 고루 받아 행복을 누리는 사회가 최선의 사회이기 때문이다. 옛날과 같이 특권층이나 부유층이 국민을 지배하려 든다던가, 가난한 백성들을 좌우하면서 사는 사회는 이미 그 존립의 기반을 잃게 마련이다.

포도밭 주인이 가난한 품팔이꾼들에게 사랑을 베풀듯이 사회 각계 각층의 지도자들은 가난한 대중, 소외된 젊은이들, 병원 치료를 받지 못하는 사람들, 교육의 혜택을 충분히 누리지 못하는 사람들에게 먼저 혜택을 주어야 한다. 다른 문제는 모두 그 위에 해결될 수 있는 것들이다. 적어도 크리스천들에게 사명이 있다면 이러한 사회적 정의와 사랑의 실천이 공존할 수 있는 사회를 책임질 수 있어야 한다.

교회가 많은 환자를 알고 있으면서도 예배당을 짓는 데 막대한 투자를 한다든지, 교육의 혜택을 받지 못해 고민하는 젊은이들에게 장학금도 주지 않으면서 헌금을 강요한다면, 그것은 이 비유의 뜻과는 완전히 반대되는 결과를 초래할 뿐이다. 정부나 사회의 다른 지도자들이 그런 과오를 범하더라도 바로 잡아 줄 수 있는 사회 질서를 위하는 것이 기독교의 책임이어야 한다. 예수가 이 비유를 말해 준 것은 개인의 신앙적 자세가 사회적 문제를 해결 짓는 통로가 될 수 있음을 보여주고자 한 것이다.

또 우리가 여기서 느낄 수 있는 문제가 있다면 일찍부터 포도밭에 와서 일을 한 노동자는 일의 목적이 돈에 있었다. 다른 일꾼들도 마찬가지였다. 만일 주인까지 돈의 소유가 목적이었다면 그 주인은 결코 늦게 온 사람에게 한 데나리온의 임금을 주지 않았을 것이다. 일꾼들은 돈의 소유가 목적이었으나 적어도 주인만은 인간이 더 귀한 목적이었기 때문에 사랑의 실천이 가능했던 것이다.

지금 우리 사회가 겪고 있는 모든 문제의 열쇠가 여기에 있다. 가난한 사람들은 생명과 생활을 유지하기 위해 당장은 돈이 생활의 목적이 될 수 있다. 그러나 사회의 지도층 사람들은 경제력이 사람, 그것도 가난한 사람들을 위해 필요한 것임을 알아야 한다. 다시 말하면 모든 사회 생활의 최후의 목적은 사람이며, 경제를 비롯한 다른 것들은 사람을 위한 수단과 방편임을 잊어서는 안 된다. 이 세상에서 내 생명과 인생보다 귀한 것이 없듯이 경제는 많은 사람들의 생명과 값진 인생을 위해 바쳐지지 않으면 안 된다.

바로 포도밭의 주인은 그 뜻을 알았기 때문에 사랑의 질서를 실천할 수 있었다. 그리고 예수가 요청한 것이 바로 이러한 윗사람들의 가치관과 생활 이념이었다.

그러면 우리는 이제 다음 문제로 옮아가기로 하자.

6

기도와 성령

기독교는 기도를 드리는 종교이다. 그 전통은 구약 시대에도 있었으나, 예수에게 와서는 더욱 뚜렷한 성격으로 드러나고 있다.

예수는 많은 기도 시간을 가졌다. 전도 초창기보다는 생애의 마지막이 가까워지면서 더 많은 기도를 했고, 어려운 문제가 생겼을 때에는 언제나 기도를 했으며, 때로는 밤을 새우는 경우도 있었다. 겟세마네 동산에서 최후의 기도를 드릴 때는 피와 같은 땀방울을 흘렸다고 기록하고 있으며, 제자들에게도 기도로 돕도록 부탁했을 정도이다. 또한 전도 초창기에는 기도에 관한 몇 가지 교훈을 남겨 주기도 했다.

'구하라 주어질 것이요, 찾으라 찾아질 것이요, 문을 두드리라 열릴 것이다. 너희 중에 아들이 떡을 달라는데 돌을 줄 사람이 어디 있으며,

생선을 달라는데 뱀을 줄 사람이 어디 있겠느냐. 너희가 악할지라도 너희 자녀에게는 좋은 것을 줄 줄 알거든, 하물며 하늘에 계신 너희 아버지께서 구하는 사람에게 좋은 것을 주시지 않겠느냐.'

'밤중에 친구가 찾아왔다. 손님이 늦은 밤에 왔는데, 대접할 빵이 떨어졌으니 빵 3개만 빌려 줄 수 없겠느냐는 부탁을 했다. 그때 이미 가족들과 더불어 잠들어 있었기 때문에, 일어나 주고 싶은 생각이 없었으나 계속 재촉하면 친구 간의 의리보다도 그 성화에 못 이겨 주는 것이 우리의 실정이 아니냐.'

'가난한 과부가 있었다. 억울한 피해를 입었으나 호소할 길이 없어 그 지방 재판관에게 호소했다. 재판관은 아무 소득도 없는 일에 무엇 때문에 관여할 것이냐고 응하지 않았다. 그러나 과부가 계속 번거로이 찾아오면, 그 번거로움을 피하기 위해서라도 재판관은 과부의 청을 받아들이게 된다. 너희들도 하느님 아버지께 간절히 구하면 아버지께서 응해 주시지 않겠느냐.'

이 일련의 교훈은 기도의 중요성과 더불어 믿음의 기도는 반드시 이루어진다는 사실을 우리들에게 알려주고 있다.

종교가 있는 곳에는 기도 및 기원에 해당하는 행사가 있다. 불교와 같은 종교는 실제에 있어서 기도가 없는 종교이다. 명상에 해당하는 선禪이 있을 뿐이다. 그러나 대부분의 불교도들은 기원의 행사를 가지고 있다. 전적으로 기도의 의미가 거부된다면 불교는 그 본바탕으로 돌아가 일종의 철학으로 그칠 것이다. 학자들은 종교적 사실은 성스러움을 접하는 체험에서 온다고 말한다. 이때의 성스러움은 초월적 존재인 신과의 관여에서 올 수도 있으나, 불교의 경우에는 신이 존재하지 않더라도 성스러운 체험은 가능하다고 본다. 그러므로 불교에는 선은 있으나 기도가 없다고 보는 것이 옳은 판단이다. 있다는 것이 오히려 불교의 본질을 어긋내는 일이다.

그러나 예수는 하느님을 아버지로 가르치는 사람이기 때문에 그 사랑의 아버지에 대한 기도는 필수적이다. 필수적일 뿐만 아니라, 아버지에게 호소하고 그 결과를 찾는 것은 의무인 동시에 권리라고까지 가르치고 있다. 그런 점에서 기독교는 기도의 종교인 것이다. 예수는 물론 제자들도 그 뜻을 실천했다. 그것은 어린 자녀들이 부모를 믿고 부모의 사랑을 요구하며 호소하는 것 같이 자연스러우면서도 당연한 신앙 행사이다.

기독교가 오늘까지 존속되어 온 배후에는 이러한 기도의 역사가 그 명맥을 이어 왔다. 또 많은 크리스천들이 현재는 물론 앞으로도 그 기도의 약속을 믿으면서 살아가게 될 것이다.

그리고 예수는 기도의 방법과 방향에 대해서도 가르침을 주었다.

'남에게 보이기 위하여 하는 기도는 하느님의 보답을 받지 못하기 때

문에 오히려 골방에 들어가 문을 닫고 은밀한 데 계신 네 아버지께 기
도하라.'

'기도할 때에 이방인들처럼 빈 말을 되풀이하지 마라. 하느님 아버지
께서는 너희들이 원하는 것을 미리부터 알고 계시기 때문이다.'

더불어 우리가 잊을 수 없는 유명한 주의 기도를 가르쳐 주었다.

하늘에 계신 우리 아버지,
아버지의 이름을 거룩히 받들게 하옵소서.
아버지의 나라가 임하옵소서.
아버지의 뜻이 하늘에 이루어진 것 같이
땅에서도 이루어지옵소서.
오늘 우리에게 필요한 양식을 주옵소서.
우리에게 죄 지은 사람들을 우리가 용서한 것 같이
우리의 죄를 용서하옵소서.
우리를 유혹에 빠지지 않게 하옵시고, 악에서 구원하여 주옵소서.

만일 우리들이 이러한 기도를 드릴 수 있다면 그 이상의 기도와 인간
적 염원이 어디 있겠는가. 하느님께서도 그 기도를 외면할 수는 없을
것이다. 이 기도는 세계적 질서의 완성이고, 인간 생활의 도리이며, 구
원의 염원을 대표하는 것이다. 인간은 마땅히 이런 기도를 드려야 하

며, 이런 기도를 드릴 수 있는 인간은 땅 위에서 최선의 삶을 영위케 될 것이다.

물론 우리들의 기도는 이 높은 차원에는 도달하기 어렵다. 대개의 기도가 기복 종교의 위치를 넘어서기 어려우며, 기도가 오히려 우리들의 신앙을 잘못된 방향으로 유도할 수도 있다. 그러나 우리의 모든 기도가 주의 기도로 승화될 수 있도록 노력하며, 그 뜻이 신의 은총으로 채워질 수 있다면 기독교는 기도를 할 수 있는 고귀한 신앙으로 남을 것이다.

사실 우리는 주의 기도 이상의 기도를 드릴 수 없으며, 기도를 드린다면 주의 기도를 드리는 것이 최상의 신앙 고백이 될 것이다. 또 그렇게 산 신앙인들은 얼마든지 있다.

이에 반하여, 만일 우리들 가운데 한 번도 기도를 드린 경험이 없었다든지, 과거에는 기도를 드렸으나 지금은 기도를 드릴 자신과 신념이 없어진 사람이 있다면 그와 같이 불행한 사람은 다시 없을 것이다. 그것은, 고아로 자랐기 때문에 부모에게 아무 대화나 요청을 하지 못하고 살아 온 사람과도 비슷하며, 부모가 세상을 떠났기 때문에 더 이상 대화나 요청을 할 수 없게 된 자녀와 비슷한 운명의 사람들이다.

혹자는 나 자신이 부모보다 더 유능해지고 훌륭하게 자랐기 때문에 이미 부모에 대한 기대는 끝났다고 자부하는 사람도 있을지 모른다. 그러나 하느님 앞에서 그런 태도를 가진다는 것은 있을 수 없는 일이다. 인간은 유한하며 구원을 받아야 하는 존재이기 때문이다.

사람들은 이기적인 욕망이 기도에 의해서 채워질 수 있으며 또 채워져야 되겠느냐고 반문한다. 기도를 드리는 사람들은 그런 좁은 기복성에 빠지는 경우가 없지 않다. 그러나 그런 기도로부터 시작하여 주의 기도의 뜻에 도달하는 길은 누구나 체험하고 있다.

또 사람들은, 기도를 드렸지만 응답이 없었다고 말한다. 성경을 읽으면 예수도 그런 경험을 한 것 같다. 전도 생활에 때로는 시행 착오도 있는 것 같았으며, 하느님의 응답이 없거나 부정적인 대답을 얻었다는 기록도 있다. 그러나 중요한 것은 세월이 지나고 역사가 흐르면 우리들의 기도는 더 높은 차원과 더 큰 뜻에서 성취되곤 했다는 사실이다. 이때에도 중요한 것은 우리의 뜻이 아니고 하느님의 뜻이 이루어짐이다. 우리의 소유나 영광이 아니라 하느님의 나라가 이루어지기 위해 기도를 드리는 것이다. 당장 하나의 뜻을 위해 우리는 기도를 드리지만 하느님께서는 열의 결과를 역사 속에 이루어 주신다. 아버지의 거룩함과 주의 나라와 하느님의 뜻이 바로 그것이다.

필요한 양식과 서로의 죄를 용서함에 대한 기도도 마찬가지이다. 고달픈 세상을 살면서 인간 모두가 육체와 정신적 양식을 얻을 수 있도록 염원하는 기도가 얼마나 중요하며, 용서와 사랑은 사회의 모든 문제를 해결할 수 있는 첩경이 아니겠는가. 그 뜻을 위한 기원과 실천은, 빈곤이 없으며 평화와 사랑이 넘치는 사회를 만들 원동력이 되지 않겠는가. 더불어 인간이 땅 위에서 사는 동안 악의 유혹에 빠지지 않기를 원하며, 죄악으로부터의 구원을 호소하는 뜻은 신앙인으로서는 당연한 기도가 아닐 수 없다.

결국 역사의 완성은 언제, 어떻게 이루어지며, 모든 인간들의 희망과 구원은 무엇으로 채워지는가. 그 뜻을 생각하면서 우리는 이 참으로 위대한 기도를 드리게 되며, 삶과 신앙의 방향을 찾아 전진하게 되는 것이다.

나는 오래 전 다음과 같은 뜻을 글로 남긴 바 있었다. 만일 내가 이 세상을 떠나기 전 잠시 동안 시간의 여유가 생긴다면 여러 친지들과 더불어 주의 기도를 드리고 싶은 마음이라고. 기도 중의 기도가 바로 주의 기도이며, 거기에 삶의 압축된 염원이 담겨져 있기 때문이다.

기독교가 안고 있는 또 하나의 중요한 문제는 성령에 관한 것이다.

구약과 신약의 종교는 하느님과 인간의 관계를 문제 삼고 있다. 구약 초창기에는 하느님과 특정된 인간이 직접 관여하는 것으로 표현되어 있다. 그러다가 모세의 율법이 나온 후에는 율법이 하느님과 인간의 매개 역할을 담당했다. 그러면서도 선지자, 예언자, 제사장 등이 나타나 하느님의 뜻을 전달하는 책임을 맡았다. 그런 뜻은 세례자 요한에게도 계승되었다.

그러나 예수가 오고 그 뒤를 계승하는 초창기 교회 때부터는 확실히 성령의 역할이 큰 비중을 차지하기 시작한다. 그래서 교회에서는 삼위일체를 논하고, 성부, 성자, 성신을 교리화하기에 이른다. 그러나 성신 또는 성령의 문제는 아직 뚜렷한 해석이 내려지지 않고 있다.

과연 성령은 존재하는 것인가. 그렇다면 그 본질은 어떤 것인가.

기독교 이외의 종교에서는 어떤 영적인 실재가 있어 그것이 인간적 종교적 기능에 작용하는 것으로 보고 있다. 흔히 귀신적인 것으로 표현하기도 한다. 구약과 신약에도 그런 표현은 지속되고 있다. 참영과 거짓영을 구별해야 한다는 이야기도 많고, 그 영적 능력이 인간을 좌우한다는 설명도 한다. 예수 당시에는, 옛날이기 때문에 귀신들린 사람이 예수를 하느님의 아들로 먼저 알아보고 소리를 지른다든지, 자신의 정체가 악귀임을 드러내는 장면들이 나온다.

그러면 성령도 그런 것인가. 그런 전통과 병행해서 내려왔을지 모르나 구약과 신약의 성령은 쉽게 말해서 하느님의 역할을 대행하는 능력의 실체이다. 우리는 성령을 물질적 존재라고는 생각지 않는다. 그렇다고 해서 인간이 만들어 가진 어떤 관념을 말하지도 않는다. 하느님의 일을 대행한다는 것은 역사와 시간 속에서 인간의 삶을 하느님의 뜻으로 이끌어 가는 일이다. 그것은 여러 가지 성격과 형태를 가지고 나타날 수 있다. 신학자들은 계시를 문제 삼는다. 이때, 계시를 깨닫고 받아들이게 하는 역할은 누가 감당하는가. 그것은 인간의 지혜나 사고력이 아니다. 그것들에 작용하는 어떤 성스러운 능력이다. 그것을 성령이라고 불러 왔다. 예수도 다른 모든 죄는 사함을 받을 수 있어도 성령을 거스르거나 모독하는 죄는 사함을 받지 못한다고 가르친 일이 있다. 하느님으로부터 주어진 거룩한 능력을 세속적인 것으로 떨어뜨린다든지 그것을 악마적인 것으로 오도하면 구원의 가능성을 포기하는 결과가 되기 때문이다.

그러면 이러한 성령의 역할은 실제로 존재했으며, 또 존재하고 있는

가. 예수가 보혜사 성령을 약속한 뒤 초대 교회는 완전히 성령의 뜻으로 이어져 간다. 그렇게 비겁하고 보잘 것 없던 제자들이 온 세상을 뒤흔드는 놀라운 일을 감행할 수 있었던 것은 완전히 성령의 힘이었던 것이다. 지금도 때에 따라서는 그러한 성령의 역할을 느끼며 그 결과를 체험하는 사람들이 있다.

성경으로 돌아가 보자.
예수는 세상을 떠나기 전에 제자들에게 말했다.

"내가 아버지께 구하겠다. 그리하면 아버지께서 다른 보혜사를 너희에게 보내셔서 영원히 너희와 같이 있게 하실 것이다. 그는 진리의 영이시다. 세상은 그를 볼 수도 없고 알 수도 없기 때문에 그를 맞아들일 수가 없다. 그러나 너희는 그를 알고 있다. 그것은 그가 너희와 함께 계시고, 또 너희가 그 안에 있기 때문이다.

내가 너희와 함께 있는 동안 나는 너희에게 이 모든 것을 말했다. 그러나 보혜사, 곧 아버지께서 내 이름으로 보내실 성령이 너희에게 모든 것을 가르치시겠고, 또 내가 너희에게 말한 것을 모두 생각나게 하실 것이다. 내가 평안을 너희에게 남겨 두고 간다.

또 내가 이 말을 처음부터 하지 않은 것은 내가 지금까지 너희와 함께 있었기 때문이다. 그러나 나는 지금 나를 보내신 이에게로 간다. ……도리어 내가 이 말을 한 까닭에 너희 마음속에 슬픔이 가득 차 있다. 그러나 사실을 말한다면 내가 떠나는 것이 너희에게 유익하다. 내가 떠나지 않으면 보혜사가 너희에게 오시지 않을 것이며, 내가 가면 그 분을 너희에게 보낼 것이다. 그가 오시면 세상 사람들이 죄에 대하여, 의에 대하여, 심판에 대하여 잘못 생각하고 있음을 깨우쳐 주실 것이다. ……아직도 내가 너희에게 할 말이 많으나 너희가 그것을 감당하지 못할 것이다. 그러나 보혜사, 곧 진리의 영이 오시면 너희를 모든 진리 가운데로 인도하실 것이다."

위의 글들은 요한의 성격이 뚜렷하게 나타나 있는 예수의 성령에 대한 약속과 교훈이다.

제자들은 예수의 말씀을 다 잊고 있었다. 그러다가 스승이 세상을 떠난 뒤 초대 교회가 형성될 때 예수의 약속과 성령의 역할은 기적적으로 일어났다. 「사도행전」을 보면, 오순절에 일어난 큰 사건이 그 처음이었으며, 그 뒤로부터 초창기 기독교가 정착될 때까지는 놀라운 성령의 역할들로 가득 차 있다.

그렇다면 기독교가 가지는 성령의 역할은 어떤 것인가. 구약이나 다른 종교에서 말하는 어떤 영적 실재의 역할이나 체험과는 다르다. 소크라테스가 말한 다이모니온은 있을 법하다. 그러나 여기에 언급되고 있는 보혜사는 하느님과 예수와 인간의 관계를 연결짓는 능력의 실체이다. 그리스도의 뜻과 관련이 없는 성령은 문제삼지 않는다. 또 하느님의 뜻과 어긋나는 역할도 기독교의 성령과는 연결지을 수가 없다.

요한은 이 성령의 역할을 진리의 문제와 강하게 연결짓는다. 이때의 진리는 구원의 말씀과 통하며 구원의 진리를 가르킨다. 또 제자들은 그 진리를 초인간적인 능력으로 선포하여 구원의 역사를 개척해 간다. 진리의 영이라는 것은 참과 구원으로 우리를 이끌어 주는 능력을 가리킨다. 또 예수는 이 보혜사 성령이 세상 끝날까지 너희와 함께 머물 것이라고 약속한다. 그래서 신학자들은 역사의 시초부터 예수까지를 성부, 즉 하느님의 시대, 예수가 세상을 머문 기간을 성자의 시대로 보며, 예수 이후부터 말세까지를 성령의 시대로 본다.

그렇게 본다면 성령의 시대가 가장 폭넓은 역사의 위치를 차지한다는 이론이다. 그리고 가장 중요한 신학적 과제는 하느님과 세계, 예수와 인간, 성령과 역사 세 가지로 남게 된다. 그만큼 성령의 의미와 역할은 큰 비중을 차지하고 있다.

그러면 성령은 어떤 것인가. 우리는 그 해답을 얻기 어렵다. 누구도 자신 있는 대답을 하기에는 종교적 체험이 부족하며, 종교적 체험이 있다고 하더라도 그것을 객관적으로 설명할 수는 없기 때문이다. 예수 자신도 이런 문제에 봉착할 때에는 상징적인 비유를 쓰는 것이 대부분이었다. 그 실체와 본질을 설명하는 것은 누구도 감당하기 어려운 책임이기 때문이었다.

다음과 같은 생각을 정리해 보기로 하자.

우리의 육체는 자연과 더불어 존재하고 있다. 그리고 자연적 질서는 누구도 어길 수 없는 삶의 규범을 만들고 있다. 생명을 자연의 특수 현상으로 본다면 생명도 주어진 자연 질서를 거부하거나 역행할 수 없다. 한마디로 말하면 자연은 물리 법칙이나 자연 질서의 울타리 안에서 보존되며 존재하도록 되어 있다.

이에 비하면 우리들의 정신 생활은 어떤 정신적 질서 속에서 영위되고 있다. 그 질서를 파괴하거나 역행할 수는 없다. 정신은 자유이기 때문에 기능과 역할에 등차는 있을 수 있어도 그 질서는 언제나 엄연히 존재하는 법이다. 단지 그 영역과 결과가 큰 폭의 차이를 가지고 있기 때문에 쉽게 측정하거나 규범을 밝히기는 어렵다. 그러나 정신생활에 어떤 질서가 있으며, 그 질서가 때로는 절대적 의의를 가진다는 사실을 쉽게 부정할 수는 없다.

그렇다면 이 정신적 질서로 모든 것이 끝나며, 그 이상의 것은 있을 수 없는가. 존재할 수 없으며, 있어서는 안 된다고 믿거나 그 사실이 입증된다면 우리는 성령의 존재와 역할을 논할 길이 없어진다. 모든 것은 인간적인 것으로 그치기 때문이다.

그러나 이러한 정신적 질서 이상의 또 한 차원의 높은 질서가 있다면 어떨까. 그것이 건강을 위한 의학적 질서보다 높은 것이며, 예술이나 문화 활동을 위한 정신적 차원 위에 있다면 우리는 그런 질서를 어떤 것으로 받아들일 수 있을까. 만일 그런 것이 존재한다면 우리는 그것을 인격적인 구원의 질서라고 불러도 좋을 것이다. 인간은 스스로를 구원할 수 없으며, 그때 초인간적인 어떤 질서와 능력이 주어질 수 있다면 우리는 그것을 주관하는 능력의 주체를 성령으로 불러 보는 것이다. 그리고 인간적 위치에서 본다면 그것은 인간적 한계를 넘어선 것이기 때문에 그것을 은총의 질서라고 불러 보는 것이다.

그렇게 본다면 성경의 역사 속에는 이 은총의 질서에 해당하는 사례들이 얼마든지 있다. 뿐만 아니라, 현재도 참다운 신앙 생활을 이끌어가는 사람들은 이 은총의 질서를 확신하고 있다.

물론 우리는 그것을 수학적 공식으로 풀이하거나 합리적인 객관성으로 입증해 보일 수는 없다. 그러나 그 근본과 목표에 있어서는 공통성을 가지는 은총의 질서는 많은 신도들의 생활에 나타나 있다. 시대를 따라 그것이 강렬하게 나타나기도 하고 때로는 평범한 삶 속에 깃들기도 한다. 많은 사람들이 그 은총의 사실들을 보고 체험하면서 살아가고 있다.

오직 문제가 되는 것은, 물질 질서와 정신 질서가 이질적인 차원의 것이듯이 정신 질서와 은총의 질서가 공존한다고는 해도 그 내용에 있어서는 확실히 이질성을 포함한다는 것이다. 그것이 신앙과 종교의 질서이며, 우리는 그 질서의 주관자를 성령으로 불러 본다. 바울과 같이 충격적인 체험을 겪은 사람들은 이 은총의 사실을 신의 예정으로까지 돌리고 있다. 그러나 비슷한 은총의 사실에 접하는 사람들은 얼마든지 있다.

이러한 성령의 작용은 인간 내적인 관계에서는 일어나지 않는다. 그것은 끝까지 인간의 체험 영역에 속하기 때문에 은총의 질서에는 속하지 않는다. 또 성령의 기능은 항상 성스러운 것과의 차원에서 가능해진다. 세속적인 삶과 현실 속에서는 성령의 역할이나 은총의 질서가 나타나지 않는다.

성경과 기독교는 이런 의미에서 기도와 성령을 긍정적인 면으로 받아들이고 있다. 그리고 예수는 그 처음 모범을 보여 준 것이다.

7

군중의 기대와 예수의 고뇌

예수의 생애와 사상을 알기 위한 가장 대표적인 복음서가 어느 것인가 하고 묻는다면 제각기 다른 의견을 가질 것 같다. 사상을 위해서는 가장 늦게 쓰여진 「요한복음」이 좋을 것 같다. 예수의 교훈과 사상을 중심으로 엮어진 것이며, 다른 복음서에 나타나지 않은 부분들을 많이 추가해 주었기 때문이다.

그러나 예수의 생활을 알기 위해서는 제일 먼저 쓰여진 「마가복음」이 적절할지 모른다. 「마가복음」을 바탕으로 해서 「마태복음」과 「누가복음」이 저술된 것으로 학자들은 보고 있다. 「마태복음」은 주로 이스라엘의 전통을 계승하려는 독자들을 위한 것이기 때문에 여러 면에서 구약과의 관계를 소중히 취급하고 있으며, 예수가 메시아임을 구약으로부터 입증하려는 흔적이 뚜렷이 보인다. 그리고 「누가복음」에 비하면 남성 중심의 복음서라고 볼 수도 있다. 유대인들은 가부장제도를 이어왔기 때문이다.

이에 비하면 「누가복음」은 이스라엘이 아닌 로마 문화권의 독자들, 다시 말하면 유대적인 전통 밖에 있는 독자들을 염두에 두고 서술된 글이다. 그리고 여성에 대한 관심이 깊이 나타나 있다. 초대 교회에 적지 않은 수의 여성들이 참여해 있었으며, 교회의 장래를 위해 여성들의 비중도 생각지 않을 수 없었을 것이다. 또한 「마태복음」과 「누가복음」에는 「마가복음」의 내용 이전 부분과 이후 부분이 추가되어 있으며, 「마가복음」의 짧은 내용을 예수의 교훈을 중심으로 보충하고 있다.

그렇다면 이렇게 세 복음서의 대본이라고도 볼 수 있는 「마가복음」은 어떻게, 누구에 의해 쓰여진 것일까.

물론 학자들의 견해가 다 같은 것은 아니다. 그러나 우리는 다음과 같은 추리를 해볼 수 있다.

성경에 나오는 마가라는 이름은 그렇게 흔하지는 않다. 그 가운데 빼놓을 수 없는 이름은, 예수가 최후의 만찬을 베푼 2층 집을 소유하고 있었던 마가이다. 어느 복음서를 보든지 예수가 잡히기 전날 밤 마지막 저녁을 먹은 집은 마가의 다락방으로 되어 있다. 그것은 초창기 교회에 있어 마가는 널리 알려진 인물임을 암시해 준다.

그러면 마가는 어떤 인물이었으며, 어떻게 「마가복음」을 기록하게 되었을까.

예수가 잡히기 전 마지막 저녁을 준비했던 마가의 집은, 지금은 예루살렘 성전 울타리 밖으로 되어 있다. 마가의 부친은 일찍 세상을 떠났던 것 같고, 마가의 모친이 유산으로 물려받은 집과 재산을 관리하고 있었을 것이다. 마가의 모친은 직접적으로, 간접적으로 예수를 잘 알고 있었으며 돈독한 신앙을 가지고 있었다. 그래서 예수의 일행을 위한 만찬 준비에는 정성을 다했을 것이다. 그때 마가는 아직 어린 소년이었고, 만찬이 있던 날 저녁때는 예수의 일행을 기다리다가 지쳐 먼저 자리에 들어 잠들었을지도 모른다.

야반이 넘어 손님들이 집을 떠나는 웅성거림을 듣고 자리에서 일어난 마가는, 모친을 통해 항상 들어왔고 보고 싶었던 예수를 가까이서 보지 못한 것을 후회스럽게 생각하면서, 잠옷을 입은 채로 예수의 일행을 뒤따랐을 것이다. 예수의 일행은 겟세마네 정원까지 도달했다. 예수는 여덟 제자들을 남겨 놓고 세 제자를 따로 불러 가지고 좀 더 앞으로 걸어갔다. 마가는 세 제자가 다시 떨어진 뒤로 예수가 혼자서 돌을 던질 거리만큼 앞으로 올라가 기도를 드리는 것까지 지켜보았다. 그런데 이상한 예감이 들었다. 무엇인가 큰 사건이 벌어질 것 같은 두려운 마음에 자신도 모르게 빠져드는 것이었다.

예수는 세 제자가 있는 곳까지 두 차례나 다녀온 뒤에도 혼신의 정성을 쏟아 기도를 드렸고, 그 기도가 끝나려는 시각에 가룟 유다가 이끄는 악당의 무리들이 습격해 왔다. 잠들었던 제자들이 합세하여 두 패거리 사이에 약간의 싸움이 벌어지고 고함 소리가 들려 왔다. 이윽고 예수는 붙잡히고, 예수의 제자들은 뿔뿔이 흩어져 도망쳐 버리고 말았다.

마가는 넋을 잃고 그 사건을 지켜 보고 있었다. 자기는 아직 어린애이기 때문에 어른들의 싸움에서는 벗어나 있었던 것이다. 그런데 무기를 든 한 군사가 마가의 잠옷을 감싸 쥐면서, 이놈도 예수의 패거리라고 외치면서 붙잡으려고 했다. 그제야 마가는 제정신이 들었다. 움켜잡힌 잠옷을 벗어 버린 채 악당들의 사이를 빠져 집으로 도망쳐 내려왔다. 집까지 뛰어오는 데는 20분이 약간 넘는 거리에 불과했다. 물론 계곡을 넘어야 하긴 했어도.

그런 일이 있은 후, 마가는 어머니의 보살핌 아래서 성장했다. 재산도 넉넉했고 친척들도 있어 예루살렘에서 유대의 전통을 따르는 교육도 마쳤을 것이다. 그리고 대부분의 여유 있는 젊은이들이 그러했듯이, 마가도 로마까지 가 세계의 문물을 보며 폭넓은 교육을 받았을 것 같다. 그러나 이러한 과정을 밟는 동안에도 마가의 마음속에는 예수에 대한 믿음이 사라지지 않았다. 오히려 더욱 굳어져 갔다. 그래서 마가는 다시 예루살렘과 안디옥에 머물면서 신도들의 촉망을 받는 젊은 일꾼으로 기대를 모으게 되었다.

「사도행전」에는, 바울과 바나바가 요한이라는 마가 때문에 언쟁을 벌였고, 마가는 바울을 떠나 바나바와 동행했다고 기록되어 있다. 그 마가가 이 마가와 동일한 인물일 것이라는 생각이 일반적이다.

어쨌든, 후일에 마가는 교회에서 선택을 받아 베드로의 비서와 같은 역할을 맡게 되었고, 여러 면에서 베드로를 통해 교회에 봉사하는 임무를 담당하게 되었던 것 같다. 갈릴리의 어부였던 늙은 수제자 베드로에게 있어서 마가는 가장 필요한 협조자가 아닐 수 없었다. 베드로를 섬기고 있는 동안, 마가는 직접 만난 일이 없었던 예수의 이야기를 베드로를 통해 듣는 것이 큰 즐거움이었고, 그것이 신앙의 핵심을 굳혀 주는 힘이 되기도 했다. 그러는 동안에 베드로는 늙어 죽었고, 요한의 형 야고보는 예루살렘에서 순교를 당했다. 마가의 입장에서 본다면 베드로가 세상을 떠나기 전에 예수의 행적과 교훈을 기록으로 남겨 두는 것이 여러 교회를 위해서는 물론 먼 후일을 위해서도 소망스러운 일이라고 생각되었다. 그래서 마가는 그 뜻을 스승 베드로에게 전했고, 시간이 생기는 대로 틈틈이 베드로가 불러 주는 예수의 행적을 기록에 옮기기 시작했을 것 같다.

학자들은 「마가복음」을 읽을 때마다 베드로의 성격과 인상을 강하게 받는다고 말한다. 아마 누구도 그것은 부인하기 어려울 것 같다. 특히 열 번이 넘게, 그렇게 하고는 곧 이어서 이렇게 했다는 표현을 접하고 보면, 베드로가 마가에게 불러주던 모습을 회상해 보게 된다. 그리고 「마가복음」 초기의 원본에는 베드로가 아는 사실 이전과 이후의 기록이 삭제되어 있어 더욱 그 성격을 명백히 해주고 있다.

우리는 그런 일련의 사태를 짐작할 수 있는 기록을 「마가복음」 14장 51~52절에서 엿볼 수 있다.

'예수를 따르던 사람들 가운데, 알몸에 가는 베 홑이불을 두른 젊은 이가 있었다. 사람들이 그를 붙들려고 하니 그는 베 홑이불을 던져 버리고 알몸으로 달아났다.'

이 사실은 누구도 모르는 일이다. 물론 다른 복음서에는 그 기록이 없다. 마가가 베드로의 구술을 적어 가다가 이 장면에 이르렀을 때, 그날 밤에 있었던 자신의 일을 어떻게 할 것인가를 망설이다가 앞뒤를 자르고 삽입시킨 것이 아닐까.

어쨌든, 우리는 네 복음서 가운데 「마가복음」을 소중히 여기는 몇 가지 이유를 발견할 수 있다.

그리고 이 「마가복음」에 따르면, 고향에서는 푸대접을 받고 돌아왔고 세례자 요한의 사망 소식에 충격을 받기는 했어도 예수의 갈릴리 호반 전도는 양적으로 크게 늘었다. 세속적인 표현을 빌린다면 대단한 성공을 거둔 셈이었다. 거기에는 두세 가지 이유가 있었다. 무엇보다도 큰 비중을 차지한 것은 예수의 기적적인 병치료였다. 예수는 치료를 받은 환자들에게 침묵을 지켜 주기 바랐고, 또 그런 방향으로 유도했으나 결과는 언제나 반대로 나타났다. 병을 치료받으려는 환자들보다는 그 사실을 확인해 보려는 호기심에 찬 사람들이 더 많이 모여 들었다. 오늘날도 있을 수 있는 일이다.

둘째는 예수의 매력적인, 심금을 울리는 신앙적 교훈이었다. 예수 주변에 가까이 있던 사람들은 말할 것도 없으나, 많은 군중들에게 호소와 교훈을 겸한 예수의 말씀은 언제나 청중들을 사로잡았고, 하늘나라로 이끌어 주는 능력을 가지고 있었다. 권위가 있는 사람 같았고, 서기관이나 율법 학자들과는 달랐다고 모두가 평하고 있었다. 율법 학자나 서기관들은 구약의 교리를 강요했으나 예수는 인간의 구원을 위한 진리를 주었기 때문이었다. 귀가 있는 사람들은 그 말씀을 듣기 위해 예수를 따르지 않을 수 없었다.

그러나 많은 군중들이 모여든 배후에는 역반응도 있었을지 모른다. 예수의 주변에는 언제나 헤롯 왕의 사자들이 뒤따르고 있었으며, 예루살렘에서 파송된 공의회의 정보원들도 눈에 띄게 나타나기 시작했다. 그런 소식들이 전해지자 생각이 있는 사람들은 이러한 사태의 추이가 장차 어떻게 될 것인가를 살피고 싶었다. 그리고 어떤 때는, 기성 종교의 지도자들 중에 군중들의 존경을 받고 있는 사람들도 예수의 설교를 듣기 위해 모여들기도 했다.

그러나 더 중요한, 묵과할 수 없는 또 하나의 사태가 벌어지고 있었다. 그것은 갈릴리 사람들의 종교심과 더불어 애족심이 집약되면 예수를 중심으로 어떤 독립 운동이 벌어질 수도 있으리라는 가능성이었다. 예수의 제자들 중에도 가룟 유다와 같은 이는 그 희망을 고취시키고 있었다. 또 그런 방향에서 예수가 메시아가 될 것으로 기대하는 사람의 수는 늘어나게 마련이었다. 우리가 일제 시대를 살 때에는 신앙과 애국심이 하나였고, 독립이 없는 기독교나 민족을 위하지 않은 신앙은 생각할 수 없었던 사태와 통하는 것이었다.

이런 꿈과 기대를 지닌 사람들이 차츰 늘어나 예수의 주변은 한때 인산 인해를 이루기도 했다. 예수의 파송을 받은 제자들의 전도 활동도 더 많은 사람을 모으는 한 계기를 만들었다. 열두 제자들은 갈릴리 여러 지방을 다니면서 하늘나라의 소식을 전했고, 때로는 72명을 선발하여 전도대로 파송한 일도 있었다. 그들은 어디에 가든지 스승인 예수를 소개했고, 직접 예수를 만나 보라고 권고했음에 틀림이 없다. 이런 현실이었기 때문에 예수가 전도 생활을 시작한 1년 또는 3년 반쯤 후에는 예수에 관한 소식이 전국에 퍼졌고, 앞으로 예수가 할 일이 무엇인가에 대한 관심은 대단한 바가 되었다.

이 소식을 전해 들은 헤롯 왕도 예수는 틀림없이 세례자 요한이 되살아난 것이라는 의구심을 가지게 되었고, 사람들은 예수의 일거 일동에 관심을 쏟기에 이르렀다.

이 즈음의 상황을 네 복음서는 같은 내용을 가지고 우리에게 전해주고 있다. 「마가복음」에 따르면, 예수의 열두 제자가 전도 여행에서 돌아왔다. 그런 전도 여행이 몇 차례 있었으나 그때의 전도 여행은 비교적 성공적이었다. 제자들도 만족했고, 전도를 받은 적지 않은 사람들은 예수를 직접 보기 위해 제자들을 뒤따라 오기도 했다. 그래서 조용한 호반 지역은 예수를 따르는 무리들로 혼잡을 이룰 정도가 되었다.

예수는 제자들에게, 여기에서는 식사를 할 여유도 없을 정도이니 조용히 배를 타고 호수 건너편으로 가 먼저 식사를 하면서 휴식을 취하라고 부탁했다. 나는 사람들의 눈에 띄지 않게 조용히 뒤따라 가겠다고 얘기했다. 제자들은 예수의 지시를 따르기로 했다.

그러나 어떻게 그 소식을 알아차린 군중들이, 배를 탈 수는 없으니 육로로 걸어 예수가 가려고 했던 장소로 먼저 모여들기 시작했다. 꼬리를 물고 모여드는 사람들의 수는 차차 늘어나 헤아릴 수 없을 정도의 인파가 되었다. 예수는 제자들과 같이 무리를 피하고 싶었으나, 그렇게 만나기를 갈망하는 마음들을 외면할 수가 없게 되었다. '목자가 없는 양 떼와 같이 생각되었다.'고 복음서는 기록하고 있다.

예수는 할 수 없이 다시 군중 앞에 나타났다. 그리고 긴 시간 동안 가르쳤다. 군중들은 예수의 교훈에 도취되어 시간 가는 줄을 몰랐다. 정신적으로 굶주렸던 그들이 얼마나 고대하던 말씀이었겠는가. 그동안에 태양은 서쪽으로 기울고 오래지 않아 늦은 저녁 시간이 될 즈음이었다. 옆에서 예수의 가르침에 귀를 기울이고 있던 제자들 사이에 걱정거리가 생겼다. 선생님의 말씀이 좀 더 길어지면 저녁때가 지나고 어둠이 다가올 텐데, 지금쯤 말씀을 끊고 저 많은 사람들을 더 늦기 전에 돌려보내야 할 것이 아니냐는 책임감 때문이었다.

제자들 중 한두 사람이 약간 불만스러운 발언을 했다. "선생님, 너무 늦었습니다. 저녁 시간이 되었는데, 빨리 저들을 돌려보내야 마을이나 도시에 가 저녁 식사를 할 것이 아니겠습니까. 여기는 먹을 곳도 머무를 곳도 없는 빈 들입니다."라고. 그러나 예수의 대답은 뜻밖이었다. 그들을 돌려보낼 생각보다는 우리가 식사를 제공해야 하지 않겠느냐는 반문이었다. 그것은 마치, 저렇게 목마르게 하늘나라의 교훈을 사모하는 사람들에게 육신을 위한 양식도 주는 것이 우리의 책임이 아니냐고 되묻는 마음 같기도 했다.

말을 꺼냈던 제자들은 당황했다. 그래서 "저 많은 사람들이 식사를 하려면 최소한 2백 데나리온어치의 떡이 있어야 할 것입니다. 우리에게는 돈도 없지만 그 많은 떡을 어디서 사올 수 있겠습니까. 역시 식사는 제각기 해결하는 길밖에는 도리가 없습니다."라고 대답했다. 예수는, "지금 우리가 가지고 있는 떡은 얼마나 되느냐?"라고 물었다. 한 제자가 대답했다. "우리는 준비한 것이 없습니다. 한 어린애가 먹을 것을 준비해 가지고 왔는데, 겨우 떡 다섯 덩어리와 물고기 두 마리 뿐입니다. 그것으로 무엇이 되겠습니까." 예수는 "그것으로 족하다. 저 많은 사람들이 식사를 하기에 편하도록 50명 또는 100명씩 무리를 지어 앉도록 하라."고 지시했다. 그리고는 떡 다섯 덩이와 물고기 두 마리를 가지고 하느님께 감사의 기도를 드린 뒤 제자들로 하여금 나누어 주도록 지시했다.

복음서는 그 떡으로 모든 사람이 배불리 먹고 남은 부스러기를 모았는데 열두 광주리에 가득 찼다고 기록하고 있다. 떡을 먹은 사람들의 수가 남자 장정만 5천 명에 이르렀다고 기록하고 있다. 네 복음서에 똑같은 사실이 기술되어 있다. 사람들은 영과 육의 포식을 얻고 돌아가게 된 것이다.

그런데 여기서 뜻밖의 사건이 군중들 한 모퉁이에서 벌어지고 있다. 그것은, 이 기회에 예수를 우리들의 임금으로 추대하고 독립 궐기를 일으키면 좋지 않겠느냐는 움직임이었다. 「요한복음」은 그 내용을 여실히 설명해 주고 있다. 이 사실을 알게 된 제자들은 어떤 생각을 했을까. 누구도 그 움직임을 마다하지는 않았을 것이다. 가룟 유다 같은 이는 다른 제자들에게, 지금이 가장 좋은 기회일 것이라고 설명하면서 그 분위기에 기름을 치고 있었을지도 모른다.

그러나 이 사실을 알게 된 예수는 크게 실망했으며 번민과 고뇌에 빠졌다. 자신이 바라고 있는 하늘나라가 이렇게도 엉뚱한 방향으로 와전될 수 있는가 함에 대한 실망도 컸으나, 이 사태가 잘못되었을 경우 어떤 결과가 오리라는 것이 눈에 보였기 때문이다.

그래서 예수는 제자들에게 서둘러 이곳을 떠나 아까 타고 온 배를 타고 먼 호수 쪽으로 떠나라고 재촉했다. 거의 명령에 가까운 어조로 말했다. 제자들은 할 수 없이 배를 타고 바다 맞은편 먼 곳을 향해 떠났다. 예수는 어둠이 깃든 호숫가에 내려 무리들을 조용히 제각기의 고장으로 남는 사람이 없도록 다 돌려보냈다. 그리고 예수는 그 부근 한적한 언덕 골짜기로 홀로 올라가 밤이 새도록 긴 기도 시간을 가졌다. 예수는 고독했고 우울했다. 그 밤을 기도가 없이는 지낼 수 없을 정도로 외로운 선택과 결단을 내려야 했다.

사람들은 누구나 이 장면을 목격할 때 예수의 성공을 축하했을 것이며, 큰 기대를 가지고 예수의 앞날을 주목했을 것이다. 그러나 장본인인 예수의 생각은 달랐다. 그가 생각하고 있는 하늘나라는 무산될 가능성이 컸고, 지금까지 애써 노력해 온 꿈은 다른 방향에서 좌초될 위기에 직면하지 않을 수 없었다. 모두가 성공을 칭찬할 때 예수는 실망에 사로잡혔고, 더 큰 기대를 요청해 왔을 때 예수는 좌절 의식에 붙잡히지 않을 수 없었다. 하늘나라는 군중들이 원하는 것과 일치되지 않았기 때문이다. 그 사실을 깨닫게 될 때 군중들은 예수 자신에 대하여 실망할 뿐 아니라, 하늘나라의 길이 그렇게 험준하며 많은 파란을 겪어야 함에 좌절하지 않을까 걱정스러웠다.

다음 이야기로 넘어가기 전에 잠시 우리들의 생각을 정리해 보기로 하자.

네 복음서가 똑같이 기록에 남겼다고 해도 다섯 덩어리의 떡과 두 마리의 물고기로 장정 5천 명을 포함한 사람들이 배불리 먹고 열두 광주리의 부스러기를 남겼다는 이야기는 언제나 이상한 여운을 남긴다. 어린애들은 놀라운 기적에 희열을 느끼다가도 나이가 들게 되면 차츰 회의로 기울어진다. 그런 일이 과연 있을 수 있으며, 또 있을 필요가 있었느냐고. 그래서 색다른 해석을 내려 보기도 한다. 오늘날의 대부분의 지성인들은 이 이야기의 상징적인 의미를 찾아 만족하려고 한다.

우리들도 같은 생각을 할 수 있으며, 그런 생각을 했다고 해서 잘못된 것은 없다. 신앙이란 강요당하는 것일 수 없기 때문이다. 그러나 이런 의미가 새로운 방향에서 실재로 바뀔 때 우리들의 신앙은 또 다른 차원으로 높여질 수도 있다.

20여 년 전의 일이다. 나는 그때 새로이 크리스천이 되기 위해 마음을 준비하고 있는 몇 대학생들과 성경 공부를 하고 있었다. 내 이야기를 듣고 있던 젊은이들이, 우리만 이렇게 좋은 모임에 만족할 것이 아니라 여러 사람들을 위한 공개 강좌를 마련하자는 합의를 보았다. 젊은 대학생들은 몇 차례 모여 기도를 드리면서 처음 겪는 집회를 준비했다. 대부분이 교회 생활에는 익숙하지 못한 청년들이었다. 벽보를 붙이고 순서지를 만들었다. 익숙하지 못한 안내원이 되어 정성어린 봉사를 했다.

첫날 모임이 시작되었을 때 학생들은 많으면 100명 정도의 청중이 모일 것으로 예측했다. 그리고 어린애가 떡 다섯 덩어리와 물고기 두 마리를 바쳤듯이, 진정어린 정성을 바치고 싶어 순서지 위에는 다섯 덩어리의 떡과 두 마리의 물고기를 그려 넣었다.

그런데 뜻밖의 일이 아닌가. 학생들의 기대와는 달리 300명 정도의 젊은 사람들이 참석했다. 상당히 많은 수가 입장을 하지 못하고 돌아갔다. 며칠 동안의 집회는 계속 넘치는 성황을 이루었다.

그 사실을 계획하고 지켜보았던 한 대학생이 드렸던 기도의 내용이 지금도 기억에서 사라지지 않는다.

"주님, 우리는 떡 다섯 덩어리와 물고기 두 마리로 5천 명이 먹고 남았다는 사실을 믿을 수가 없습니다. 그러나 지금 우리는 그보다 더 놀라운 기적을 체험하고 있습니다. 5천 명이 5만 명으로 번지고, 그것이 다시 50만 명으로 번지는 사실도 체험하게 될 것입니다."

우리는 하느님께서 베푸시는 은총의 사실을 영적인 눈을 뜨고 볼 수 있어야 하겠다.

먼저 이야기로 돌아가자.

예수가 염원하는 하늘나라는 군중들의 의도와는 완전히 반대되는 것이었다. 그러나 예수가 살아 있는 동안은 누구도 예수의 뜻을 바로 이해할 수가 없었다. 그들이 생각한 하늘나라는 로마의 식민지에서 해방

되는 지상의 나라를 넘어설 수 없었고, 그것은 갈릴리 지방 전체의 희망이었다.

이러한 뜻은 예수의 제자들도 마찬가지였다. 그들은 아무리 생각해도 이 땅 위가 아닌 어떤 나라가 성립되리라는 점까지 생각이 미치지 못했다. 오늘날 같으면 일부 신도들에게 하늘나라는 우리가 죽은 뒤에 나타날 것이라는 희망으로 바뀔 수 있을지는 모른다. 그러나 그 당시 사람들은 사후의 나라에 대한 관념이 희박했고, 예수도 그런 뜻으로 하늘나라를 이야기하지 않았다.

그러나 비극은 더욱 절박감을 더해 왔다. 예수가 원하는 하늘나라를 위해 예수가 택해야 했던 길과 제자들이나 군중들이 원하는 하늘나라의 길이 벌어지기 시작했다. 그래서 예수의 죽음이 가까워질 무렵에는 그 거리가 노골적으로 나타나기 시작했다. 예수는 자기의 죽음을 예고해주었음에도 불구하고, 제자들은 이제 새 나라가 임하게 되면 우리들 중에 누가 더 훌륭하게 될 것이냐를 논쟁하기에 이르렀다. 그런 일은 자주 있었다.

어떤 날 예수는, "너희들이 지금 길에서 다툰 것이 무엇 때문이지?"라고 물었을 때 제자들은 대답을 하지 못했다. 앞으로 누가 더 출세할 것인가를 놓고 언쟁을 했기 때문이다.

문제는 이에 그치지 않는다. 스승의 종말이 더 가까워졌을 때 야고보와 요한 형제는 어머니까지 합세해서, 주의 나라가 성립되었을 때 두 형제가 예수의 오른쪽과 왼쪽 권좌에 앉게 해달라고 청했다. 오늘날의 표현을 빌리자면, 예수가 왕위에 오르게 되면 우리 형제에게 두 정승

자리는 주어야 할 것이 아니냐는 간청이었다. 예수가 하늘나라는 그런 통치자가 좌우하는 곳이 아니라고 말했을 때, 다른 제자들도 두 형제를 위해 분개했다고 기록되어 있다.

그것은 무엇을 뜻하는가. 예수가 집권하게 되면 베드로는 최고의 위치를 차지하게 될 것이지만 요한과 야고보는 그 다음 자리를 차지해야 다른 제자들도 나름대로 한 자리씩 얻을 것이 아니냐는 계산에서 나온 이야기였다. 3년씩이나 스승을 따라다니면서 고생했는데, 그것쯤은 당연히 받아야 할 보수로 여겼던 것이다. 예수는 내 나라는 그런 나라가 아님을 간곡히 반복해서 설명했으나 제자들은 그 뜻을 깨달을 수가 없었다.

이런 괴리적인 여건이 무르익어 가고 있었다. 그래서 5천 명이 먹은 후에는 세상 나라를 위한 혁명적 움직임이 대두되었던 것이다. 그러나 이것은 그때만의 일이 아니었다. 기회만 생기면 예수 주변에는 같은 움직임이 싹트고 있었다.

예수의 고민과 번뇌는 여기에 있었다. 아직 하늘나라에 대한 신념과 희망이 보이기도 전에 군중들은 세상 나라의 뜻으로 하느님의 나라를 파괴하려고 하는 것이었다. 때문에 예수는 우선 제자들을 바다 맞은편으로 떠나보내고, 많은 군중들을 집으로 돌려보낸 뒤 홀로 이 문제의 해결을 위해 외로운 기도 시간을 가졌다.

이러한 고통스러운 논쟁은 빌라도와의 사이에서도 벌어졌다. 빌라도는 예수에게, "네가 유대인의 왕이냐?"라고 물었다. 그리고 "대체 네가 무슨 일을 했기에 네 동족인 이스라엘 사람들이 이렇게 너를 죽이기를 원하느냐?"라고 물었다. 예수는, "내 나라는 이 세상에 속한 것이 아니다. 내 나라가 세상에 속한 것이라면 내 제자들이 싸워 나를 유대 사람들의 손에 넘어가지 않게 했을 것이다. 그러나 내 나라는 이 세상에 속한 것이 아니다."라고 대답했다. 빌라도가 다시, "그러면 네가 왕이냐?"라고 물었을 때 예수는, "네가 말한 대로 내가 왕이다. 나는 진리를 증거하려고 태어났으며, 진리를 증거하려고 세상에 왔다. 진리에 속한 사람은 누구나 내 음성을 듣는다."라고 대답했다.

세상 권세를 대표하는 로마의 빌라도와 하늘나라의 진리를 선포하는 예수의 상반된 거리를 너무나 잘 보여주는 장면이다.

이러한 문제의 상극성이 5천 명이 떡을 먹은 직후에 벌어진 것이다. 그러므로 거기에 모였던 누구도 문제삼지 않은 고뇌를 예수는 감당해야 했다. 그것은 하늘나라를 위한 문제만이 아니었다. 예수의 사명과 생명에 대한 문제도 걸려 있었으며, 자칫하면 정치적 폭동과 관련되어 수많은 사람의 생사와도 연결될 수 있는 문제였다.

성경을 읽으면, 예수는 그 날 밤이 새도록 기도의 시간을 가졌다. 그 내용과 결과에 대해서는 누구에게도 이야기한 바가 없다. 그러나 예수의 생활과 방향에는 커다란 변화가 일어났다.

이것은 제2의 변화라고 볼 수도 있을지 모른다. 처음 변화는 병의 치료에서 하늘나라를 위한 교훈으로 비중을 높이는 것이었다. 그러나 이 일을 계기로 생긴 변화는 세상 나라와의 결별을 확인하고, 하느님이 원하는 나라를 위해 모든 뜻을 모으는 일이었다. 그리고 이에 따르는 변화는 여러 가지 면에서 나타나고 있다.

먼저 예수는 오랫동안 정들었고 전도의 근거로 삼았던 호반 지역을 떠나기로 했다. 그러지 않으면 자기가 원하는 하늘나라를 건설하는 일이 벽에 부딪칠 위험이 있었기 때문이다. 백성들이 원하는 것과 예수가 줄 수 있는 것은 서로 상반되었고, 그 결과는 하늘나라의 파국을 의미할 수도 있었다. 그래서 예수는 일단 지금까지의 사건들이 집약되어 있는 갈릴리 지역을 떠나기로 했다. 마가와 마태는 예수가 제자들만 이끌고 두로와 시돈 지방으로 갔다고 기록하고 있다.

만일 우리나라에서 남부 지방이 유다, 중부 지방이 사마리아, 북부 지방이 갈릴리에 해당한다면 두로와 시돈 지방은 만주 지방 정도에 해당할 것이다. 예수는 사람들의 눈으로 보았을 때는 성공의 절정에 있었으나, 그는 많은 군중과 일터를 떠나 조용한 곳으로 몸을 감추고 싶었다. 마가는 '어떤 집에 들어가서 아무에게도 알리지 않고 유하려 하셨으나 남모르게 계실 수가 없었다.'고 기록하고 있다.

이러한 예수의 행동은 그를 따르려던 수많은 군중들에게는 실망을 안겨 주었을 것이다. 사업의 절정기에 피신하는 것 같은 어리석은 처사였고, 예수를 앞장 세워 민족 운동을 일으키려고 했던 많은 현세주의자의 눈으로 보면 예수는 무능하고 무책임한 지도자로 보일 수도 있었다. 그러나 예수는 그 길을 택해야 했다. 새로운 문제의 해결이 필요했던 것이다.

이제는 하늘나라를 위해 예수 자신이 누구인가를 확인할 때가 온 것으로 생각했다. 그리고 예수는 택해야 할 하늘나라의 길이 어떤 것인지도 다짐해야겠다고 마음을 굳혔다. 많은 사람들에게 실망을 안겨주고, 심지어는 대중들로부터 버림을 받더라도 예수는 스스로 택했던 자신의 길을 확정지을 단계가 왔다고 믿었다. 그래서 고국을 떠나 북방 여행을 단행한 것이다. 무엇인가 생의 비장한 선택과 결단이 필요했다. 뿐만 아니라, 「요한복음」에 따르면 적지 않은 사람들이 예수에게 실망하여 그를 떠난 것으로 되어 있다. 그들이 원했던 예수는 그렇게 소극적이고 비겁한 지도자가 아니었기 때문이다. 그러나 예수는 그들의 욕구를 위해 본래의 사명인 하늘나라를 포기할 수 없었다.

8

예수는 과연 누구였는가

북방을 여행하고 있던 어느 날, 예수는 조심성 있게 제자들에게 뜻밖의 질문을 꺼냈다.

"사람들이 나를 누구라고 하느냐?"

제자들은 몇 가지 대답을 했다.

"선생님을 세례자 요한이라고 하는 사람들이 있습니다."

"엘리야와 같이 능력을 갖춘 선지자라고 하는 사람도 있습니다."

"항상 민족을 위해 눈물로 세월을 보낸 예레미야나 또 다른 선지자 중의 한 사람이라고 말하는 사람도 있습니다."

그 이야기를 들은 예수는, "그러면 너희는 나를 누구라고 생각하느냐?"라고 물었다.

모두가 대답하기를 망설이고 있을 때 베드로가 대답했다.

"당신은 그리스도시오. 살아 계신 하느님의 아들이십니다."

그 대답을 들은 예수는 베드로를 주목하면서,

"시몬 바요나야. 너는 복이 있다. 네게 이것을 알게 한 이는 혈육이 아니라 하늘에 계신 내 아버지시다. 나도 네게 말한다. 너는 베드로(바위라는 뜻)다. 내가 내 교회를 이 반석 위에 세울 터인데, 죽음의 권세가 그것을 이기지 못할 것이다. 내가 네게 하늘나라의 열쇠를 주겠다. 네가 무엇이든지 땅에서 매면 하늘에서도 매일 것이요, 땅에서 풀면 하늘에서도 풀릴 것이다."

라고 말했다. 그리고는 예수가 그리스도라는 사실을 아무에게도 말하지 말라고 제자들에게 굳게 당부했다.

앞뒤로 미루어 보았을 때, 이 사건은 대단히 중요한 일이다. 예수의 생애에 걸쳐 이렇게 비중이 큰 자기 결정과 표명은 없었을 것이다. 예수는 그동안의 침묵을 깨뜨리고 자신이 하느님이 보내신 메시아임을 자인했고, 또 제자들에게 그 사실을 천명했다. 당분간은 누구에게도 그 사실을 말하지 말라고 엄명한 것은, 적절한 시기가 오기 전에 그 뜻이 밖으로 퍼져 나가면 하늘나라를 위한 사명에 차질이 생기기 때문이었다.

예수는 곧 뒤를 이어 이제 예루살렘으로 올라가면 나는 이스라엘 종교 지도자들, 장로들, 대제사장들, 율법 학자들에 의해 많은 고난을 겪은 뒤 죽임을 당할 것이라고 예고했다. 모든 제자들은 경악을 금할 길이 없었다. 베드로는 수제자답게 "주님, 안 됩니다. 결코 그런 일이 있어서는 안 됩니다."라고 간했다.

그러나 예수는 베드로에게,

"사탄아, 물러가라, 너는 나를 걸려 넘어지게 하는 자다. 너는 하느님의 일을 생각하지 않고 사람의 일만 생각한다."

라고 책망했다.

예수가 하늘나라와 인간의 뜻의 상반성을 얼마나 강하게 느끼고 있었으며, 그 뜻을 엄격히 구별하기에 결단성이 있었음을 잘 보여주는 장면이다.

그리고 예수는 놀라움에 빠져 있는 제자들을 타일렀다.

"내가 지금까지도 이야기해 왔으나 누구든지 나를 따라오려거든 자기를 버리고 자기 십자가를 지고 따르라. 누구든지 자기 목숨을 구원하려고 하는 사람은 잃을 것이요, 나와 복음을 위하여 자기 목숨을 잃는 사람은 구원을 받을 것이다."

그러나 예수는 얼마 뒤,

"내가 진정으로 너희에게 말한다. 여기 서 있는 사람들 가운데 죽기 전에 하느님 나라가 임하는 것을 볼 사람도 있다."

라고 말하기도 했다.

이 일련의 장면은 확실히 예수의 일생을 통해 가장 귀중한 고비를 만드는 일이었다. 예수는 일찍부터 스스로 결정짓고 있던 중대한 결의를 자신에게 다짐함과 더불어 제자들에게 확증해준 것이다. 바울은, 신앙이란 예수가 그리스도임을 믿는 것이라고 말했다. 나사렛에서 자라 목수 일로 긴 세월을 보내고, 세례자 요한을 따라갔다가 돌아와 선교를 시작해서 지금에 이른 인간 예수가 곧 다름 아닌 메시아임을 깨닫고 믿는 것이 신앙인 것이다.

예수가 그리스도라는 신앙이 얼마나 중요하면서도 핵심적인가 함은 키에르케고르의 비유에서도 엿볼 수 있다.

팔십이 넘은 할아버지가 어린 손자에게 말했다.

"나는 나이도 많고 더 오래 살 것 같지도 않기 때문에 죽기 전에 꼭 너에게 알려 줄 일이 있다. 오늘은 나와 같이 경건한 마음으로 너의 아버지 무덤을 찾아가자."

할아버지는 어린 손자를 죽은 아들의 무덤 앞에 세운 뒤에 말했다.

"여기에 내 아들이며 너의 아버지인 사람이 잠들어 있다. 네 아버지는 모든 점에서 모범이 될만했고 훌륭한 편이었다. 그런데 한 가지 용서받을 수 없는 잘못을 저지른 채로 세상을 떠났다. 그것은, 네 아버지는 예수를 예수라고 믿으나 그 예수가 그리스도인 것은 믿지 못했다. 이 얼마나 가슴 아픈 일이냐. 그러므로 너는 예수가 그리스도임을 꼭 믿어야 할 것이다. 이것은 내가 너에게 당부하는 마지막 유언이래도 좋다."

기독교에 있어서 이 사실이 모든 신앙의 열쇠인 것이다. 기독교에 들어가는 문은 잠겨 있다. 그 문은 예수라는 열쇠만을 가지고서는 열고 들어갈 수 없다. 예수가 그리스도라는 열쇠가 아니면 문은 열리지 않는다.

이렇게 중대한 뜻을 예수는 제자들과의 대화에서 밝혔고 또 확인한 것이다. 학자들은 이 신앙적 확신을 예수가 언제부터 가졌을까를 묻고 있다. 「요한복음」에 따르면 일찍부터였을것 같다. 그러나 공관복음에 따르면 그렇게 쉽게 긍정하기 어려운 점들이 있다. 그러나 예수가 "너희들은 나를 누구라고 생각 하느냐?"라고 묻고, 그 대답을 얻었을 때는 이 사실이 확증된 것은 틀림이 없다.

그리고 그 사실을 증언한 베드로에게는 교회 설립의 중책을 맡겼고, 하늘나라의 열쇠를 위임하는 축복을 내렸다. 그 사실을 인정한 베드로는 최초의 신앙 고백을 한 제자였고, 땅 위에서 하늘나라를 대신하는 교회는 베드로를 중심으로 일어나게 된다. 바울이 신학의 건설자가 되었듯이…….

그러나 예수는 메시아, 즉 그리스도는 곧 사람들의 손에 넘겨져 죽임을 당할 것을 예고했다. 이것은 예수가 자신이 메시아임을 증거함과 동시에 메시아는 비참한 죽임을 당해야 한다는 구약의 예언을 재확인한 것이다. 예수는 그 뜻을 한 번만 말한 것은 아니다. 예루살렘에 입성하기 전에 세 번이나 같은 뜻을 되풀이했다. 그리고 사흘 뒤에는 부활할 것임도 추가로 다짐했다.

과거에도 그러했으나 베드로의 신앙 간증을 인정한 뒤부터 예수는 당신의 길이 죽음의 길임을 너무나 뚜렷이 믿었고 또 그 뜻을 실천에 옮겼다. 모든 문제를 죽음의 과정으로 삼았다. 한 알의 밀이 땅에 떨어져 죽어야 열매를 맺는다는 교훈도 그 뜻이었다. 기적과 표징을 구하는 사람들에게 요나의 표징 이상의 무엇이 있겠느냐고 반문했다. 역시 3일간 무덤에 있다가 부활한 것을 가리킨 말이다. 니고데모에게는 모세가 광야에서 뱀을 든 것 같이 인자도 들려야 한다고 말했다. 3년 뒤 니고데모는 예수가 십자가에 달린 뒤에야 그 뜻을 깨닫고 예수의 장례를 도왔다. 예수는 세상을 떠나기 전에도 이 성전에 해당하는 내 육신을 너희는 죽이겠지만 내가 3일 후에 다시 일으키리라고 말했다.

「마가복음」 10장 32절 이하를 보면, 그 날 예수는 과거와 달리 너무 빨리 앞장 서서 걸었다. 이상스러움과 놀라움에 빠진 제자들이 뒤따랐을 때 예수는 나는 지금 예루살렘으로, 죽음을 향해 가는 길이라고 말했다. 그것이 셋째 번 증언이었다. 죽음으로 가는 길이 평상시보다 빨랐던 것이다.

왜 이렇게 메시아 정신과 희생 정신이 일치되었을까. 물론 구약의 예언이 모두 그 사실을 예고해 주고 있다. 특히 이사야의 글에 따르면 그 자세한 희생의 모습이 밝혀져 있다. 예수는 시간이 흐르고 전도 생활이 깊어질수록 그 길밖에는 도리가 없음을 깨닫게 되었던 것이다. 자신의 죽음을 통하지 않고는 인류의 구원과 하늘나라의 임재가 불가능하다는 것을 훤하게 내다보기에 이른 것이다. 그래서 예수는, 나와 같이 죽임을 택하는 사람은 참 생명을 얻고, 삶을 택하는 사람은 생명을 잃는다고 거듭 가르쳤다.

이에 그치지 않았다. 그 다음부터 예수는 여러 가지 비유로 가르치면서 자신이 하느님이 보내신 마지막 사람으로 희생될 것을 여러 번 암시해 주었다. 포도밭 주인의 이야기라든지, 종들을 두고 멀리 갔다가 돌아오는 귀인의 비유를 들어 계속 자신의 죽음을 말해 주었다. 어떤 때는 종들을 죽인 악한 사람들이 하나밖에 없는 아들까지 죽일 것이라고 말하며 자신의 위치를 설명해 주기도 했다.

이때 예수의 결단은 십자가에 돌아갈 때까지 변함이 없었다. 앞으로 남은 오직 하나의 길이 죽음의 길인 것을 의심치 않았다. 예수의 일생을 통해 가장 위대한 선택과 결단이 있었다고 보는 것이다.

그러나 이러한 결단이 하느님의 뜻임을 입증하는 어떤 객관적 사건이 예수와 제자들에게 필요했을지 모른다. 그래서 예수는, "여기 서 있는 사람들 가운데 죽기 전에 하느님 나라가 권능으로 임하는 것을 볼 사람도 있다."라고 말했다.

그 사건은 다음과 같은 내용으로 벌어진다. 공관복음에는 동일한 사건이 상세히 기록되어 있다.

베드로의 고백이 있은 6일 뒤였다. 예수는 열두 제자 중 특히 가까이 하고 있던 세 제자인 베드로, 요한, 야고보를 따로 이끌고 높은 산으로 올라갔다. 아마 이 산은 지금의 헬몬 산에 해당할 것이다. 갈릴리 지역 일대에서 가장 높은 산이다.

산에 올라가 정착했을 때 갑자기 예수의 모습은 변화를 일으켰다. 눈부실 정도로 흰 옷을 입은 상태였고, 예수는 거룩함에 둘러싸였다. 그런데 놀라운 일이 아닌가. 율법을 대표하는 「출애굽기」의 주인공 모세가 예수와 같이 있었고, 예언과 선지자를 대표하는 엘리야가 동석하여 예수와 이야기를 나누고 있는 것이 아닌가. 세 제자는 너무나 놀랐다. 자신들은 어찌할 바를 몰랐다. 그때 제정신을 차리지 못한 베드로가 얼떨결에 말했다.

"선생님, 우리는 여기 있는 것이 참 좋습니다. 우리가 초막 셋을 지어 하나는 선생님을, 하나는 모세를, 하나는 엘리야를 모시도록 하겠습니다."

성경은 세 제자들이 매우 심한 두려움에 빠져 무슨 말을 해야 할지를 몰랐다고 기록하고 있다.

한참 뒤에 구름이 그들을 덮었고, 소리가 들렸다. "이는 내 사랑하는 아들이다. 너희는 그의 말을 들으라."라는 음성이었다. 이 말은 예수가 곧 그리스도이니 너희는 그의 뜻을 따르라는 뜻으로 받아들여질 수 있는 내용이다. 그러나 제자들이 다시 사방을 둘러보았을 때 모세와 엘리야는 사라졌고 종전의 예수가 그들을 대해 주었다.

예수는 산을 내려오면서 제자들에게 엄중히 타일렀다. 지금 너희들이 본 사실은 내가 죽었다가 부활할 때까지는 누구에게도 말하지 말라고. 물론 제자들은 놀라움과 두려움에 빠져 있었을 것이다. 그런 일은 있을 수도 없고 상상조차 할 수 없는 장면이었기 때문이다. 그러나 먼 후일에 제자들은 그것이 율법과 예언을 완성시킨 메시아의 출현을 뜻한 것이며, 그 메시아가 바로 자신들의 스승임을 깨닫게 되었을 것이다.

이 변화산의 사건이 있은 후, 적어도 세 제자는 하늘나라가 가까웠으며, 오래지 않아 변화가 일어날 것임을 예감하게 되었다. 그러나 그 변화는 스승의 죽음보다는 하늘나라의 성립이 더 임박했을 것으로 느껴졌을 것 같다. 누가 더 크냐는 논쟁도 그 뒤에 벌어졌고, 요한과 야고보의 출세 부탁도 이 일이 있은 지 얼마 후의 사건이기 때문이다.

그러나 여러 점으로 미루어 예수 자신이 메시아임을 확인했고, 변화산에서 장차 나타날 하늘나라의 뜻과 영광을 체험할 수 있었다는 점은 예수에게 있어서 결정적인 계기가 되었다.

9

예루살렘으로 가는 길

예수가 형상을 변화시켰던 산이 헬몬 산이라고 하면 예수의 일행이 가장 북쪽까지 갔던 지역도 그 산이 될 것이다. 예수의 세 제자는 스승에게, 여기에 있는 것이 좋사오니 초막 셋을 짓고 머물면 어떻겠느냐고 묻기도 했다. 그러나 예수는 말없이 제자들을 재촉해서 그 산을 내려왔다. 세 제자는 묵묵히 그의 뒤를 따랐다.

이 길은 계속 남쪽으로 연장되어 예수의 생애 중 마지막 여정이 된다. 우선은 고향 지역이면서 많은 활동을 했던 갈릴리로 들어왔고, 얼마 뒤 예수는 요단 강 동쪽을 거쳐 여리고 성을 지나 예루살렘으로 올라가는 길을 택한다. 그 당시 유다나 갈릴리 사람들은 갈릴리와 유다의 중간에 있는 사마리아 지방을 통과하는 것을 꺼렸다. 예로부터 유다에 대한 이스라엘 지역으로 대립되어 있었을 뿐 아니라, 민족적 시련을 겪는 동안 다른 민족과의 접촉 관계로 사마리아 사람은 전통적인 신앙에 참여할 수 없는 족속으로 여겨지고 있었다. 「요한복음」 4장을 보면 수가성의 여인도, 우리는 예루살렘 성전에 갈 수 없어 여기 산에서 예배를 드리고 있다고 회포를 털어놓고 있다. 그래서 대부분의 갈릴리 사람들은 예루살렘과 그곳에 있는 성전을 찾을 때는 요단 강 동쪽 연안을 따라 남하했고, 여리고를 거쳐 예루살렘으로 올라가곤 했다. 또 유다 지방은 산과 구릉으로 되어 있기 때문에 그 밖의 다른 길을 택한다는 것은 거의 불가능했다.

물론 변화산에서 예루살렘까지 가는 도중에 여러 가지 사건이 벌어졌고 예수는 많은 교훈을 남겨 주기도 했다. 그러나 예수에 의하면, 그것은 예루살렘으로 가는 길이며, 그 길은 유월절과 더불어 예수에게 있어서는 죽음의 길이기도 했다. 어떤 제자들은 다가올 예수의 집권 왕국을 생각하기도 했고, 또 다른 제자들은 예수의 영도력에 의해 새로운 형태의 정치적 변화가 일어날 것을 기대하기도 했을 것이다. 이렇게 착잡한 상황을 뚫고 외로운 비밀을 간직한 채 예수는 예루살렘으로 가는 길을 재촉하고 있었던 것이다.

변화산에서 예루살렘까지 가는 도중의 기록은 공관복음에 따르는 것이 좋으나, 그 내용에는 적지 않은 차이가 있다. 「마가복음」은 몇 가지 사건과 교훈을 간략하게 보도해 준다. 예루살렘 입성 후부터의 사건을 상세히 전하기 위해 서두른 느낌이 뚜렷하다. 그것이 베드로의 성격이기도 했을 것이다. 「마태복음」에는 「마가복음」에 비해 거의 배가 되는 내용이 서술되어 있다. 그러나 그 내용은 「마가복음」과 어긋나지 않으며, 몇 개의 교훈이 추가되어 있다. 이에 비하면 누가는 지나칠 정도로 많은 내용을 삽입시키고 있다. 그 이유는, 누가가 예수에 대한 베드로의 고백과 변화산의 사건시기를 너무 일찍 잡았기 때문이다. 말하자면 변화산 사건 이전의 내용을 그 이후의 것으로 취급했기 때문이다. 그러나 객관적으로 보았을 때, 같은 내용들이 순서에 있어 차질이 있었을 뿐 내용에 있어서는 큰 오차가 없다. 오직 우리는 예수의 생애를 생활 중심으로 보았을 때 「마가복음」에 따르는 편이 좋을 것 같으며, 마태도 같은 절차를 밟고 있다.

예수가 세 제자와 함께 변화산을 내려온 것은 올라갔던 다음 날로 되어 있다. 그만큼 그 산은 높았던 것 같다. 갈릴리 지방에는 그 정도의 높이를 가진 산이 없다. 우리가 헬몬 산을 지적해 보는 이유가 여기에 있다. 세 제자와 같이 변화산을 내려온 일행은 산 밑에서 어려움을 겪고 있는 다른 제자들의 처지를 발견한다. 한 소년이 심한 경련을 일으키는 병에 걸려, 그 부모가 예수의 제자들에게 고침받기를 원했으나 제자들이 실패했기 때문이다. 예수는 소년을 고쳐 주면서, 이런 정도의 어려운 환자는 쉽게 치유되는 것이 아니라고 말해 제자들에게는 위로의 뜻을 전했고, 부모에게는 즐겁게 돌아갈 수 있도록 소년의 병을 고쳐 주었다. 누구에게도 실망을 주고 싶지는 않았을 것이다.

예수의 일행은 사랑하는 고향 땅 갈릴리에 도착했다. 예수가 30년 동안 자라면서 일한 곳은 갈릴리 중간 지역인 나사렛이었으나 정을 쏟으면서 전도 사업과 더불어 세월을 보낸 지역은 역시 호반 지역이었다. 예수는 이제 이 사업의 고향인 갈릴리 호반 지역을 거쳐 예루살렘으로 가기 때문에 정든 고향을 등지고 마지막 길을 떠나는 것이다.

예수는 꼭 이 길을 서둘러야 할 필요는 없었다. 그러나 유월절 일주일쯤 전에는 예루살렘에 도착해야 했고, 거기서 생애의 마지막을 장식해야 함을 잘 알고 있었다. 그 해 유월절을 놓치면 또 일 년의 세월이 지나야 자신의 때가 올 것임을 예감하고 있었다.

그렇다고 해서 예수의 표정이 침울했거나 슬픔에 잠겨 있는 것은 아니었다. 누가는 그때의 예수는 기쁨에 넘쳐 있었으며, 제자들에게도

"너희가 보고 있는 것을 보는 눈은 복이 있다. 많은 예언자들과 왕들이 너희가 지금 보고 있는 것을 보려고 했으나 보지 못했고, 너희가 듣고 있는 것을 들으려고 했으나 듣지 못했다."

라고 말했을 정도였다.

예수는 혼자 있을 때는 예외였으나 항상 밝고 명랑한 표정으로 제자들을 대했고, 희망과 용기를 주는 마음으로 무리들에게 임했던 것 같다.

예수의 일행이 예루살렘으로 가는 도중에 있었던 일 중에 다음 몇 가지는 공관복음에 같은 순서로 서술되어 있다.

예수의 일행이 가버나움에 이르렀을 때, 이전과 같지는 않았으나 적지 않은 사람들이 다시 모여들었다. 당분간 예수가 그 고장을 떠나 있었기 때문이다. 그런데 어떤 사람들이 어린이를 예수에게 데리고 와서

축복해 주기를 청했다. 예수의 제자들은, 어른들도 예수를 만나지 못해 애태우고 있는데, 어린애들까지 데리고 오는 부모들이 어디 있는가 하며 밀어 내려고 했다. 그 광경을 본 예수는 오히려 제자들을 책망하면서, "어린이들이 내게 오는 것을 용납하고 막지 마라. 하느님의 나라는 이런 어린이들의 것이다. 누구든지 어린이의 심정으로 하느님 나라를 맞아들이지 않으면 결코 거기 들어가지 못할 것이다."라고 가르쳤다. 그리고는 어린이들을 안고 손을 얹으면서 축복해 주었다.

있을 수 있는 지극히 평범한 하나의 사건이다. 그러나 이 교훈은 후일에 기독교가 어떻게 어린이들을 위해 주는 미래 지향적인 종교로 발전했는가를 잘 보여주는 내용이 되었다. 물론 예수는 노인들을 푸대접하거나 경원한 것은 아니다. 그러나 모든 기성세대들은 젊은이들을 위해 일해야 하며, 부모를 위한 자녀이기보다는 오히려 자녀를 위한 부모가 될 것을 깨닫게 한 좋은 본보기가 되었다. 기독교가 유교와 마찬가지로 효孝에 대한 지나친 요청을 하지 않는 이유도 여기에 있었을 것이다. 물론 이스라엘의 전통은 남성 중심의 가족 제도를 이끌어 왔다. 그리고 구약에서는 부모에 대한 효가 가장 중요한 사회 윤리의 하나로 지적되고 있다. 십계명 중에 인간에 대한 계명 첫머리에 '네 부모를 공경하라'고 기록되어 있을 정도이다. 그러나 예수는 부모를 위해 자녀들이 희생당하거나 어린이의 인격적 존엄성이 기성세대 때문에 손해를 입어서는 안 된다고 명백히 지적하고 있다. 어린이들의 심정과 같은 믿음이 아니고서는 하늘나라에 들어갈 수 없다는 말이 추가 되었을 정도이다.

예수가 가버나움 지역의 한 고장을 떠나 길 위에 올랐을 때 한 젊은이가 달려왔다. 「누가복음」은 그를 의회원 중 한 사람이라고 기록하고 있을 만큼 부귀를 겸한 사람이었다. 그는 달려와 예수의 발 앞에 무릎을 꿇으면서 솔직하게 간곡한 질문을 꺼냈다.

"선하신 선생님, 제가 영원한 생명을 얻으려면 무엇을 해야 하겠습니까?"

예수는 그에게, "왜 나보고 선하다는 표현을 쓰느냐? 선하신 분은 하느님밖에 없는데……. 너는 모든 너와 같은 사람들이 그렇게 생각하듯이 계명을 알고 있지 않느냐? 살인하지 말라, 간음하지 말라, 도둑질하지 말라, 거짓 증거 하지 말라, 속여 빼앗지 말라, 네 부모를 공경하라는 십계명 중에 대인관계의 계명이 있지 않느냐?"라고 반문했다.

그러자 젊은이는 대답했다. "그 계명들이면 제가 어려서부터 다 지켜 왔습니다. 그러나 아직도 제 마음에는 영원한 생명에 대한 확증이 없습니다."라고. 젊은이의 표정은 간곡했고, 이 스승에게서도 확답을 얻지 못하면 나는 어떻게 할 것인가 하는 두려움을 감추지 못하는 진실함이 돋보였다.

예수는 그를 눈여겨 보았다. 그리고 사랑과 측은히 여기는 마음으로 대답했다.

"너에게 오히려 한 가지 부족한 것이 있다. 가서 네가 가진 것을 팔아 가난한 사람들에게 주라. 그리하면 네가 하늘에서 보화를 차지할 것이다. 그리고 와서 나를 따르라."

성경은 이 청년은 재산이 많았기 때문에 이 말을 듣고 슬픈 표정으로 근심하며 떠나갔다고 기록하고 있다. 예수를 찾은 열성과 비례해서 고뇌의 표정도 짙었음에 틀림이 없다.

이 사건을 지켜 본 제자들은 모두 놀랐다. 그래서 예수는, "재물을 사랑하는 부자가 하늘나라에 들어가는 것은 참으로 어렵다. 낙타가 바늘귀로 나가는 것이 더 쉬울지 모른다. 이런 어려운 일은 인간이 자신의 능력으로 하는 것이 아니라 하느님께서 하시는 일이다. 하느님께서는 능치 못한 일이 없으시기 때문이다."라고 설명해 주었다.

그 말을 들은 베드로는 "주님, 저희는 모든 것을 버리고 주님을 따랐습니다. 우리는 어떻게 되는 것입니까?"라고 질문을 던졌다. 예수는,

"내가 진심으로 너희에게 말한다. 나와 내 복음을 위하여 모든 소유와 가족까지 버린 사람은 이 세상에서 그 모든 것을 100배나 더 받을 것이다. 그러나 박해도 겸하여 받은 후에 오는 세상에서는 영원한 생명을 얻을 것이다. 그러나 먼저 된 자가 나중 되고 나중 된 자가 먼저 될 사람이 많을 것이다."

라고 가르쳤다.

이 사건은 공관복음에 거의 같은 내용과 절차로 기록되어 있다. 그리고 우리는 복음서의 저자들과 더불어 어느 정도 예수의 뜻이 무엇이었는가를 짐작할 수 있다.

이 젊은 사람과 더불어 이스라엘 사람들은 구약의 계명과 율법으로 종교적 신앙과 생활이 채워지는 것을 믿어 왔다. 그것은 현대인들이 도덕과 양심을 지키면 된다는 것과 통하는 것이었다. 그러나 이 젊은

사람은 계명을 가지고서는 영원한 생명에 참여할 수 없다는 한계를 잘 깨닫고 있었다. 그것들은 소중하지만 구원의 길이 되지 못함을 알았던 것이다. 그 점에서는 이 젊은 사람이 전통과 행사에 자족하고 있던 그 시대의 소위 지도자들보다는 앞서 있었다. 현대인에게 있어서도 마찬가지이다. 도덕과 양심은 소중하나 그것이 구원의 가능성을 약속해 주지 못함을 알아야 한다. 만일 도덕과 양심으로 모든 문제가 해결된다면 우리는 종교나 신앙의 필요성을 느끼지 않을 것이다. 독일의 슐라이허마허가 한 말이 그것을 지적해 준다. 현실과 교양으로 만족하는 사람은 종교를 필요로 하지 않는 법이다. 바로 이 젊은 사람은 율법과 계명의 한계를 사무치게 자각했다. 그래서 성실과 열정을 가지고 예수를 찾아왔던 것이다. 현대인도 그렇다. 양심은 선과 악을 가려주며, 보다 선한 생활로 우리를 이끌어 준다. 그러나 그것은 선의 권고가 될 뿐이며, 때로는 삶의 고뇌를 더해 줄 수 있다. 양심이 예민한 사람은 양심이 둔한 사람들보다 더 무거운 도덕의 짐을 져야 하는 것이 인생의 길이다. 예수가 이 젊은 사람을 귀하게 본 것은 그가 계명과 도덕의 한계를 누구보다도 잘 깨닫고 있었기 때문이다. 영원한 생명의 길은 계명이나 도덕으로는 타개할 수 없다.

이에 대하여 예수는, 우선 네가 아끼고 사랑하는 많은 재물을 팔아 가난한 사람들에게 줌으로써 세상에서 소유하는 것을 하늘나라의 소유로 바꾸라고 가르쳤다. 소유 의식의 변화가 와야 하며, 이웃에 대한 사랑의 실천이 필수적임을 타일렀다. 우리가 생각하는 부자란 물질의 다소보다도 소유에 대한 욕망이 문제인 것이다. 적은 재산을 가지고 있더라도 부자보다 소유욕을 더 많이 가진 사람은 더 불행하며, 종교에 대해 문을 닫고 사는 사람이 될 수 있다. 바로 이 젊은이는 아직 그 단계를 벗어나지 못하고 있었다.

이렇게 생각한다면 소유에 대한 욕망은 재산에 그치지 않는다. 명예, 지위, 권력, 업적 등 모두가 소유의 대상과 내용이 될 수 있다. 예수는 적어도 이런 것들에 대한 소유욕에서 떠나야 영원한 생명에 들어갈 수 있다고 가르친다.

그러면 어떻게 소유하면 좋을까. 예수는 모든 것들이 이웃과 사회를 위해 사용되어야 한다고 말한다. 그것은 사랑의 희생을 의미한다. 적어도 참다운 신앙을 가진다는 것은 모든 소유를 그것을 필요로 하는 사람들에게 돌려줄 수 있어야 한다. 네 소유를 팔아 가난한 사람들에게 주라는 뜻이 그것이다. 그 결과는 어떻게 되는가. 그렇게 줄 수 있는 사람이 더 귀하고 값있는 것을 소유하게 되며, 그 길이 연장되어 영원한 생명의 가능성을 얻게 된다는 뜻이다.

예수는 이와 비슷한 때에, 「누가복음」에 따르면 사마리아 사람의 비유도 가르치고 있다.

' 어떤 사람이 강도를 만나 죽음에 이를 정도로 구타를 당하고 버림을 받았다. 그런데 그 옆을 지나가던 제사장도 발길을 돌렸고, 레위 사람도 그대로 지나가 버렸다. 오히려 사마리아 사람이 강도 만난 사람을 돌보아 주고 여관까지 데리고 가 완쾌될 때까지 의무를 다했다.

이 이야기는 무엇을 말하는가. 우리 주변과 사회에는 악의 세력 때문에 비참하게 된 많은 사람들이 있는데 제사장에 해당하는 신부나 목사들이 피해자들을 외면하고, 레위 사람들과 같이 종교세금, 즉 종교의 혜택을 받고 살아가는 지도자들도 그들을 위하려 하지 않는다. 그런데 교회에 나올 자격도 없고 신앙을 가질 여건조차 갖추지 못한 교회 밖의 사람이 고난과 비참을 겪고 있는 사람들을 위해 애쓰고 노력한다면 누가 하느님의 자녀답게 사는 것이겠느냐는 반문인 것이다.

예수의 교훈은 그 당시 종교계의 지도층들을 향한 통렬한 비난이었다. 그러나 그들은 그 진의를 깨닫기에는 너무 현실적 욕망과 소유의 노예가 되어 있었다.

오늘날 기독교는 어떤 상황에 처해 있는 것일까. 사랑의 봉사보다는 소유의 욕구를 충족시키려는 데 더 큰 관심을 가지고 있는 것이 아닐까. 기독교가 존재한다는 것은 불행한 이웃에 대한 사랑의 실천을 위해서이다. 그러나 현대 교회는 아직도 소유가 목적이 되어 있는 실정이 아닐까. 우리는 유럽을 여행할 때 수백 년의 세월에 걸쳐 완성시켜 놓은 성당들을 자랑하곤 한다. 건축미와 예술성은 자랑할 수 있을지 모른다. 그러나 그 성당의 건축을 위해 얼마나 많은 사람들이 가난과 굶주림을 겪었으며, 고귀한 생명과 인격이 유린당했는가를 생각하는 사람은 없다. 우리는 다시 한 번 인간에 대한 사랑이 없는 곳에는 영원한 생명의 길이 열리지 않는다는 예수의 교훈에 귀를 기울여야 할 것이다.

예수의 교훈은 이에 그치지 않는다. 있는 것을 팔아 가난한 사람에게 준 다음에는 다시 와서 예수를 따르라고 요청한다. 소유를 떠나 사랑의 봉사를 한 뒤에도 예수와 같은 사명에 동참하라는 뜻이다. 참다운 신앙의 결실은 바로 여기에 있다. 신앙의 체험을 한 사람은 다 같은 인생관을 가지는 법이다. 그것은 하느님의 뜻을 깨닫게 되면 무엇인가 내 생명보다 더 고귀한 것이 있고, 우리는 그것을 위해 살아야 한다는 사명의식이다. 어린 소년이 신앙을 깨달을 때도 그 생각은 가지게 마련이며, 철학자가 신앙을 얻게 될 때도 그런 인생관에는 변화가 없다. 내 생명보다도 고귀한 무엇을 위해 내 생애를 바쳐야 한다는 사명의식이다. 그래서 신앙은 사명인 것이다. 그 사명의 초대가 나를 따르라는 교훈으로 표현된 것이다. 참다운 신앙이 계속적인 순교자를 배출한 이유도 여기에 있다. 지금 예루살렘으로 가고 있는 예수는 바로 그런 뜻을 가르치면서 그 뜻을 실천하고 있는 것이다.

예수의 일행은 갈릴리 지방을 거쳐 요단 강 동쪽을 따라 여리고 성으로 향하고 있었다. 많은 사람들이 앞뒤로 행렬을 이루어 예루살렘으로 가는 길은 마치 민족의 대이동과 비슷한 상황이었다. 그 당시 이스라엘 사람들은 일 년에 한 번씩 맞는 유월절이 되면 온 가족이 예루살렘에 올라가 제사를 드리는 것이 연례 행사와 같이 되어 있었기 때문이다.

길을 가는 도중에도 몇 가지 일이 벌어졌다. 예수는 자신의 죽음과 부활을 세 번째로 예고하여 제자들의 자각을 촉구했다. 그러나 그와는 대조적으로 제자들은 이제 예루살렘에 올라가 구약에 약속된 새로운 나라가 건설되면 누가 더 높은 자리에 오를 것이냐를 토론하기도 했다. 「누가복음」에 따르면, 상경하는 도중에 예수는 몇 가지 더 귀한 교훈을 남겨 주었다.

여리고 입성을 전후하여 공관복음이 다 같이 남긴 기록이 있다. 그것은 나면서부터 맹인이 된 사람이 예수의 치료를 받아 낫게 되었다는 사실이다.

여리고는 유다 지방에서는 큰 도시 가운데 하나였다. 그리고 예루살렘보다도 오래된 교통의 요충지였다. 중동 지방 일대에서 가장 긴 역사를 가진 문물의 교류지였다. 이 성에 예수 일행이 도달했을 때에는 많은 군중들이 모여들고 있었다. 예수 주변에는 열두 제자가 옹위하고 있었고, 그 제자들 주위에는 평소부터 예수를 따르던 사람들이 운집해 있었다. 자연히 예수의 일행은 많은 사람들 속을 천천히 행진해야 했다.

바로 그 즈음이었다. 어떤 장년이 큰 소리를 지르면서 군중 속을 헤치고 예수가 있는 쪽으로 다가오고 있었다. 그는 나면서부터 앞을 보지 못하는 맹인이었다. 「마가복음」에는 그의 이름을 디매오의 아들 바디매오라고 기록하고 있다. 그것은, 이 맹인이었던 사람이 그 후 초대교회에서 알려진 사람 중의 하나임을 암시해 준다.

이 맹인은 사람들의 이야기를 듣고 군중 가운데로 지나가고 있는 사람이 나사렛 예수라는 사실을 알았다. 그리고는 큰 목소리로, "다윗의 자손이여, 나를 불쌍히 여겨 주십시오."라고 소리를 질렀다. 그 목소리가 너무 크고 시끄러웠기 때문에 제자들은 조용히 하라고 그를 꾸짖었다. 그러나 제자들의 꾸중을 들은 맹인은 더 큰 소리를 질렀다. 그 소리가 예수에게까지 들려 왔다.

예수는 걸음을 멈추고 그 사람을 가까이 데려오라고 말했다. 소식을 전해들은 맹인은 웃옷을 벗어 던진 채 예수에게로 달려 갔다. 평생을 맹인으로 버림받으면서 살아 온 그의 모습은 짐작하고도 남음이 있다. 예수는 그에게, "네 소원이 무엇이냐?"라고 물었다. 그는 지체없이 "보게 해 주십시오."라고 애원했다. 예수는 그에게, "네 믿음이 너를 낫게 했다. 돌아가라."라고 위로해 주었다. 고침을 받은 맹인은 그 길로 예수의 뒤를 따라 예루살렘으로 갔을 것이다.

「요한복음」에는 예수의 치료를 받은 맹인 때문에 큰 물의가 일어났다는 장면이 있다. 예수의 능력 때문에 일어난 신앙적 권위의 소재 때문이었다.

이때 예수가, '네 믿음이 너를 낫게 했다'는 뜻은 무엇을 말하는 것일까. 그 맹인은 예수를 다윗의 자손이라고 불렀다. 그것은 메시아를 지칭한다. 그리스도를 말하는 것이다. 다시 말하면, 이 맹인은 예수를 그리스도로 믿었기 때문에 달려가 그에게 보게 해주기를 간청했던 것이다. 또 예수는 그 사실을 군중들 앞에서 숨기지 않고 입증해 주었다. 저 사람이 나를 그리스도로 믿고 왔기 때문에 그 믿음이 그를 보게 한 것이라고.

이 즈음의 예수의 태도는 초창기와 달랐던 점을 시사해 주고 있다. 앞으로 그의 생명이 2주일 정도밖에는 땅 위에 머물게 되어 있지 않았기 때문이었다.

「누가복음」에 의하면, 이 기간에 예수는 몇 가지 사실과 교훈을 추가한 것으로 되어 있다.

여리고 성에서는 삭개오를 만났고, 그의 집에서 하룻밤을 지낸 것으로 되어 있다. 부자와 나사로의 비유를 가르쳐 주기도 했고, 탕자의 이야기를 들려주기도 했다. 자유를 찾아 아버지의 품을 떠났던 둘째 아들과 정의를 강요하는 큰 아들 위에 사랑으로 자유와 정의를 완성시키는 아버지의 뜻을 포함한 교훈이었다. 어리석은 부자가 그날 밤에 영혼이 떠나게 될 죽음을 모르면서 소유에만 만족하는 우매함을 말해 주기도 했다. 깨어 있는 종이 되어 주인이 돌아옴을 성실하게 기다리라는 교훈을 주기도 했다.

그러나 우리는 여기에 열 므나의 비유만을 소개하기로 하자. 다른 복음서에 나오는 이야기를 종합해 보면 대략 다음과 같은 내용의 비유이다.

「누가복음」에 의하면, 예수는 여리고에 머물면서 삭개오의 집에 모인 사람들에게 이런 비유를 소개해 주었다.

어떤 귀인이 왕위를 얻기 위해 먼 길을 떠났다. 떠나면서 그는 종들을 불러 한 므나씩 주면서, 이 돈을 가지고 내가 돌아올 때까지 열심히 노력해서 소득을 늘릴 것을 부탁했다. 많은 곡절을 거친 뒤 주인은 왕위를 얻어 가지고 돌아왔다. 그는 종들을 불러 그동안 노력한 결과를 청산하려고 했다. 한 종이 주인 앞에 나와 "저는 최선의 노력을 다했으나 한 므나로 열 므나를 만들었을 뿐입니다."라고 말했다. 주인은 그 종에게 "착하고 성실한 종아, 네가 작은 일에 충성을 다했으므로 내가 네 능력에 따라 열 고을을 다스리는 책임을 맡기겠다."라고 칭찬해 주었다.

또 한 종이 나와 보고했다. "저는 정성을 다했으나 여기 다섯 므나밖에 더 늘리지 못했습니다."라며 송구스러운 표정으로 보고했다. 주인은 그에게도 똑같은 칭찬을 했다. "네가 작은 일에 최선을 다했기 때문에 네 능력에 맞는 다섯 고을을 다스리는 책임을 맡기겠다."

그런데 한 종이 주인에게 머리를 조아리며 아뢰었다. "주인님, 저는 주인님의 성격을 잘 알고 있습니다. 엄하신 분이어서 맡기지 않으신 것을 찾아 가시고, 뿌리지 않으신 것을 거두시기 때문에 두려웠습니다. 그래서 이 돈을 수건에 싸서 땅에 묻어 두었습니다. 이 본전을 받으시기 바랍니다."라고. 이 말을 들은 주인은 크게 노했다. 그래서 "악한 종아, 나는 네 입에서 나오는 말로 너를 심판하겠다. 내 성격을 잘 알았다면 차라리 그 돈을 예금해서 이자라도 받게 했어야 할 것이 아니냐. 이 종이 가진 한 므나를 빼앗아 열 므나를 가진 사람에게 주어라. 그리고 이 악한 종을 엄히 벌해야 할 것이다."라고 책망했다. 옆에 있던 사람이 "주인님, 그는 이미 열 므나를 가졌습니다."라고 대답했을 때 주인은 "내가 너희에게 말한다. 가진 사람은 더 받게 될 것이며, 가지지 못한 사람은 가진 것까지도 빼앗길 것이다."라고 덧붙였다.

예수는 이와 비슷한 뜻의 말을 여러 곳에서 하고 있다. 예루살렘으로 향하는 마지막 기간에 예수 자신의 위치와 제자 및 신도들의 책임을 다시 한 번 밝혀 준 비유의 이야기이다. 하늘나라는 손잡고 앉아서 기다리는 것이 아니라, 애쓰고 노력하는 사람에게 주어지는 것임을 강조했다.

그러나 여기에 인간적인 상대성과 더불어 종교적인 절대성의 뜻이 조화를 잘 만들고 있다. 한 종은 유능했기 때문에 한 므나로 열 므나를 만들었다. 그러나 다른 종은 능력이 그만 못하기 때문에 다섯 므나밖에 남기지 못했다. 그러나 주인의 두 종에 대한 칭찬과 태도는 똑같았다. 사람들은 일의 결과를 따져 그 사람의 차별을 가린다. 또 그렇게 되어야 하는 것이 세상이다. 그러나 주인은 최선을 다했는가 다하지 않았는가를 물었을 뿐이다. 오히려 열의 가능성을 가진 유능한 사람이 열의 결과가 아니고 일곱의 결과를 가져왔다면 주인은 반기지 않았을 것이다. 그러나 다섯의 능력을 가진 부족한 종이 다섯이 아니라 일곱의 결과를 가져왔다면 더 큰 칭찬을 하고 싶은 것이 주인의 심정이었을 것이다.

자녀들을 대하는 부모의 마음도 마찬가지이다. 우수한 아들이 70의 결과를 얻었고 부족한 아들이 같은 70의 결과를 가져왔다면 아버지는 누구를 더 칭찬하겠는가. 틀림없이 부족한 아들을 더 좋게 볼 것이다. 왜 그런 결과가 나타나는가. 모든 아들들의 개성과 능력을 사랑하기 때문이며, 아버지 앞에서 아들들이 받는 평가는 사랑의 평가이지 정의의 평가가 아니기 때문이다. 이것은 종교적 가치관의 척도가 법이나 윤리적 가치관의 잣대와 차원이 다름을 말해 주고 있다. 문제는 결과보다도 최선을 다하는 인생을 살았는가에 달려 있기 때문이다. 그래서 인간은 모두가 사랑의 하느님 앞에 서게 되는 것이다.

주인은 또 말했다. "가진 사람은 더 많이 받게 되고 가지지 못한 사람은 가졌던 것까지도 빼앗기게 된다."라고. 얼핏 들으면 불공평한 것 같이 들린다. 그러나 그것이 세상의 질서이며 원리인 것을 어떻게 하겠는가. 똑같은 두 사람이 있다고 하자. 노력하는 사람은 더 많은 일을 하기 때문에 더 큰 결과를 얻으나, 게으른 사람은 지녔던 능력까지 잃어 더 무능한 사람이 된다는 사실을 우리는 잘 알고 있다. 그래서 일을 하는 사람은 더 많은 일을 하게 되나 게으르거나 현상을 유지하려는 사람은 할 수 있는 일도 빼앗겨 버리고 만다. 그것은 우리 모두가 겪는 삶의 지혜이다. 노력하는 자가 더 큰 것을 차지하게 될 뿐이다. 불교에서도 지옥에 빠질 사람은 게으른 사람과 지혜가 부족한 사람이라고 말한다.

크리스천이 된다는 것은 모든 일에 최선을 다하는 사람이 되는 것이다. 게으른 크리스천이라는 말은 둥근 사각형을 생각하는 것만큼이나 이치에 맞지 않는 관념이다. 예수는 우리가 최선의 노력과 최상의 인생을 살기를 원하고 있다. 그것이 하늘나라의 시민 자격인 것이다.

10

예수의 마지막 주간

여리고를 떠난 예수의 일행은 산길을 굽이 돌아 예루살렘으로 향하고 있었다. 여리고는 해면보다 깊은 계곡에 있는 도시이기 때문에 예루살렘으로 가는 길은 경사진 산길이었다. 예수는 과거에도 여러 차례이 산길을 걸은 적이 있었다. 이스라엘 사람들은 일 년에 한 번씩은 유월절마다 예루살렘을 찾는 것이 연례 행사로 되어 있다. 그러나 이번의 예루살렘행은 마지막 길이 되는 것이다. 그 사실을 예수는 누구보다도 잘 알고 있었으며, 또 세 차례나 그 뜻을 제자들에게 예고한 바도있었다. 그러나 제자들은 예수의 죽음보다는 새로운 나라의 건설이 어떻게 이루어지는가에 더 큰 기대를 모으고 있었다. 그것이 자신들의장래를 결정짓는 계시가 되는 것으로 믿고 있었기 때문이다.

그 날 아침도 날씨는 맑았다. 3월 말과 4월 초는 이 지방에서 가장 살기 좋은 계절이다. 심한 더위도 자취를 감추고 하루해가 길게 느껴지는, 도보 여행으로는 가장 적절한 계절이기도 하다. 만일 비행기를 타고 그 날의 광경을 내려다보는 사람이 있다면, 여리고에서 예루살렘까지의 산등성이를 굽이도는 길 위로 남녀노소 할 것 없이 떼를 지어 예루살렘으로 향하는 수많은 사람들을 볼 수 있을 것이다. 그것은 마치 한민족의 대이동 행렬 같은 분위기를 자아내고 있었을 것임에 틀림이 없다.

이른 아침에 삭개오의 집을 떠난 예수의 일행 주변에는 더 많은 사람들이 모여 있었을 것이다. 직접적, 간접적인 제자들이 예수의 앞뒤를 옹호하고 있었을 것이며, 예수를 뒤늦게나마 보고 싶었던 사람들이 그 기회를 노리고 있었음도 틀림이 없다.

이때 예수의 심정은 어떠했을까. 우리는 그가 고뇌와 슬픔에 잠겨 있었으리라고는 생각지 않는다. 북방을 여행할 즈음 예수의 선택은 끝나 있었고, 변화산 사건이 있은 뒤로는 이미 예수의 인간적 종말은 결정되어 있었기 때문이다. 오히려 예수는 감격과 사명을 지닌 순교자로서의 희망을 안고 있었을 것 같다. 햇볕은 따가웠으나 예수는 계속 제자들과 이야기를 나누면서 일행 중에 끼어 종교의 수도인 예루살렘, 신앙의 중심지로 여겨지고 있던 성전을 향해 발걸음을 옮겼을 것이다.

예수의 일행이 산등성이에 있는 베다니, 벳바게 마을에 도달했을 때는 이미 늦은 오후였다. 이제부터는 예루살렘 성을 향해 내리막길을 택하면 된다. 많은 사람들이 그렇게 하듯이 예수의 일행도 여기까지 와서는 잠시 휴식을 취하기로 했다. 이 지역 사람들은 계곡 지대보다는 높은 지역에 주택지를 만들었는데, 예루살렘은 낮은 산으로 둘러싸인 바위 도성에 해당하는 곳이었다. 베다니 마을이 오히려 예루살렘으로 들어가는 언덕길에 해당하는 셈이다.

잠시 휴식을 취한 예수는 두 제자를 불러, 저 맞은편 마을에 가면 어린 나귀가 뜰에 매어 있을 테니 이리로 끌고 오라고 말했다. 누가 왜 그러느냐고 묻거든 우리 선생님이 쓰시려 한다고 대답하면 될 것이라고 일러 주었다. 두 제자는 예수의 지시대로, 아직 사람이 타본 적이 없는 어린 나귀를 끌고왔다. 그동안에 예수의 주변에는 더 많은 군중이 모여들었다. 예루살렘 입성을 앞두고 먼 경사진 길을 올라왔기 때문에 휴식을 취하고 싶기도 했으나 예수의 일행과 합류하고 싶은 마음이 일반적이었다. 예수에 관한 이야기를 듣지 못한 갈릴리 사람은 없었고, 그 예수가 베다니 마을에 왔다는 사실을 전해 들었기 때문이다.

왜 예수는 어린 나귀를 타고 입성하기를 원했는가. 구약에서 예언자들의 입을 빌려,

시온의 딸에게 고하라.
보라. 네 임금이 네게 오신다.
그는 온유하셔서 나귀를 타셨으니
어린 나귀, 곧 멍에 메는 짐승의 새끼로다.

라고 메시아의 오심을 약속해 주었기 때문이다. 그러나 그 뜻을 이해하는 사람은 적었다. 「요한복음」에 따르면, 제자들도 예수가 세상을 떠

난 후에야 그것을 깨달았다고 말하고 있다. 그렇지만 이상한 일이 아닌가. 이름 없는 군중들은 마치 예언자들의 가르침을 믿기라도 한 듯이 예수를 임금과 같이 맞았던 것이다.

제자들은 웃옷을 벗어 어린 나귀의 잔등에 깔아 주었고, 다른 제자들과 사람들은 옷과 나뭇가지를 예수가 가는 길 앞에 깔아 주었다. 그러면서 다음과 같은 노래를 불렀다.

호산나 다윗의 자손이여,
주의 이름으로 오시는 이에게 복이 있으라.
호산나, 지극히 높은 곳에 계신 하느님이시여!

나귀를 탄 예수의 행렬은 지극히 조촐한 것이었다. 그러나 그것은 장차 벌어질 정신적 왕국의 출발이었다. 예수는 그 사실을 자인하고 있었으며, 소박한 신앙을 가진 군중들도 같은 마음에서 찬양을 부르게 되었던 것이다. 그것은 마치 하느님께서 남모르게 이끌어 주는 임금의 행차와도 같은 것이었다. 예수의 사랑을 받은 많은 갈릴리 사람들이 이에 열성적으로 호응했음에 틀림이 없다.

이 사태를 지켜보던 바리새파의 몇 사람이 예수에게 "선생님, 선생님의 제자들을 꾸짖으십시오."라고 했을 때 예수는 오히려 "내가 너희에게 말한다. 사람들이 잠잠하면 돌들이 소리지를 것이다."라고 말해, 하늘나라를 위한 행진이 떳떳함을 암시해 주었다. 예수의 일행이 예루살렘에 도달했을 때는 먼저 성 안에 와 있던 사람들까지 합세하여 큰 혼잡을 이루게 되었다. 그것은 마치 새로운 임금의 입성을 환영하는 분위기와도 같았다. 예수에게 있어서도 일생 중 가장 즐거운 하루가 아니었을까.

예수는 성전 문 밖에서 나귀에서 내려 성전 안에 들어가 주위를 살핀 뒤 저물게 다시 예루살렘을 떠나 벳바게와 베다니가 있는 곳으로 돌아왔다. 베다니에는 마르다와 마리아가 사는 집도 있었다.

이 날은 4월을 맞는 첫 일요일, 그 당시로서는 안식일 다음날의 일이었다.

이렇게 해서 예수의 마지막 주간이 시작되었다.

다음 날인 월요일 아침 늦게 예수의 일행은 베다니를 떠나 예루살렘 성전을 향했다. 예루살렘과 성전은 여전히 붐비고 있었다. 모두 자신의 일과 유월절 맞이에 바빴던 것이다.

예수는 그 날따라 시장기를 느꼈다. 무엇인가 좀 요기를 하고 싶은 생각이 들었다. 그런데 마침 앞 길가에 잎사귀가 무성한 무화과나무가 보였다. 이스라엘에서는 길을 가던 사람이 길가의 무화과를 따 먹는 것은 허용된 일이었다. 예수도 생각 없이 무화과나 얻어먹을 수 있을까 하여 그 나무 밑까지 갔다. 그러나 헛수고였다. 잎사귀만 무성했을 뿐 열매는 보이지 않았다. 아직 무화과를 따 먹을 계절이 아니었던 것이다.

실망한 예수는 생각의 방향을 다른 곳으로 옮겼다. 무화과는 이스라엘을 상징하는 나무이다. 열매 없이 잎사귀만 무성하게 자란 무화과나무가 꼭 종교적 치례와 행사에만 열중하고 있는 당시 종교 국가인 이스라엘과 같이 느껴졌다. 그래서 제자들이 보는 앞에서 그 나무를 저주해 버렸다. "이제부터는 영원히 네게서 열매를 따 먹을 사람이 없을 것이다."라고.

이것은 지각이 없는 무화과나무를 증오해서가 아니었다. 갈급한 심정을 안고 하느님의 은총과 사랑을 사모하는 백성들에게 아무것도 베풀지 못하는 당시의 지배자들과, 하느님의 법도에서 벗어난 이스라엘 국가에 대한 분노였던 것이다. 다른 복음서를 보면, 예수는 예루살렘과 성전을 보고 통분히 여겨 울었다고 기록하고 있다.

「마가복음」에 의하면, 다음 날 아침 예수의 제자들은 그 무화과나무가 말라 죽은 것을 발견했다. 그리고는 모두가 놀랐다. 그러나 제자들은 예수가 저주한 종교와 사회악은 몰랐기 때문에, 말 한 마디로 무화과나무가 말라 죽었다는 놀라운 자연적 변화에 생각을 모을 뿐이었다. 그래서 "선생님, 어쩌면 말씀 한 마디로 이렇게 싱싱했던 무화과나무가 마를 수 있습니까?"라고 감탄해서 물었다. 그러나 예수는 그들을 탓하지 않았다. 누구나 확고부동한 믿음을 가지고 기도하는 사람은 모든 것을 얻게 되고 더 큰일도 할 수 있다고 가르쳤다.

키에르케고르의 말대로, 데카르트는 '나는 생각한다. 그러므로 나는 있다.'라고 말했으나 기독교는 언제나 '믿으라, 네가 믿는 대로 이루어질 것이다.'라고 가르친다.

이 일이 있은 뒤, 이스라엘과 구약의 율법 종교는 그 무화과나무와 같이 생명을 다하고 만 것이다.

　그 날, 즉 월요일 오후, 예수의 일행은 예루살렘 성전 안으로 들어섰다. 거기에는 눈살을 찌푸리게 하는 일들이 부끄러움도 모르는 채 벌어지고 있었다.

　그 당시 이스라엘 사람들은 두 가지 종류의 돈을 사용하고 있었다. 일상생활을 하는 동안에는 (로마의 정치 밑에 있었기 때문에) 로마의 화폐를 사용했다. 그러나 예루살렘 성전에 와서 헌금할 때는 로마 돈을 바칠 수 없다고 생각해서 이스라엘 돈으로 바꾸어 가지고 헌금을 하는 것이었다. 성전에서는 가능한 한 성스러운 뜻을 지키고 싶었던 것이다. 환전의 필요성을 알아차린 대제사장과 제사장들, 그리고 종교적 수입으로 생계를 늘려가던 지도층 사람들은 백성들의 신앙심을 돕는다는 명목으로 성전 안에 환전소를 차려 놓았다. 그리고는 수수료에서 막대한 수입을 올리곤 했다. 말하자면 종교적 신앙심을 이용한 상술이었던 것이다.

　거기에서 그치지 않았다. 전국에서 모여든 이스라엘 사람들은 성전에 와서 양이나 비둘기 등을 잡아 제사를 드리곤 했다. 재산이 있는 사람들은 양을, 가난한 사람들은 비둘기를 잡아 불사르는 제사인 것이다. 그렇다고 해서 사람들마다 양과 비둘기를 먼 지역에서부터 구해 가지고 올 수는 없었다. 돈을 준비해 가지고 와서 양과 비둘기를 사서 제사를 드리곤 했다. 종교적 실권자들은 또 그 틈을 노렸다. 유월절만 되면 많은 양과 비둘기를 준비해 두었다가 제사를 드리는 백성들에게 팔아 이득을 본 것이다. 물론 제사장이나 종교적 공직자들이 직접 판매를 하는 것은 아니었다. 그러나 사람들을 시켜 장사를 하고 있는 것만은 사실이었다.

예수가 성전에 들어갔을 때, 언제나 마찬가지로 이런 상황이 벌어지고 있었다. 환전을 하는 수수료는 어느 정도 고정되어 있었을지 모른다. 그러나 양과 비둘기는 될 수 있으면 비싼 값으로 팔려고 했음에 틀림없다. 또 그 일을 눈에 띄지 않게 살피며 독려하는 사람들도 그 속에 끼어 주변을 둘러보고 있었다.

이 사실을 본 예수는 매우 분노했다. 「요한복음」에 따르면 채찍 끝에 노끈을 매어 가지고, 참을 수 없는 울분을 숨기지 못한 채 돈 바꾸는 책상을 뒤집어엎고 짐승들을 내몰았다. 비둘기들은 하늘로 날려 보냈다. 그리고는 물건을 가지고 성전 안을 드나드는 행위를 일체 금지시켰다. 무리들이 모두 놀라 어쩔 줄을 모르고 있을 때 예수는 "성경에 '내 집은 만민이 기도하는 집으로 부를 것이다.'라고 기록되어 있는데, 너희는 성전을 강도의 소굴로 만든 것이 아니냐."라고 꾸짖었다. 생각이 있는 많은 사람들은 예수의 책망을 지당한 것으로 받아들였다. 직접 장사를 하고 있던 사람들은 어리둥절했다. 그런 일이 한 번도 없었기 때문이다. 그러면서 그들은 이 일을 시켰던 윗사람들을 살펴보았다. 저들이 어떻게 처리해 주겠지, 하는 표정들이었다. 난처해진 대제사장들과 율법 학자들은 더욱 당황했다. 그 일을 옳게 여기는 무리들이 두렵기도 했고, 후원을 청하는 부하들의 사기를 방관할 수도 없는 곤란한 입장에 처하게 된 것이다. 그러나 그들은 하늘의 새도 떨어뜨리는 권한을 가지고 있던 터였다. 그래서 저 예수를 죽여 없애는 방도를 강구하기로 마음먹었다. 작은 피해를 입은 대가로 결정적인 큰 보복을 해야겠다고 다짐한 것이다.

「요한복음」에 의하면, 그중의 몇 유대 사람들이 예수에게 "당신이 이런 놀라운 일을 하는데 무슨 표징을 우리에게 보여줄 수 있느냐?"라고 물었다. 예수는 엄숙히, "이 성전을 허물라. 그러면 내가 사흘 만에 다시 세우겠다."라고 대답했다. 그것은 당신의 육체적 죽음을 상징한 뜻이었다. 사흘 후에 다시 부활할 것임을 가리키는 것이었다. 그러나 질문을 한 사람들은 그 뜻을 몰랐다. 이 성전은 나라의 돈을 들여 46년 동안 지은 것인데, 어떻게 사흘 만에 세우겠다고 말하는가. 그들에게는 예수가 비정상적인 사람으로 보였을지도 모른다.

이런 일이 있은 다음, 예수는 다시 베다니 마을로 돌아갔다. 베다니 마을은 성전에서 약간 먼 산책길에 해당할 정도로 가까운 거리였기 때문이며, 예루살렘 성 안에는 제자들과 더불어 식객이 될 만한 마음 편한 장소가 달리 없었던 것 같다. 또 될 수 있으면 예수를 해치려는 사람들의 소굴인 예루살렘 성 안에 머물고 싶지 않았을 것이다.

11

화요일에 있었던 일들

예수가 이 세상에 머무르는 동안 가장 많은 교훈을 남겨준 것은 세상을 떠나기 3일 전 화요일이었다. 어쩌면 예수는 죽기 전에 정성을 쏟아 최후의 봉사를 했을지도 모른다. 공관복음의 내용도 거의 비슷하며, 가장 많은 면을 할애해 주고 있다. 세 제자가 다 그 날의 사건들을 조심스럽게 다루고 있다. 우리는 전례에 따라 「마가복음」을 중심으로 그 날의 교훈들을 서술해 보기로 하자.

화요일 아침, 예수의 일행은 성전 뜰 안을 거닐고 있었다. 유월절을 3일 남겨 둔 예루살렘 시내와 성전은 많은 사람들로 붐비고 있었다. 예수에 관한 이야기는 어디에서나 들려 왔다. 물론 대화 내용은 모두가 달랐다. 그러나 뚜렷한 두 가지 흐름은 있었다. 예수를 제거하려는 종교적 집권층 사람들과 예수에 대해 기대를 가지고 있는 소박한 대중은 언제나 대조적이었다.

이때 민중의 동태를 살피고 있던 대제사장, 율법학자, 지도자로 자처하는 장로들이 예수 앞에 나타나 질문을 던졌다.

"당신은 대체 무슨 권위를 가지고 이런 일을 하시오? 누가 이런 일을 할 수 있는 권위를 당신에게 주었소?"라고. 이 질문 속에는 예수의 능력 있는 행적과 많은 백성들이 따를 수 있는 교훈을 준 것과 아울러 종교적 집권층에 대한 도전의 근거가 들어있었다. 종교적 권위는 신앙의 배후와 주권자가 누구이냐는 질문인 것이다.

예수는 내 권위는 너희가 믿고 있는 하느님으로부터 온 것이라고 대답하고 싶었으며 또 그렇게 대답하는 것이 좋았을 것이다. 그러나 아직은 때가 일렀기 때문에, "그렇다면 나도 당신들에게 한 가지 묻고 싶다. 거기에 대답을 하면 나도 당신들의 질문에 대답을 하겠다. 요한의 세례가 하느님에게서 난 것이냐 사람에게서 난 것이냐 대답하라."라고 물었다.

질문자들은 난처해졌다. 만일 하느님에게서 난 것이라고 하면 어째서 그를 믿지 않았느냐고 반문할 것이다. 그렇다고 사람에게서 난 것이라고 하면 군중이 모두 믿고 있는 세례자 요한을 거부하는 결과가 된다. 그들은 군중의 신앙을 두려워했기 때문에 할 수 없이 "모르겠소."라고 대답해 버렸다. 그들의 심중을 아니꼽게 본 예수는, "그렇다면 나도 무슨 권위를 가지고 이런 일을 하는지 너희에게 말하지 않겠다."고 대답했다. 물론 그것은 요한과 마찬가지로 나도 하느님의 권위를 가지고 일하고 있다는 뜻을 군중들에게 천명하는 내용이었다. 그리고는 그 뜻을 군중들에게 확인하기 위하여 다음과 같은 비유를 이야기해 주었다.

어떤 사람이 포도원을 만들고 모든 시설을 다 갖춘 뒤 농부들에게 세를 주고 먼 길을 떠났다. 포도를 따는 계절이 되었을 때 주인은 한 종을 농부들에게 보냈다. 소출 가운데서 얼마의 세를 받아야 했기 때문이다. 그런데 주인의 포도원 수입으로 살고 있는 농부들이 그 종을 잡아 때리고 빈손으로 돌려보냈다. 주인은 다시 다른 종을 농부들에게 보냈다. 그랬더니 농부들은 그 종의 머리를 때리며 모욕했다. 할 수 없이 주인은 다른 종을 또 보냈다. 차츰 더 포악해진 농부들은 이번에는 그 종을 죽여 버렸다. 그 뒤에도 몇몇 종을 보냈으나 더러는 구타하고 더러는 죽였다.

생각다 못해 주인은 할 수 없이 하나밖에 없는 아들을 농부들에게 보내기로 했다. '그들이 내 아들이야 존경하겠지!'하는 마음에서였다. 그러나 농부들의 생각을 달랐다. 그들은 '이 사람은 상속자다. 자, 죽여 버리자. 그러면 그 유산이 우리의 것이 될 것이다.'라고 모의한 뒤 아들을 죽여 포도원 밖으로 내던졌다.

그러면 주인은 농부들을 어떻게 하겠는가. 와서 농부들을 죽이고 포도원은 다른 사람에게 맡길 것이다. 그래서 구약에도,

집 짓는 자의 버린 돌이
모퉁이의 머릿돌이 되었다.
이것은 주께서 하시는 일이오
우리 눈에 놀라운 일이다.

라고 기록되어 있지 않은가 하고 반문했다.

예수의 말을 들은 군중들은 그 아들에 해당하는 이가 예수임을 알게 되었고, 예수를 제거하려는 무리들은 그 농부가 자신들임을 깨달았기 때문에 당장에라도 예수를 해치고 싶었다. 그러나 모여든 군중들 때문에 어쩔 수 없이 되돌아갔다. 그들은 이 유월절이 지나기 전에 예수를 처치해야겠다는 생각을 더욱 굳혔다.

그러나 우리는 이 장면을 통해 무엇인가 엄숙한 교훈을 얻게 된다. 이스라엘 사람들은 이집트에서 고국으로 돌아올 때 40년의 세월이 걸렸다. 4개월이면 도달할 수 있는 여정이었으나 민족적인 범죄 때문에 그렇게 긴 세월이 걸린 것이다. 그 뒤에도 하느님은 이스라엘을 위해 많은 예언자들과 선지자들을 보냈다. 그러나 이스라엘의 잘못된 지도자들은 그들을 모욕하거나 추방했으며, 때로는 하느님의 사자들을 죽였다.

그렇게 긴 역사가 흐르는 동안 민족은 불행해졌고, 국가의 운명은 비극의 역사를 가속화시켜 오늘에 이른 것이다. 말라기 선지자가 자취를 감춘 후 이스라엘은 오랫동안 정신적 지도자를 잃었다. 그러다가 세례자 요한이 나타났다. 그러나 완고한 백성은 요한을 정치적 희롱의 제물로 삼았다. 정의의 사자는 권력에 희롱 당하고 자취를 감추어야 했다. 이제 하느님은 하나밖에 없는 아들인 예수를 보냈다. 이스라엘의 지도자들은 그 예수마저 죽이려고 계획하고 있는 것이다. 이제 이 민족이 겪어야 하는 비극의 역사는 누가 책임을 져야 하는가. 그 사실을 예수는 가슴 아프게 무리들에게 예고해 주고 있었다. 무화과나무가 마른 것이나 성전을 깨끗하게 한 모든 일들이 이와 통하는 역사적 의미를 가지는 것이다.

그러나 이 역사는 어찌 이스라엘에 국한된 것인가. 사회 정의와 역사의 희망을 안겨 주는 선각자들을 배제하고 일부 특수층의 권리나 이익을 옹호하기 위해 민족의 장래와 국가의 앞날을 그르치는 지배층 사람들은 어디에나 있는 법이다. 그리고 교회와 종교 내부에도 마찬가지로 현상은 가시지 않고 있다. 슬픈 일이 아닐 수 없다.

예수를 모해하려는 책략은 계속해서 일어나고 있었다.

이런 일이 있은 직후, 이스라엘의 실권자들은 계획했던 대로 서로 반대 세력에 속해 있는 대표자들을 예수에게 보냈다. 바리새파를 대표하는 사람과 헤롯당을 이끌고 있는 사람들이었다. 전자는 이스라엘의 전통적인 종교를 신봉하면서 이스라엘의 독립을 표방하는 사람들이었고, 후자는 친親로마 정당에 속해 있어 이스라엘의 실권을 로마로 넘기려는 정치 단체의 인물들이었다. 그들이 함께 예수에게 나타났다는 것은 심상치 않은 징조였다. 또 그들이 자리를 같이하게 된 것은 배후 양쪽 실력자들이 공모해서 예수를 제거하려는 음모 하에 이루어진 것이 었다.

그들은 예수가 민중들에게 가르치고 있는 좋은 기회를 타서 보라는 듯이 예수에게 질문을 던졌다. 많은 청중은 그들의 질문에 조용히 귀를 기울이는 분위기가 되었다. 두 계통의 사람들이 나타났다는 사실도 그랬거니와 그들의 근엄을 가장한 모습이 그런 분위기를 잘 만들어 주기도 했다.

그들은 예수에게 "선생님, 우리는 당신이 진실하시고 아무도 꺼리지 않으시는 줄 압니다. 당신은 사람을 겉모양으로 판단하시지 않고 하느님이 원하시는 생명의 도를 진실대로 가르치십니다."라는 서두를 늘어놓았다. 무리들의 관심도 끌고 예수의 책임 있는 대답을 은근히 강요하는 것이었다. 그들은 예수에게 "그렇다면 가이사에게 세금을 바치는 것이 옳습니까, 옳지 않습니까? 바쳐야 합니까, 바치지 말아야 합니까?"라고 목소리를 높여 질문했다. 모든 사람들이 그 질문을 들어야 했기 때문이다.

이들의 그러한 질문에는 피할 수 없는 덫이 놓여 있었다. 만일 예수가, '우리는 로마의 통치 밑에 있으니 세금은 바쳐야 할 것이다.'라고 대답한다면 헤롯당 사람들은 자취를 감추고 바리새파 사람들이 나타나, '결국 이 사람은 하느님의 뜻을 이어 가려는 민족을 로마 제국에 팔아먹으려는 반역자에 불과하다.'고 정죄할 것이다. 심하게 되면 그런 발언을 성전 안에서 했다고 하여 성전 밖으로 끌고 나가 종교 재판에 회부 한 뒤 돌로 쳐 죽이는 형벌을 가할 수도 있는 것이었다. 그렇게 처형을 당한 사람은 과거에도 있었으나, 얼마 후에 스데반이 바로 바울의 증거와 더불어 처형당해 돌무덤에 즉석에서 묻힌 일이 있었을 정도였다.

만일 예수가, '우리는 이스라엘의 민족적 책임이 있기 때문에 가이사에게 세금을 바쳐서는 안 된다.'라고 대답한다면 이번에는 바리새파 사람들은 뒤로 물러서고 헤롯당 사람들이 대들어 예수를 이끌고 로마의 집권자에게 데려갈 것이다. 로마 제국에 반역하는 사람을 그대로 둘 수 없기 때문이다. 그것도 성전 뜰 안에서의 선동이 아니겠는가.

두 파 사람들은 군중들 앞에서 예수를 추어올린 뒤 두 차례씩이나 거듭되는 질문을 던진 다음, 의기양양하게 예수의 대답을 기다리는 것이었다.

모든 사태를 충분히 알아차린 예수는 오히려 서글픈 생각이 들었다. 그들의 악의 올무가 너무나 가엾었기 때문이다. 얼마의 시간이 지난 뒤에 예수는 조용히 입을 열었다. "너희들은 무엇 때문에 나를 얽으려 드느냐. 데나리온 하나를 가져다 보여 달라."

데나리온을 받아 든 예수는 "이것이 누구의 초상이고, 누구의 기호이냐?"라고 물었다. 그들이 대답했다. "그것은 가이사의 것입니다."

그 말을 들은 예수는, "그러면 가이사의 것은 가이사에게 돌리고, 하느님의 것은 하느님께 돌리면 되지 않느냐."라고 가르쳤다. 지혜 넘치는 대답을 들은 무리들은 감탄했고, 질문자들은 의아심을 품으면서 군중으로부터 떠나갔다. 모욕에 대한 복수를 다짐하면서.

역사는 침묵을 지킨다. 그러나 역사는 공정한 심판을 내린다.

이 일이 있은 사흘 뒤, 대제사장 가야바와 로마의 총독 빌라도는 가이사의 것과 하느님의 것을 가리지 못하는 재판 판결을 내렸다. 그때문에 인류의 역사가 계속되는 동안 그 오명을 천추에 남겨야 했다. 빌라도의 배후를 만들었던 가이사의 것, 즉 로마의 권력은 조용한 예수의 말씀에 점령당해 수천 년의 세월이 흐르는 심판을 받아야 했다.

이러한 선택과 심판은 지금도 계속되고 있다. 가이사의 것과 하느님의 것은 우리들의 사회 속에서 공존은 하나 동질적인 하나가 되기는 어렵기 때문이다.

초대 교회 때 많은 순교자들이 나온 것은 하느님의 것을 가이사에게 맡길 수는 없었기 때문이었다. 그러나 가룟 유다가 그 처음 사람이었듯이, 하느님의 것을 가이사에게 팔아 넘긴 사람들도 언제나 있었다. 지금 우리 주변에도 있는가 하면, 우리들 자신이 그런 과오를 범하는 때도 없지 않다.

그렇다고 해서 가이사의 것과 하느님의 것이 언제나 모순을 일으키거나 대립적인 위치를 지속해야 하는 것도 아니다. 국민의 한 사람으로 머물면서 신앙인이 되어야 하며, 기독교인이 정치에 참여하는 일은 성스러운 의무이기도 하다. 이때 조화와 협조는 언제나 아쉬워진다. 공산주의 사회에서는 아직도 가이사의 것과 하느님의 것이 상극적인 대립을 지속하고 있으나, 민주주의 사회에서는 오히려 양자의 협력과 조화가 요청되고 있는 것도 사실이다.

그렇다면 소망스러운 관계는 어떤 것이어야 하겠는가. 우리는 가이사의 것과 하느님의 것을 혼동하거나 무조건 합치시키려는 노력은 삼가야 한다. 그러나 하느님의 뜻이 세상 나라에서 실현될 수 있도록 노력하는 태도는 언제나 크리스천들이 소원하고 있는 것이다. 그렇다고 해서, 한때 중세기에 있어서와 같이 모든 왕권이 교회권에 복종하는 것 같은 주종 관계를 원하지는 않는다. 그것이 오히려 둘을 혼동하는 위험을 저지를 수도 있다. 하느님의 나라는 세상에 있으면서도 세상을 구원하는 책임이 있기 때문에, 세속화되는 과오를 범해서는 안 된다. 그렇다고 해서 세상 나라와 담을 쌓고 초연히 존립할 수 있는 것도 아니다. 우리가 바래야 하는 것은 하느님의 뜻이 세상 나라 속에 성취될 수 있도록 역사적 책임을 다하는 것이다.

어떤 사람들은, 정당한 수입의 10분의 1은 하느님의 뜻대로 가난한 사람들을 위해 쓰이는 경제 체제가 되어야 한다고 말한다. 또 어떤 사람들은, 우리들의 시간의 7분의 1은 안식의 축복에서 어긋나지 않게 바쳐져야 한다고 가르친다. 우리의 영혼과 생명은 마침내 하느님께 바쳐져야 구원의 길이 열린다고 말하는 이도 있다.

우리들의 신앙과 생각은 다 같을 수가 없다. 그러나 하느님의 뜻이 이 땅 위에서 이루어지기를 바라는 염원은 누구에게나 있어야 하며, 우리는 그 책임을 지지 않으면 안 된다.

이러한 긴박감을 주는 질문이 끝난 뒤였다. 이번에는 바리새파나 헤롯당과는 달리 현실주의자로 자처하면서 모나지 않게 처세하는 사두개파의 대표자들이 예수에게 나타났다. 그들은 이런 기회에, 항상 지니고 있던 문제의 해답도 얻을 겸 평소 자신들의 진보적인 신앙의 타당성도 인정받고 싶었다. 그들은 바리새파 사람들이 고수해 오는 신앙에 불만을 품고 있었다. 그 두드러진 것의 하나는 인간의 부활을 부인하는 교리였다.

그들은 질문을 꺼냈다.

"선생님도 아시는 바와 같이 모세는 우리에게, 형이 자녀가 없이 죽으면 그 동생이 형을 대신하여 형수에게서 자녀를 낳아 대를 이어 가도록 하라고 가르쳤습니다. 우리들 가운데 일곱 형제가 있습니다. 그런데 큰형이 자녀가 없이 죽었습니다. 그래서 둘째가 형의 아내를 취했으나 또 자녀를 낳지 못하고 죽었습니다. 그렇게 하여 일곱 형제가 다 큰형의 아내를 취했으나 자녀가 없이 죽었습니다. 후에는 그 여인도 죽었습니다. 만일 부활이 있다면, 다시 살아났을 때 그 여인은 일곱 형제 중 누구의 아내가 되는 것입니까?"

이것은 부활을 부정하는 그들의 주장을 정당화시키고 싶어서 만들어낸 이야기였다. 질문을 받은 예수는,

"너희는 잘못 생각하고 있다. 그것은 너희가 성경도 모르고 하느님의 권능도 모르기 때문이다. 사람이 죽은 자들 가운데서 살아날 때에는 장가도 시집도 가지 않고 하늘에 있는 천사들과 같이 되는 것이다. 죽은 자들이 살아난다는 데 대하여 너희는 모세의 책에서 가시나무떨기의 부분을 읽어 보지 못했느냐. 하느님께서 모세에게, '나는 아브라함의 하느님이요, 이삭의 하느님이요, 야곱의 하느님이다.'라고 말씀하시지 않았느냐. 하느님은 죽은 자의 하느님이 아니라 산 자의 하느님

이시다. 너희는 크게 잘못 생각하고 있다."

라고 대답해 주었다. 무리는 이 대답을 듣고 놀랐다고 기록되어 있다.

부활에 관한 관심은 예로부터 있었다. 구약에는 죽지 않고 승천한 사람의 기록이 있는가 하면, 하느님의 뜻이 머물면 죽은 자의 부활은 언제나 가능할 것으로 믿고 있었다. 특히 바리새파 사람들은 부활을 믿는다기보다는 그 교리를 주장해 왔다. 그렇기 때문에 종교적 관심을 가진 일반인들은 이 문제에 대한 해답을 얻고 싶었던 것이다. 지금 예수는 바로 그런 상황에서 질문을 받은 것이다.

여기에 예수는 몇 가지 암시를 주는 대답을 했다.

우선 부활을 부정하지는 않았다는 점이다. 자신의 부활을 예고했던 예수이며, 예수의 교리적 수제자라고 볼 수 있는 바울은 육체의 부활까지도 믿고 있었을 정도였다. 하느님의 전능성과 생명의 영원성을 믿고 가르친 것이 예수였기 때문이다. 그리고 부활은 인간적인 욕망이나 요청에서 가능한 것이 아니라, 하느님의 은총과 사랑의 사실임을 알려주고 싶었던 것이다.

그러나 예수는, 비록 부활이 가능하다고 해도 그것은 육체 본위의, 인간들이 생각하는 대로 시집가고 장가가는 식의 지상 생활의 연장이거나 물질 및 육체 생활을 위한 낮은 차원의 것이 아님을 가르쳐 주었다. 누에가 뽕을 뜯어 먹고 있을 때에는 이 다음에 나방이 되어 하늘을 날고 알을 낳아 또 새로운 생명의 세대가 이어질 것을 깨닫지 못한다. 인간이 부활을 통하여 영원한 삶에 참여할 수 있다면 그것은 현세와는 차원과 내용이 질적으로 다른 참다운 삶에 참여하는 길일 것이다. 시간의 차원이 아닌 영원의 차원일 것이며, 사망이 침범하지 못하는 참다운 삶의 가능성을 뜻하는 것이다.

예수는 아브라함의 하느님, 이삭의 하느님, 야곱의 하느님이라는 구약 전래의 교훈을 강조했다. 그것은 개인이나 시간적 삶을 초월한 영존성을 가리키는 뜻이다. 다시 말하면, 하느님 안에 죽음이 없기 때문에 누구든지 하느님의 생명에 동참하면 그것이 곧 부활인 동시에 영원한 삶이 되는 것이다. 인간의 육체는 죽음을 벗어날 수 없다. 그러나 하느님의 생명에 참여하면 부활과 더불어 영생에 머무르게 되는 것이 참다운 신앙의 길인 것이다.

어떤 때 예수는, "나는 부활이요 생명이니 나를 믿는 사람은 죽어도 살고, 살아서 믿는 사람은 영원히 죽지 않을 것이다."라고 말했다. 그것은 하느님과 예수는 동일한 생명의 실재이며, 그 생명에 믿음으로 참여하는 사람은 죽음의 올무에서 벗어나 무궁한 삶에 머무르게 된다는 뜻이다.

그러면 이런 일은 어떻게 가능한가. 한 인간이 죽음과 허무의 인생을 살며 종말과 무의미한 삶을 영위하다가 그리스도를 접하고 하느님을 깨달아 참된 삶을 받아들이게 되면 그는 허무했던 과거, 사망이 모든 것을 지배하는 지금까지의 삶에 종말을 고하고 참된 삶에 참여하게 된다. 그렇게 되면 그 사람은 자신 속에 정신적인 부활을 느끼게 되며 중생의 체험을 겪는다. 그 다음부터 그는 죽음을 모르는, 정신적으로는 죽음이 없는 인생을 그리스도와 함께 누리게 된다. 그러한 체험이 없는 사람들은 아무리 부활을 이야기하고 영생을 논한다고 해도 거기에 동참할 수 없는 법이다. 중요한 것은 이 생명의 체험인 것이다. 바울의 뜻을 빌린다면, 나는 그리스도와 더불어 십자가에 못 박혀 죽고 그리스도만이 내 안에 살아 있다는 고백과 통하는 신앙의 사실이다. 바로 예수가 우리에게 준 교훈이 그런 것이다.

이런 변론이 벌어지는 동안 오후가 되었다.

처음부터 군중 속에서 이런 대담들을 지켜보던 한 율법 학자가 사심 없는 정중성을 가지고 예수에게 나왔다. 그 당시의 율법 학자라면 지금의 신학자쯤에 해당할 것 같다. 그는 예수에게

"우리는 모세 때부터 계명을 지켜 오고 있습니다. 그러면 모든 계명 중에 가장 으뜸되는 계명은 어떤 것으로 보아야 하겠습니까?"

라고 물었다. 예수는

"첫째는, 우리 주 하느님은 오직 한 분인 주이시다. 네 마음을 다하고, 목숨을 다하고, 생각을 다하고, 힘을 다하여 주 너의 하느님을 사랑하라. 둘째는, 네 이웃을 네 몸과 같이 사랑하라. 이 두 계명보다 더 큰 계명은 없다."

라고 대답했다. 그 말을 들은 율법 학자는

"옳습니다. 그보다 더 큰 계명은 없을 것입니다. 하느님을 사랑하는 것이 모든 번제물과 희생 제물보다 훌륭합니다."

라고 찬의와 감격스러운 공감을 나타냈다. 예수는 그에게

"너는 하느님 나라에서 멀지 않다."

라고 위로의 말을 남겨 주었다.

이 율법 학자가 던진 질문과 같은 내용은 과거에도 여러 번 있었다. 이스라엘 사람들의 신앙은 율법과 계명에 있었고, 계명 중에 어느 것이 대표적인 것이냐는 물음은 누구나 가질 수 있는 것이었다.

그때마다 예수는 하느님에 대한 사랑과 이웃에 대한 사랑을 이야기했다. 이스라엘 사람들에 의하면, 하느님에 대한 사랑은 당연한 것이다. 그럼에도 불구하고 이웃에 대한 사랑을 예수는 더 강조하는 것 같았기 때문에 「누가복음」에는, 그러면 그 이웃이 누구냐고 묻기도 했다. 「요한복음」에는 예수가 오히려 이웃에 대한 사랑이 더 귀하다는 뜻을 여러 번 밝혀 준 기록이 있다. 심지어는

"이제 내가 새 계명을 너희에게 준다. 서로 사랑하라. 내가 너희를 사랑한 것처럼 너희도 서로 사랑하라. 너희가 서로 사랑하면 모든 사람이 그것으로 너희가 내 제자인 것을 알게 될 것이다."
라고도 말한다.

그것은 세상 떠나기 전의 교훈이었다.

예수의 뜻을 살펴보면, 초창기에는 구약의 말씀대로 하느님의 대한 사랑을 많이 말했으나, 중간기에는 하느님에 대한 사랑과 이웃에 대한 사랑을 같이 강조했다. 그러나 마지막에 이르러서는 이웃에 대한 사랑을 더 소중히 가르친 것이다. 그것은 구약에서 신약으로의 과정이기도 하며, 이스라엘의 민족 신앙을 인류의 신앙으로 발전시킨 혁명적 발전

이기도 하다.

물론 예수는 하느님에 대한 사랑을 소홀히 하라고는 말하지 않는다. 그러나 하느님에 대한 사랑은 실제에 있어 불가능함에도 불구하고 유대인들이 그것을 형식과 교리로 받아들이는 것을 시정해 주고 인간애로의 의무와 책임을 바꾸어 준 것이다.

하느님은 인간의 사랑이 필요할 정도로 부족한 존재가 아니다. 하느님의 뜻대로 인간을 사랑하는 길만이 가능한 것이다. 물은 낮은 곳으로 흘러내리게 마련이다. 그 물이 수증기가 되어 하늘로 올라갔다가 다시 비가 되어 내려오는 것이다. 사랑도 그렇다. 우리에게 주어진 책임은 이웃과 인간을 하느님의 뜻대로 사랑하는 일인 것이다. 예수는 바로 그 모범을 우리에게 보여 준 것이다.

여기까지 토론이 벌어졌기 때문에 그 다음부터는 예수에게 신학이나 신앙적 문제를 제기하는 사람은 더 나타나지 않았다. 책잡으려던 사람들은 다른 방법으로 예수를 해치는 길을 찾아야 했다. 더는 군중들 앞에서 망신을 살 필요가 없어졌다고 느꼈기 때문이다. 일찍부터 예수의 뒤를 따른 사람들은 예수에게 더 물을 것이 없었다. 이미 들어 온 예수의 교훈으로 충분했던 것이다. 그러나 이번에는 예수 자신이 질문을 통해 한 번 더 자신을 밝힐 필요가 있다고 생각했다. 예수는 거기에 모여 있는 바리새파 사람들에게, "우리의 모든 신앙은 결국 그리스도에게 귀착되는데, 너희는 그리스도를 어떻게 생각하느냐? 그가 누구의 자손이냐?"라고 물었다. 바리새파의 한 대표자는 서슴지 않고, "물론 다윗의 자손입니다."라고 대답했다. 예수는 다시 물었다.

"그러면 다윗 자신이 성령의 감동을 받아 그리스도를 주라고 부른 것은 어찌 된 일이냐.

주께서 내 주께 말씀하셨다.
내가 네 원수를 발 앞에 굴복시킬 때까지
너는 내 오른편에 앉아 있으라.

라고 한 말이 무엇을 뜻하는가. 다윗이 그리스도를 이미 옛날에 주라고 불렀다는 것은 그리스도가 정신적으로는 다윗의 후손이 아닐뿐더러 다윗보다 먼저 있었으며, 더 위대한 분이었음을 가리킨 것이 아니냐?"
라고 예수는 질문을 통해 자신을 밝혔다. 예수는 이스라엘 사람들이 가장 높이 받드는 다윗보다도 위대한 그리스도가 곧 자신임을 선포한 것이다. 그러나 이제는 누구도 예수에게 반기를 드는 사람이 없었다. 예수의 측근자들은 예수를 그리스도로 믿고 있었기 때문이다. 남은 문제는 그 그리스도가 장차, 아니 이 유월절에 무엇을 행하는가에 달려 있을 뿐이었다.

같은 화요일 오후에 예수는 두 가지 뜻을 더 남겼다. 율법 학자들을 책망한 것이 그 하나이다. 공관복음 전체가 이 사실을 기록에 남기고 있으며, 책망의 내용도 대단히 격렬한 것이었다. 그것은 이미 자기의 죽음을 각오한 터였고, 제자들로 하여금 다시는 제사장, 바리새파의 지도자, 특히 율법학자들과는 자리를 함께 할 필요가 없음을 밝혀 주는 태도이기도 했다. 여기에 율법 학자가 부각된 것은 그들이 백성들을 오도하는 교사 및 신학자의 위치를 대표하고 있었기 때문이다. 그들은 하느님의 뜻을 제멋대로 해석하며, 무거운 짐은 백성들에게 지우면서 자신들은 종교적 특권으로 안일을 누리는 사람들이었기 때문이다.

또 하나의 사실은 헌금에 대한 예수의 교훈이다. 그 당시 사람들은 성전 문 안에 놓인 헌금궤에 헌금을 하는 습관을 지키고 있었다. 많은 재산을 가진 사람들은 보라는 듯이 군중들 앞에서 거액의 돈을 헌금했다. 그것은 어디에나 있는 인간적 과시욕의 결과이다. 그런데 한 가난한 과부가 아주 적은 돈을 남몰래 헌금하는 것을 본 예수는 제자들을 불러 놓고,

"내가 진정으로 너희에게 말한다. 이 가난한 과부는 헌금궤에 돈을 넣은 사람들 가운데서 누구보다도 많이 넣었다. 모두 다 넉넉한 가운데서 넣었지만 이 여인은 구차한 중에서도 있는 것을 다 털어 넣었으니, 곧 자기의 생활비 전부를 넣은 것이다."
라며 과부의 뜻을 높여 주었다.

헌금 자체를 중요시하는 사람들은 오늘도 생활비 전체를 교회에 바치는 것을 가상스러운 것으로 말한다. 그러나 여러 가지를 종합해 보면, 이때 예수는 자기를 과시하려는 많은 헌금보다는 지성으로 바치는

적은 돈이 더 귀하게 평가되어야 한다는 뜻을 말했던 것이다. 마치 오늘도, 가난한 사람들이 불행을 겪고 있는 이웃을 위하는 마음이 더 간절하듯이.

12

화요일 저녁과 수요일의 사건

이렇게 많은 대화와 교훈을 주는 동안에 화요일이 저물어 갔다. 성전 뜰 안에 모여들었던 사람들도 줄어들기 시작했고, 예수도 열두 제자들과 서서히 성전 밖으로 발걸음을 옮기고 있었다. 제자들의 마음은 많은 교훈을 새기기에 무거운 심정이었고, 예수는 다가올 고통스러운 사명감에 발걸음이 무거워 지는 시간이었다.

그때 한 제자가 입을 열었다. 그 제자는 성전을 찾을 때마다 느끼는 감탄이었으나 동료들과 스승에게 공감을 구하는 듯한 목소리로, "선생님, 보십시오. 참으로 굉장한 돌이지요. 언제 보아도 훌륭한 건물입니다."라고 외쳤다.

유다 지방에는 돌이 많았다. 돌산이 어디에나 있었다. 그래서 대부분의 건물은 석조로 되어 있었고, 예루살렘 시가지의 길들도 바위로 되어 있거나 돌을 깔아 포장을 하고 있었다. 지금도 사람을 태운 채 그 돌 길 위를 지나가는 나귀를 볼 수 있을 정도이다.

그 당시 예루살렘 성전과 성곽은 완전히 돌로 이루어져 있었고, 중동 지방 일대에서는 비교할 곳이 없을 정도로 웅장한 규모였다. 기초 공사를 위해 쌓여진 돌들은 2천 년이 지난 오늘도 아무런 변화 없이 웅장한 자태를 보여 주고 있다. 통곡의 벽이 바로 그 당시에도 있었던 돌담이다. 제자들이 감탄한 것은 당연한 일이다. 그러나 아까부터 괴로운 상념에 잡혀 있던 예수는 제자와 일행에게 아주 놀랍고도 우울한 설명을 했다.

"너는 이 큰 건물들을 보느냐. 돌 하나도 돌 위에 포개 놓이지 못하고 다 무너지고 말 것이다."

예수의 이야기를 들은 제자들은 놀랐음에 틀림이 없다. 그런 일은 있을 수도 없거니와 있어서도 안 되는 일이었기 때문이다. 저렇게 웅대한 건물이 무너진다는 것도 불가능하나, 그것은 몇천 년 동안 지녀 온 이스라엘 민족의 신앙적 전통의 종말을 고한다는 사실과도 통하는 것이었다.

예수의 일행은 성전을 떠나 올리브 산에 자리를 잡았다. 바로 눈앞으로 예루살렘 도성과 성전이 내려다보이는 장소였다. 예수의 말에 충격을 받은 제자들 중 네 사람, 즉 베드로 형제와 요한의 형제들이 예수에게 조용히 물었다.

"언제쯤 이런 일이 일어나며, 그때에는 어떤 징조가 있을 것입니까?"

예수는 제자들에게

"많은 사람들이 내가 메시아라고 선전하며 나타날 것이지만 너희는 그들에게 속지 마라. 전쟁의 소식이 계속 들려오며, 민족 간의 싸움이 벌어지고, 지진과 기근의 소식이 전해지더라도 놀라지 마라. 그런 것들은 아직 진통의 시작에 불과한 것이다. 그때가 오게 되면 너희들은 법정에 끌려가고, 세상 임금들 앞에 죄인의 명목으로 호출을 당할 것이지만 겁내지 마라. 또 무슨 말을 할 것인지를 걱정하지 마라. 성령께서 모든 것을 미리 준비해 주실 것이다. 신앙 때문에 분열이 오고 싸움이 어디에서나 벌어지겠으나 끝까지 참는 사람이 복이 있다."

라고 가르쳤다. 그리고 다시,

"황폐하게 하는 가증한 것이 서지 못할 곳에 선 것을 보거든, 유대 지방에 있는 모든 사람들은 지체하지 말고 이 지방을 떠나가라. 아무리 아쉬운 물건이나 가까운 가족들이 생각나더라도 집에 들를 생각조차 하지 마라. 임신한 여인들과 젖먹이가 있는 여인들이 스스로를 저주스러이 여길 정도의 환란이 다가올 것이다. 또 사이비 메시아가 나타나 유혹하더라도 거기에 빠지지 말고 내가 보내 준 신앙을 지키라."

며 경고해 주었다.

이런 예수의 교훈은 무엇을 가리키는가. 예수의 생각 속에는 자신이 세상을 떠난 후에 너무나 비참한 사건들이 예루살렘과 이스라엘에 일어날 것이라는 것을 숨길 수가 없었고, 이와 비슷한 핍박들이 후일에 기독교 세계를 둘러싸고 벌어질 것들을 조심스럽게 예고해 준 것이었

다. 근심과 불안에 싸인 제자들에게 예수는 다시

"무화과나무 가지가 연해지고 잎이 돋으면 너희는 여름이 가까워 왔음을 알지 않느냐. 세태와 역사를 조심스럽게 살피면 이런 일들이 벌어진 것을 어렵지 않게 짐작할 수 있을 것이다."

라면서 역사적 안목을 갖출 것을 권고해 주었다.

예수가 이런 교훈을 남겨 준 것은 비교적 정확히 말해 서기 29년 4월 초의 일이었다. 그리고 예수가 세상을 떠난 뒤 그의 제자들을 통해 기독교는 이스라엘로부터 전파되어 세계의 수도인 로마로 옮겨졌고, 로마 제국은 장기간에 걸쳐 기독교를 박해하는 비극을 감행했다. 그 여파는 로마에 국한되지 않았다. 로마의 정치 세력 밑에 있는 모든 식민지들 속에서 크리스천들은 박해를 받았고, 그 대표적인 예의 하나가 예루살렘과 이스라엘에서 벌어졌다.

로마에서 네로 왕이 기독교에 대한 큰 박해를 벌인 것이 64년이었다. 수없이 많은 크리스천들이 피를 흘렸고 순교의 길을 택했다. 네로가 자살한 2년 뒤인 70년의 일이다.

로마는 예루살렘에 황제의 동상을 세우고, 야훼 하느님 대신 황제를 경배하도록 강요했다. 그리고 이에 불복하는 이스라엘을 완전히 파멸시키고 말았다. 로마의 무장한 군인들이 갑자기 예루살렘을 포위하고 백성들과 종교 시설을 완전히 진멸시켜 버렸다. 일할 수 있는 남자들은 모두가 노예로 팔려가고, 반항하던 사람들은 살해당했다. 어린애들은 어머니의 품에서 빼앗겨 살육당했고, 죽임을 당하지 않은 여자들은 노예로 끌려갔다.

군인들은 신앙의 상징이고 중심이었던 예루살렘 성전을 하나도 남김 없이 헐어 버렸다. 그 성전을 지을 때, 신앙심이 돈독한 사람들이 보석과 귀중품을 바치면 그것들을 돌과 돌 사이에 깔곤 했다. 군인들은 그 금은보화를 찾아 가지기 위해 돌 위에 돌 하나도 포개 놓은 채로 놓아두지 않았다. 파괴는 그야말로 극치에 달했다.

그러나 이때에도 극히 소수의 사람들이 예루살렘을 도망쳐 성 밖으로 흩어져 생명을 보존했다. 그들이야말로 가족을 만나거나 작별하기 위해 발걸음을 돌릴 시간적 여유가 없었다. 그렇게 했더라면 죽음이 기다릴 뿐이었다.

이런 사태는 로마 제국의 영향이 미치는 전 세계에서 벌어졌다. 서기 95년 도미티아누스 황제 때에도 있었던 일이다.

그렇다고 해서 이러한 사태는 로마나 이스라엘에서 끝나지 않았다. 역사는 반복된다는 주장이 있듯이 우리들도 비슷한 경험을 한 때가 있다. 필자는 일제 말기를 보내면서 군국주의 일본이 천황을 우상화시켜 종교적 신앙으로 강요하던 시기를 넘기면서 무엇인가 한 시대의 종말적인 비운이 다가오고 있음을 느껴 보았다. 그 뒤 잘못된 선택이 얼마나 많은 생명을 희생의 제물로 삼았는지 모른다.

광복 직후 2년 동안 나는 북한의 공산 치하에 살면서 같은 역사적 절망기를 체험했다. 있어서는 안 될 사건들이 꼬리를 물고 벌어지며, 황폐하게 하는 가증한 것들이 서지 못할 곳에 서는 것을 보았을 때는 나

같은 사람은 머물 곳이 못 됨을 느껴 가족을 남겨 두고 38선을 넘어야 했던 기억을 평생 잊을 수가 없다.

성경은 들에 나갔던 사람은 집에 돌아올 필요가 없으며, 지붕 위에 있던 사람은 방에 들를 생각을 말고 도망치라고 말했다. 밭에 있던 사람은 겉옷을 가지러 집에 돌아오지 말라고 기록하고 있다. 물론 예수의 말이다. 그 말을 들은 사람들은 그 뜻을 깨닫지 못했다. 그러나 38선을 넘었던 사람들, 6·25때 피난길에 나섰던 사람들은 모두가 그 사실을 경험하지 않았는가. 젖먹이가 있는 어머니와 임신한 여성들의 무거운 고통도 우리 모두가 체험한 그대로였다.

지금노 그리스도 안에서 역사의식을 가지는 사람들은 무화과나무의 교훈을 가벼이 넘겨서는 안 된다. 날씨는 예견할 줄 알면서 역사의 사태를 모른다면 어떻게 크리스천이 될 수 있겠느냐고 반문하는 것이 예수의 심정이었다.

예수는 다시 말했다. 그러한 어려운 환경과 여건 속에서도 역사의 증언대에 설 사람들은 필요하며, 그들은 자신의 의견이 아니라 성령의 이끄심을 따라 증언하게 될 것이라고 위로 있는 충고를 해 주었다. 물론 그 수는 많지 않다. 그러나 진실과 구원의 역사가 이루어지기 위해서는 그 일을 위해 선택 받은 사람들이 있어야 한다.

이런 역사적 사건들은 초대 교회일수록 더 많았고, 반反기독교적 세력이 역사에 등단할 때에는 언제나 뒤따르는 것이었다.

그리고 예수는 그런 때일수록 사이비 그리스도가 나타나 너희들을 현혹시키더라도 그 유혹에 빠지지 말라고 가르쳤다. 그리스도를 반대하는 사람은 쉽게 판단하여 가릴 수 있다. 그러나 그리스도의 교훈을 인용하면서 그리스도의 길을 어긋내는 사람들은 조심하라는 뜻이다. 교회가 있는 곳에는 언제나 그런 사람들이 있었고, 진리가 머무는 옆에 비진리가 자리 잡는 것은 어느 사회에나 있을 수 있는 일이다.

예수는 계속해서 더 어려운 말을 남겼다. 그것이 부연되어 기독교에서는 예수의 재림과 심판의 문제를 유발해 내기에 이른 것이다. 물론 예수의 교훈은 상징적인 것이다. 구약의 예언자들이 남겨 준 교훈과도 통하는 부분이 눈에 띈다. 예수는,

"그 날 그 환란 후에 해는 어두워지고, 달은 빛을 잃을 것이며, 별들은 하늘에서 떨어지고 하늘의 세력들이 흔들릴 것이다. 그리고 인자가 큰 권능과 영광으로 구름을 타고 오는 것을 사람들이 볼 것이다. 그때 그는 천사들을 보내어 땅 끝에서 하늘 끝까지 사방에서 하느님이 택하신 사람들을 모을 것이다."

라고 말하면서

"그 날과 시간은 누구도 모르고 하느님만이 아시기 때문에 항상 깨어 맞을 준비를 하라."

라고 당부한다. 이 내용은 공관복음 모두에 기록된 것이기 때문에 예수의 직접 교훈임에는 틀림이 없다.

그래서 어떤 사람들은 예수의 재림과 더불어 세계사에는 종말이 올 것이라고 말한다. 심지어 어떤 사람은 우리들의 삶 자체가 시간적 질

서 속에서 이루어지고 있으며, 그 시간은 광속도의 법칙에서 해결되는 것인데, 해와 달이 빛을 잃는다는 것은 광속도의 제약을 받지 않는 초인간적 생명을 위한 재림이 이루어질 것이라고 추리해 본다.

또 예수의 제자들은 예수의 죽음과 부활에 관한 사실을 몸소 받아들였기 때문에, 예수의 재림은 자신들이 살아 있는 동안에나, 혹은 계산할 수 있는 가까운 시일 안에 이루어질 것이라고 믿는 방향으로 생각을 모으기도 했다.

그러나 2천 년의 세월이 지난 오늘의 많은 사람들은 예수의 재림이 언제, 어떤 모습으로, 눈에 보이는 현상으로 나타나는 것이 아니라 그 뜻을 받아들여 역사에는 반드시 심판이 있으며, 하늘나라는 거듭되는 종말적 과정을 밟아 성취되는 것이라는 해석을 내린다.

여기서 우리는 어떤 정론을 펼 수는 없다. 또 어떤 신학적 이론을 누구에게 강요할 수는 더욱 없다. 그러나 우리가 경건히 예수의 뜻을 받아들였을 때, 역사에는 언제나 하느님의 심판이 뒤따르며, 그 심판은 종말론적 성격을 갖추므로 마침내는 그리스도의 하늘나라가 도래한다는 사실을 받아들여야 할 것이다.

세계에서 가장 위대한 철학과 사상을 남긴 인도인들, 중국의 노장 철학, 그리스의 철학자들은 자연 질서에 그들의 뿌리를 두고 있다. 그래서 그들의 시간은 자연과 더불어 반복하며 회귀하는 것이라고 본다. 춘하추동이 반복되듯이 삶의 역사적 의미도 영구한 회귀성 속에 스며

들게 마련이다. 그러나 기독교의 사상은 그와 다르다. 창세기 때 역사와 시간은 시작되고 그리스도에게서 그 중심을 얻는다. 그리고는 그리스도의 재림에서 역사는 끝나면서 완성되는 일회성을 가진다. 역사와 시간 자체가 일회적이기 때문에 인생의 의미도 하느님 안에서 절대적 의미를 가진다. 기독교는 자연 종교가 아닌 역사 신앙이기 때문이다.

그렇게 본다면 예수가 남겨 준 심판의식, 종말적 역사관, 완성되어야 할 하늘나라의 뜻은 자연스러운 것이며, 예수는 이러한 교훈을 남길 수 있었던 것이다.

그러나 이러한 뜻은 논리적으로 입증되는 것은 아니며 꼭 그렇게 된다고 주장할 내용도 되지 못한다. 오직 믿을 수 있는 사람이 그것을 받아들일 뿐이다. 그러면 믿을 수 있는 사람은 누구인가. 자신의 생애에서 종말적인 신앙의 체험을 치른 사람들이다.

한 인간이 자신의 자유와 가능성을 믿으면서 살고 있다가 그리스도의 은총과 구원의 사실을 접하게 되었다. 그렇게 되면 자아와 더불어 있던 과거는 모두 무로 돌아가며, 새로운 자아는 그리스도와 더불어 탄생됨을 체험한다. 그것은 곧 심판인 동시에 차원 높은 새로운 삶의 출발이 된다. 더불어 새로운 삶은 시간적인 것과 더불어 소멸되는 것이 아니고 어떤 영원한 의미를 가지게 됨을 깨닫는다. 우리는 그것을 신앙적 경험인 동시에 거듭남의 체험이라고 한다.

이러한 체험을 받아들인 사람은 그것이 자아의 육체적 삶의 종말인 죽음을 계기로 재현될 것을 믿으며, 그와 같은 사실이 인류 역사에 있어서도 가능하리라는 신념을 가진다. 그 내용과 절차, 그리고 시기 등을 이야기하는 사람들이 없지 않았으나, 그것은 예수의 말대로 누구도 알 수 없는 일이다. 하늘에 계신 아버지만이 아시는 일이라고 말했다. 역사의 목적과 뜻은 인간과 피조 세계를 초월한 하느님에게 속하는 것이기 때문이다.

그것은 마치 정교한 시계가 움직이면서 시간을 가리키고 있으나 그 시계와 운동의 목적이 시계에 있지 않고 인간에게 있으며, 아무리 큰 건물이 있어도 건축의 목적이 건축물이 아닌 인간에게 있는 것과 마찬가지인 것이다.

그러나 우리는 이 문제에 관한 부연은 삼가기로 하자. 우리는 예수의 뜻깊은 교훈을 소개하면 된다. 그 이상의 내용은 누구도 확신을 가지고 말할 수 없는 것이다.

이렇게 해서 마지막 화요일이 끝났다. 예수의 생애 중 가장 많은 일과 교훈을 남겨 준 하루의 해가 저문 것이다. 다음날은 수요일이다. 토요일이 유월절이기 때문에 사흘이 지나면 그 해의 유월절 행사가 끝난다. 예수가 죽임을 당하는 날은 금요일이다. 남은 시간은 이틀밖에 없다. 내일모레면 예수의 마지막이 다가오는 것이다.

수요일 하루는 예수가 아무 일도 하지 않고 쉰 것 같다. 한두 복음서에는 베다니의 문둥병 환자였던 시몬의 집에서 잔치를 베풀었고, 한 여인이 값진 향유를 예수의 몸에 부은 것으로 되어 있다. 가롯 유다는 그 값이 3백 데나리온, 즉 그 당시 보통 사람들의 1년 품삯에 해당하는 큰돈을 버리지 말고 그 기름을 팔아 가난한 사람들을 구제해야 할 것이 아니냐고 불만을 토로하기도 했다. 그러나 예수는 그 여인이 한 일과 뜻을 가상히 여겨,

"두어 두어라. 가난한 사람들은 항상 너희와 함께 있을 것이나, 이 여인은 곧 다가올 내 장례를 기념하는 것이다. 그녀의 착하고 아름다운 뜻은 복음이 전파되는 곳에서 세상 끝날까지 전해질 것이다."
라고 위로해 주었다.

성경은 그렇게 말한 가룟 유다를 강도였다고 기록하고 있다. 예수는 가난한 사람들을 누구보다도 위해 준 사람이다. 그러나 마음으로부터 우러나오는 진심을 더 귀하게 여긴 것이다.

이 사건이 확실히 수요일 낮에 있었던 일인지, 아니면 그 이전, 즉 예루살렘 입성 전인 일 년쯤 전의 일인지는 확실하지 않다. 어쨌든 앞뒤를 살펴보았을 때, 수요일은 예수가 베다니에서 하루를 제자들과 함께 쉰 것으로 되어 있다. 잔치에 참석했더라도 쉬는 하루였음에는 틀림이 없다. 먼 길을 떠나게 되는 사람이 모든 준비를 갖춘 뒤 조용히 쉬고 싶은 생각을 가지듯이, 죽음을 앞에 둔 예수는 일생을 마무리하는 휴식을 취하고 싶었을 것이다. 「요한복음」에는 예수가 제자들과 조용한 시간을 가지기를 원했으며, 과거 어느 때보다도 제자들을 더 사랑했다고 기록하고 있다. 사실 예수는 예루살렘 입성 전까지는 제자들에게 깨우침을 주기 위해 불만 섞인 교훈을 준 일도 있으나, 마지막 일주일 동안은 제자들을 위하고 사랑한 흔적이 여러 곳에서 돋보인다. 끝까지 사랑하고 싶었다는 표현이 그대로 적중했을 것이다. 수요일 낮에서 목요

일 낮까지 예수는 제자들과 조용한 안식의 시간을 가졌고, 목요일 오후부터 금요일 새벽까지는 죽음의 준비를 갖추어야 했다.

그러나 세상일은 뜻대로 되지 않았다. 이렇게 마지막 안식을 취하고 있는 수요일, 예수의 제자 중 하나인 가룟 유다가 슬그머니 예수의 일행을 빠져 나와 혼자 예루살렘 성 안으로 잠입해 들어갔다. 그는 예루살렘 입성 직후부터 심한 회의와 실망에 빠져 있었다. 기회가 있을 때마다 이번 유월절을 계기로 예수를 중심으로 한 집권 운동을 전개시키려고 모든 수단을 다 동원했는데 예수의 의도는 차차 달라져 갔고, 제자들의 생각도 본래의 방향과는 어긋나고 있었다.

제자들은 식견이 없을 뿐만 아니라 무능하기 그지없었다. 때때로 대화의 벗이 되었던 시몬(그는 열혈당에서 일한 적이 있었으며, 베드로와는 다른 제자이다. 마가는 열한 번째 제자로 꼽고 있다.)까지도 다른 열 제자와 같은 줏대없는 입장을 택하고 있었다.

유다의 계획은 예루살렘에 들어오면서부터 빗나가기 시작했다. 예수가 바라는 하늘나라와 자신이 의도하는 독립 국가의 일치점이 없어졌다. 예수는 자신과 많은 애국적인 민족주의자들을 저버릴 것임에 틀림이 없었다. 이번 유월절을 놓치면 민족 운동의 기회는 찾아올 여지가 거의 없다. 또 일 년을 기다려야 한다. 그 일 년 동안에 그래도 예수에게 기대를 걸었던 민족주의자들은 다 실망하고 떠나 버릴 것이다. 예수는 다시 갈릴리 시골로 돌아갈 것이며, 민중들은 더 이상 그를 지지하지 않을 것이다. 그렇게 되면 제자들은 물론 유다 자신은 어떻게 되는가. 차라리 예수를 따르지 않았던 것만 못해지고 만다. 수십 년 동안의 절망 상태를 예수를 통해 벗어나고 싶었는데, 더 큰 절망이 다가올 것이다. 차라리 죽음만도 못한 앞날이 기다리고 있을 것이다.

유다는 몇 번이고 고민해 보았다. 차라리 혼자서 예수를 떠나 버리고 말까 하고. 그것은 더 무의미한 일이었다. 더구나 유월절이 눈앞에 다가와 있는데……. 유다는 진퇴양난에 빠져 버렸다. 예수를 따를 수도 없고 버릴 수도 없었다. 둘 다 자신의 꿈과 삶을 허무로 돌리는 결과였다. 짐작은 했었지만, 베드로를 비롯한 예수의 측근 제자들도 그렇게 주견이 없고 무능할 줄은 몰랐다. 저들을 가지고서는 아무 일도 할 수 없음이 뻔해졌다.

이런 즈음에 가룟 유다는 두 가지 사실을 발견했다.

종교계의 실권을 잡고 있는 제사장들과 대중 앞에서 예수의 책망을 받아야 했던 율법 학자들이 기회만 있으면 예수를 처치해 버리려는 강한 의지를 품고 있다는 사실이 그 하나였다. 제사장들이 대제사장 가야바에게 노골적으로 그 뜻을 전달했을 때 가야바도 '민중들의 심한 반발만 사지 않을 수 있다면 예수는 죽어야 한다.'는 판단을 내렸다는 사실도 전해들은 바 있다. 가야바의 장인이면서 대제사장인 안나스도 가야바와 같이 '한 사람이 죽어 사회의 안정이 온다면 죽어야지, 문제는 그 후유증일 뿐이다.'라는 생각을 가지고 있을 정도였다.

유다가 발견한 다른 하나의 사실은, 아직도 많은 소박한 군중들이 예수를 사랑하고 있다는 점이었다. 예수가 박해를 받는다든지 희생이 된다면 예수를 위해 앞장 설 것인바, 잘 유도하기만 하면 폭동에 가담할 사람들은 얼마든지 있다는 사실이었다. 특히 갈릴리에서 온 많은 사람들은 이에 호응할 수 있음에 틀림이 없었다. 무능한 예수의 제자들도 스승이 죽음에 처하게 되면 그대로 보고만 있을 리 없었다. 예수가 민중 봉기를 일으키면 동조하려고 예수의 뒤를 따르다가 실망했던 적지 않은 사람들도 예수가 민족 운동의 선봉에 섰다는 사실만 알게 되면 침묵을 지킬 리 만무했다.

이러한 점들을 주의 깊게 관찰한 가룟 유다는 고민 끝에 한 가지 놀라운 착상에 이르렀다. '내가 저 예수를 죽는 자리로 몰아넣는다면?'이라는 악마와 같은 생각이었다. '그렇게만 된다면 모든 것이 다 성취되는데……'라는 발상이었다.

유다는 지난 며칠 동안 이 생각을 굳혀 가고 있었다. 예루살렘으로 들어올 때는 그래도 희망이 있었다. 많은 사람들이 열렬히 예수의 일행을 환영해 주었으니까. 그러나 시간이 흐를수록 가룟 유다는 누군가가 도화선이 되어 불을 당겨야 한다고 생각한 것이다. 불을 당길 사람은 따로 있는 것이 아니었다. 자신이 그 책임을 감당해야 하며, 또 자기 이외에 더 적당한 사람이 없는 것도 사실이었다. 예수의 하늘나라를 지상의 나라로 바꾸기 위해서는 무슨 일인가가 벌어져야 하며, 그 도화선을 만드는 책임을 유다는 져야 했던 것이다.

수요일 오전, 그는 슬그머니 성전 앞을 맴돌다가 안면이 있는 한 제사장을 만났을 것이다. 지금까지는 서로가 서로를 경계의 눈초리로 대하곤 했다. 그러나 그 날 아침 두 사람의 눈은 말없는 어떤 공동 계획이 있음을 알아챘다. 일행과 떨어져서 무엇인가를 찾고 있는 유다의 모습을 이 제사장은 찾아냈던 것이다.

두 사람은 말없이 가까운 위치에 마주 섰다. 유다는 그에게 "나를 대제사장에게 안내해 줄 수 있는가?"라고 물었다. 제사장은 "무엇 때문에?"라고 반문했다. 유다는 "우리 모두에게 좋은 결과가 될 것 같아서……."라고 대답했다. 모든 것을 눈치 챈 제사장은 남들이 볼세라 서로 떨어져 발걸음 소리를 죽여 가면서 대제사장 관저 뒷문으로 들어갔다.

유다는 대제사장에게, "내가 조용한 틈을 타서 예수를 넘겨 줄 테니 그 대가가 무엇이냐?"라고 물었다. 노련한 정치력을 가진 대제사장은 스스로 찾아온 유다의 약점을 알아챘다. 자신을 위한 어떤 목적이 있음에 틀림없었다. 대가는 돈이어야 하는데, 많은 돈을 줄 필요가 없다고 판단한 가야바는 "은 삼십을 줄 수 있지."라고 내뱉듯이 대답했다.

여기까지 찾아온 이상 이미 덫에 걸린 짐승이나 마찬가지였다. 유다도 그 사실을 잘 알고 있었다. 유다의 또 다른 선택은 할 수 없게 되고만 것이다. 유다에게 있어서는 돈의 많고 적음이 문제가 아니었다. 유다는 "그러겠다."라고 대답했다. 시기는 아무래도 유월절 전이어야 하겠다고 합의했다.

유다는 은 삼십을 받아 들고 뒷문으로 빠져 나왔다. 유다는 예수의 몸에 한 여인이 부은 기름 값의 십분의 일밖에 안 되는 액수에 불만도 있었다. 그러나 자기는 예수를 조용히 인도해 주기만 하면 되는 것이었고, 더 많은 돈을 받는 것이 부담스러울 것 같기도 했다. 액수가 많으면 더 큰 죄악에 가담하는 것 같았을 것이다. 중요한 것은 이 사건으로 벌어지게 될 정치적 결과이다. 유다는 더 오래 지체하면 동료들의 오해를 받을 것 같아 망설이지 않고 3km 정도 떨어진 베다니로 발걸음을 옮겼다.

이렇게 해서 예수는 어린 양과 같이 죽음을 기다리게 되었고, 유다는 제사장들과 합세해서 칼을 갈아 두는 책임을 감행했다.

수요일은 그렇게 저물어 갔다.

사람들은 예수가 왜 가롯 유다와 같은 사람을 제자로 뽑았으며, 비록 유다가 제자의 한 사람이 되었다고 하더라도 스승을 파는 이런 일은 막았어야 했을 것이 아니냐고 반문한다.

그러나 그것은 너무 어리석은 어린애 같은 질문이다. "예수도 우리와 같이 돈을 벌고 행복하게 살았으면 되는데 왜, 무엇 때문에 고생을 사서 하느냐?"라고 묻는 것만큼이나 어울리지 않는 질문이다.

만일 예수가 가롯 유다가 마땅치 않아 제자로 삼지 않았다든지, 스승을 파는 일을 어떤 수단을 써서 막았다면 예수는 참다운 스승이 될 수 없으며, 구원의 실천자가 되리라고는 누구도 믿지 않았을 것이다. 우리들 자신 속에도 가롯 유다와 같은 사람은 얼마든지 있다. 나 자신도 그런 사람 중의 하나일지 모른다. 그렇다면 예수는 우리 중의 많은 사람과 나까지도 제자로 택하지 않았을 것이다. 그런 예수가 어떻게 우리의 스승이 되며 구원의 실천자가 될 수 있겠는가.

신앙의 사실과 역사란 다른 것이 아니다. 하느님의 백까지의 사랑과 인간의 백까지의 자유가 서로 보장되는 변증적 관계에서 이루어지는 것이다. 만일 하느님의 사랑이 인간의 자유를 조금이라도 구속한다면 그것은 사랑이 되지 못한다. 우리는 그 하느님을 사랑의 아버지라고 부를 수 없을 것이다.

「누가복음」 15장의 탕자의 비유가 그것을 잘 말해 주고 있다. 아버지는 둘째 아들의 출가와 그 결과를 잘 알고 있다. 그러나 아들의 자유에는 손을 대지 못한다. 회개하고 돌아올 날을 탄식과 눈물로 기다릴 뿐이다. 예수가 가롯 유다를 거절했거나 만류했다면 그는 하느님의 사랑을 대행할 수 있는 그리스도가 못 된다. 사랑은 백 번 울어도 하나의 자유를 구속하지 않는 법이다.

바로 그 사랑의 뜻을 예수는 말없이 실천해야 했고, 또 그 모범을 보여 준 것이다.

13

목요일의 만찬, 그리고 체포

수요일이 지나고 목요일이 되었다. 그 날 낮까지 예수는 베다니에 머문 것 같다. 본래 예수는 육신의 고향은 없는 편이었다. 나사렛 마을에 오랜 세월은 있었으나 고달프고 괴로운 목수 생활로 이어져 갔을 뿐이다. 세례자 요한을 만나러 나사렛을 떠난 후에는 한 번도 나사렛에서 고향다운 아늑함을 느껴 보지 못했다. 「요한복음」에 따르면 나사렛 부근의 가나에서 잔치에 참석했던 기록은 있으나, 공관복음에 의하면 고향에서의 즐거움은 별로 없었다. 예수의 정신적 고향이 어디냐고 묻는다면 우리는 오히려 가버나움 호반 지역을 들어야 할 것이다. 공생활의 대부분이 그곳에서 벌어졌기 때문이다. 그러나 예수는 10여 일 전에 이미 그 정이 서린 지역과 작별을 고했다.

예수는 때때로 선지자가 죽임을 당할 곳은 예루살렘이라고 암시해 준 일이 있었다. 그 예루살렘에 벌써 5일째 내왕하고 있는 것이다. 목요일 오후 베다니를 떠나는 예수의 마음은 착잡했을 것이다. 이제 베다니를 떠나면 다시는(가까운 거리이기는 해도) 베다니로 돌아올 길이 없음을 예감하고 있었기 때문이다.

「요한복음」에 따르면, 수가 성의 여인이 우리가 예배드릴 곳이 예루살렘 성전인가, 아니면 이 산인가 하고 물었을 때 예수는 "그 어디도 아니다."라고 대답했다. 예수의 신앙은 육체와 더불어 벌어지는 공간 신앙이 아니었기 때문이다. 지금도 우리는 성지聖地라는 말을 자주 쓰고 있으나 기독교는 성지를 중요시하는 공간 종교가 되어서는 안 된다. 오히려 예수가 소중히 여긴 것이 있다면 믿음으로 모인, 인간애가 깃들인 삶의 집단이었다. 공간의 그릇에 담겨야 할 사랑의 삶이 귀했던 것이다.

예수의 일행은 다시 돌아올 길이 없는 베다니를 떠나 마지막 예루살렘의 길을 택했다. 시각은 이미 오후였다. 예수는 바쁘지 않았다. 남은 일은 하나밖에 없었기 때문이다.

예루살렘에 도달했을 때 제자들이 물었다.

"선생님, 오늘은 누룩 없는 떡을 먹는 날이고, 유월절 양을 잡는 날인데, 저녁 준비를 어디서 하면 좋겠습니까?" 예수는 두 제자를 보내면서 "시내로 들어가 보라. 어떤 사람이 물동이를 메고 가는 것을 볼 것이다. 그 사람을 따라가 '저희가 선생님을 모시고 저녁 식사를 할 곳이 어디입니까?'라고 물으라. 넓은 다락방을 보여 줄 것이며, 이미 모든 것이 다 갖추어져 있을 것이니 거기서 준비하도록 하라."라고 지시해 주었다. 제자들이 따라간 곳은 바로 마가의 다락방이었다.

성경의 몇 곳을 살펴보면, 과거에도 예수는 이 마가의 집을 알고 있었거나 들른 일이 있었던 것 같다. 최후의 만찬이 벌어진 마가의 다락방은 큰 방이라고 기록되어 있다. 그러나 그 당시의 집권자들이나 대제사장의 관저와 비슷한 곳으로 생각해서는 안 된다. 가난한 제자들에게는 큰 방으로 보였을지 모르나 열두 명이 식사를 하기에 알맞은 이층 방이었다.

마가의 모친은 몇 사람의 협조를 얻어 저녁 준비를 차질 없이 진행시켰다. 두 제자도 곧 돌아와 예수에게 그 뜻을 전했을 것이다.

예수의 일행은 늦게 마가의 집에 도착했다. 거기에는 가룟 유다도 끼어 있었다. 물론 대제사장이 보낸 한두 명의 첩자가 유다의 지시를 기다리면서 일행의 동태를 살피고는 있었을 것이다.

사실 예수는 다른 누구보다도 이 마지막 만찬 시간을 가지고 싶었다. 아직까지 한 번도 제자들과만 가진 식사 시간이 없었다. 베다니에 머물 때도 많은 사람들이 동석하곤 했었다. 또 예수는 이것이 땅 위에서 허락된 최후의 식사 시간임을 예감하고 있었다. 제자들은 모두가 이 마지막 시간이 가까워질수록 예수는 제자들을 더 사랑했다고 고백하고 있다. 그것은 임종을 앞둔 아버지가 자녀들을 생각하는 심정과도 비슷했을 것이다. 「요한복음」은 그 당시의 분위기를 잘 말해 주고 있다. 예수의 생애 중 제자들에 대한 사랑이 가장 절정에 이르렀던 것이다. 「요한복음」에 따르면, 이 만찬석에서 예수는 열한 제자의 발을 씻어 주면서 너희도 나를 본받으라고 가르쳤다. 그것은 스승으로서 예수가 할 수 있는 가장 고귀한 사랑의 표현이었다.

「요한복음」은 하느님이 당신의 독생자인 예수를 우리에게 보내 주셨다고 가르친다. 그 독생자인 예수가 나와 우리들의 발을 씻어 주었을 것으로 생각해 보라. 이 얼마나 지극한 사랑의 발로인가.

어쨌든 예수의 일행은 다락방에 자리를 잡았다. 모두 흐뭇하고 감격스러운 분위기에 젖어들었다. 몇 해 동안 가져 본 일이 없었던 만찬석이었고, 가장 큰 명절을 앞둔 저녁 시간이 아닌가. 그러나 예수의 마음은 잠시 괴로워졌다. 이런 성스러운 자리에 가룟 유다가 끼어 있을 수는 없었기 때문이다. 그래서 예수는 조용히 입을 열었다.

"내가 진정으로 너희에게 말한다. 너희 중의 한 사람, 곧 나와 함께 먹고 있는 사람이 나를 배반할 것이다."

이 말을 들은 제자들은 모두 놀랐다. 그런 일은 있을 수 없었기 때문이다. 모두가 자진해서 물었다. "분명히 나는 아니지요?"라고. 제자들의 표정은 근심과 놀라움에 사로잡혀 있었다.

예수는 더 지체하지 않고, "열 둘 중의 하나로서, 나와 한 그릇에 손을 넣는 사람이다. 인자는 자기에 관하여 성서에 기록된 대로 자기 길을 갈 것이 확실하지만, 인자를 배반하는 사람에게는 화가 미칠 것이다. 그 사람은 차라리 태어나지 않았더라면 좋을 뻔했다."라고 말하면서 손을 떡 그릇으로 가져갔다.

예수의 말에 당황한 나머지 "나는 아니지요?"라고 묻지도 못한 채 떡 그릇으로 손을 옮기고 있던 가룟 유다의 손과 예수의 손이 마주쳤다. 유다는 예수의 얼굴을 넘겨다보았다. 예수는 조용히 "네가 할 일을 어서 하라."고 속삭였다. 유다는 떡 그릇에서 손을 움츠리면서 말없이 일어나 밖으로 나갔다. 예수는 유다의 뒷모습을 바라다보았으나 유다는 얼굴을 돌리지도 않고 밖으로 나가 버렸다. 약속했던 장소로 가 대제사장의 첩자를 만나야 했던 것이다. 예수와 유다의 작별은 이렇게 이루어졌다.

그 유다에게 예수는, '차라리 태어나지 않았더라면 좋을 뻔 했다.'며 괴로운 뜻을 남긴 것이다.

인간의 삶에는 생명적 존재성과 가치성이 있다. 존재성만 따진다면 거기에는 아무 차이가 없다. 그러나 가치성에는 제각기 차이가 있다. 가치성이 지나치게 반가치적이며 악의 결과를 가져올 때에는 오히려 존재성이 저주스러워지는 경우가 있다.

필자는 18세의 젊은이가 자기 친구를 죽인 사건을 알고 있다. 그때 그 살인자의 어머니가 남긴 말이 있다. "내가 차라리 저 자식을 낳지 않았더라면 얼마나 좋았을까."라는 탄식이었다. 다른 사람의 아들이었다면 그런 말을 하지 않는다. 내 아들이기 때문에 그렇게 뼈저린 아픔을 실토하는 것이다.

바로 유다를 보는 예수의 마음이 그런 것이 아니었을까. 다 같이 고귀한 생명이지만, 저렇게 잘못된 삶을 택할 바에는 차라리 태어나지 않는 편이 좋았을 것이다. 세상에 그렇게 마음을 아프게 하는 일이 또 어디에 있겠는가. 그러나 그 아들의 어머니는, "내 생명을 대신 주어서 저 아들아이가 새로운 삶을 살 수 있다면 얼마나 좋을까."라고 호소했다. 그것은 아들을 사랑하는 어머니의 진심이다. 예수도 결국은 많은 유다들을 위해 목숨을 바치는 선택을 한 것이 아니었을까.

가롯 유다가 나간 뒤 예수는 남은 제자들의 즐거운 분위기를 위해 곧 화기애애한 먼저의 상태로 돌아갔다. 그리고는 자유로운 식사로 들어가기 전, 격식이 없는 간단한 절차를 밟았다. 자신이 먼저 누룩이 없는 떡을 들고 축복한 뒤, 한 조각씩 제자들에게 떼어 주면서 "이것을 받아 먹으라. 이것은 내 몸이다."라고 말했다. 그리고는 잔에 든 포도주를 들고 하느님께 감사를 드린 후 먼저 입에 대고 한 모금 마신 뒤 제자들에게 주어 모두 마시게 했다. 그리고 "이것은 모든 사람을 위하여 흘리는 내 계약의 피다. 내가 진정으로 말한다. 내가 하느님 나라에서 새 것을 마실 그 날까지 나는 포도 열매에서 난 것을 다시 마시지 않을 것이다."라고 말했다. 다른 복음서에 따르면, 이 교훈과 행사로 예수의 죽음과 신도들이 그리스도와 하나가 됨을 일깨워 준 것이다. 살을 같이 하고 피를 함께 마신다는 것은 인격과 삶이 하나가 됨을 뜻하는 것이다.

오늘까지도 크리스천들이 성찬식에 참여하는 전승이 이렇게 시작된 것이다. 그리스도 안에서 그리스도와 하나가 되는 삶의 체험이 이루어져야 참다운 신앙에 동참하게 된다.

그 뒤 그들은 오랫동안 식사를 즐겼다. 예수의 표정도 밝았고 제자들의 기분은 느긋했다. 오랜만에 떡과 고기와 술로 배를 불릴 수 있었고, 유월절의 경하스러운 분위기를 만끽할 수 있었다.

밤은 차츰 깊어 갔고, 예루살렘은 명절을 앞두고 고요를 되찾기 시작했다. 성 안에 있는 모든 사람들이 지방과 외국에서 돌아온 가족들과 더불어 즐거운 유월절을 가지는 저녁이었다. 제자들도 몇 차례의 유월절을 예루살렘에서 보낸 바 있으나 오늘과 같이 즐거운 시간은 별로 없었다.

성경은, 그들이 찬미를 부르며 올리브 산으로 갔다고 기록하고 있다. 감사와 즐거움이 넘치면 당시의 교인들은 찬미를 부르는 것이 상례로 되어 있었다.

시간은 이미 자정이 되었거나, 아니면 금요일로 접어든 시각일지 모른다. 마가의 다락방을 나온 제자들은 잠들 곳을 찾아 나섰다. 그 당시 가난한 사람들은 집에서 자기보다는 산간 바위 틈 같은 곳에서 밤을 새는 일이 자주 있었다. 날씨는 덥고 비가 오지 않았기 때문에 그편이 오히려 편하기도 했을 것이다. 또 큰 집을 가지고 있는 사람들도 답답한 방 안에서 자기보다는 옥상에 침상을 놓고 하늘을 쳐다보면서 잠드는 일이 많았다.

그 날 밤 예수의 일행은 가끔 노숙한 일이 있었던 올리브 산 밑으로 발걸음을 옮겼다. 그 길은 넓고 평탄한 길은 아니었으나, 조용한 기드론 계곡을 지나 성전을 왼쪽으로 바라보면서 가는 길이었다.

일행이 조용히 길을 걷고 있을 때였다. 예수는 침묵을 깨고 비교적 엄숙하면서도 낭랑한 목소리로 말했다. "구약에 기록되어 있듯이, 내가 목자를 치면 양들이 흩어질 것이다. 내가 무리들에게 잡혀 가게 되면 너희들 모두 나를 버리고 도망칠 것이다. 나는 잡혀 가겠고 너희들은 나를 버리겠기 때문이다."

그 말을 들은 제자들은 모두가 놀랐다. 그것은 도저히 상상할 수도 없는 일이었다. 어떻게 이 시각에 스승을 저버릴 수가 있겠는가. 서로 얼굴을 마주 바라본 제자들은 자신들의 결심을 예수에게 보여 주고 싶었다. 또 그럴 의무가 있었다. 그 의지를 대신이라도 하듯이 베드로가 입을 열었다. "선생님, 그런 일은 있을 수가 없습니다. 혹시 다른 제자들이 본의 아니게 선생님을 떠나는 일이 생기더라도 저만은 결코 그러지 않겠습니다. 저는 선생님과, 필요하다면 감옥에라도 같이 가고 죽는 자리에도 함께 할 각오가 되어 있습니다."라고 장담했다.

표현은 조금씩 다르지만 모든 제자들이 같은 맹세의 발언을 했다. 자신들의 충성과 결심을 믿어 주지 않는 스승의 심정이 원망스럽게 느껴지기도 했다. 특히 베드로에게 있어서는 더욱 그러했다. 수제자라는 무언의 책임도 있었으나 예수보다 나이도 훨씬 많은 늙은이의 욕심 없는 충정을 그렇게 의심받아서야 되겠는가. 베드로는 여러 제자들의 결심을 대신하여 한 마디 더 하려고 예수를 바라보았을 때, 스승 예수는 더 놀라운 이야기를 했다.

"베드로야. 너는 지금 그렇게 말하고 있으나 내가 진정으로 너에게 말하는데, 오늘 밤 닭이 두 번 울기 전에 너는 세 번씩이나 나를 모른다고 말할 것이다."

베드로는 말문이 막혔다. 그러나 속으로 굳게 다짐했다. 어떤 일이 있더라도 선생님에 대한 내 충성심을 보여 줄 것이라고. 지금까지의 과거도 그러했지만 내가 앞으로 산다면 얼마나 더 살겠기에……라고

까지 생각했다. 그래서 조심스럽게 "저는 비록 주님과 함께 죽을지라도 결코 선생님을 모른다고는 하지 않겠습니다."라고 결심을 다짐했다. 베드로의 결단은 다른 모든 제자들의 맹세이기도 했다. 지금 스승을 사지로 보내면서 도망친다는 것은 생각조차 할 수 없는 일이었다. 그러나 누구도 이해할 수 없는 예수의 말은 제자들의 귓전에 쟁쟁히 남이 있었다.

예수는 그 이야기를 더 하지 않았다. 지금 당장은 제자들이 스승의 곁을 떠나지만 후일에는 모든 제자들이 자기들의 결심대로 실천할 것임을 알고 있었기 때문이다. 제자들도 더 말을 하지 않았다. 모든 것이 사리에 맞지 않은 꿈만 같은 일들이었다.

예수의 일행은, 과거에도 몇 차례 밤을 새운 일이 있었던 올리브 산에 다다랐다. 거기에는 크지 않은 바위들과 올리브 나무들이 균형 있게 안배되어 있었다. 한두 사람씩 잠자리를 찾기에는 안성맞춤이었다. 그곳을 겟세마네 동산이라고 부른 것은, 올리브 산 밑 높지 않은 평지이어서 자주 사람들이 드나들었기 때문인 것 같다. 그 당시에도 그러했겠지만 몇십 미터만 내려오면 올리브 산을 끼고 도는 좁은 길이 있었다.

이 날 밤 겟세마네 동산에 도착한 예수의 일행은 신기할 정도로 두 가지 사태에 붙잡혀 있었다.

그 첫째는, 예수의 열한 제자들이 심한 졸음에 빠져 버렸다는 점이다. 공관복음 모두가 그 헤어날 수 없었던 졸음을 기록하고 있다. 심지어는 제자들의 눈이 피곤했기 때문에 어쩔 수 없었다고 표현하고 있다. 물론 이유는 충분하다. 일 년 동안의 정신적 긴장을 풀어 주는 유월절을 맞이했고, 모든 근심 걱정을 잊고 술과 고기를 배불리 먹었다. 이른 새벽부터 피곤에 시달리다가 잠자리를 찾아드는 셈이 아니었는가. 그리고 시간은 이미 자정을 넘어가고 있었다.

이런 여건들이 제자들을 꼼짝도 할 수 없을 만큼의 졸음으로 몰아넣었다. 그것은 마치 악마가 주는 고의적인 졸음과 비슷한 것이었다.

둘째는, 예수 자신에게 어떻게 할 수 없을 정도로 엄습해 오는 불안과 정신적 고통이었다. 성경 전체를 통해 좀 더 적절한 표현을 빌린다면 그것은 충격적인 고뇌에서 오는 두려움과 떨림이었다. 그 엄청난 공포와 전율 때문에 예수는 평소 같으면 상상도 할 수 없는 말을 제자들에게 남길 정도였다. "내 마음이 괴로워 견딜 수 없다……."라고. 성경은 그것이 마치 악마의 작용인 듯이 암시하면서, 후에는 천사가 고통을 이길 수 있도록 힘을 주었다고 말하고 있다.

그러나 무엇보다도 중대한 사실은 예수의 생애를 통해 이 목요일 야반에서 금요일 새벽에 걸친 예수의 기도는 그의 일생 중 가장 고통스러웠고, 그러기에 가장 결정적인 시간이었음을 엿볼 수 있다. 사람의 아들인 예수가 이 세상에서 넘겨야 하는 가장 절정인 고뇌의 시간과 사태가 벌어진 것이다. 악마도 이 자리를 지켜보고 있을 정도였으며, 천사도 눈을 감고 대기해야 할 만큼 처절하고도 위대한 시간이었다. 이제부터는 예수에게 있어 내리막길은 있어도 더 올라가야 할 고통의 길은 없었다.

사실 예수에게 있어 고통의 짐이 있었다면 그것은 십자가가 아니었다. 십자가를 선택하는 결단을 내리게 된 것은 겟세마네 동산의 기도였던 것이다. 이 다음부터 찾아드는 고통은 육체에 속하는 것이며, 그것은 참아 넘기기만 하면 되는 것이었다. 우리는 그 사실을 「마가복음」을 중심으로 다음과 같이 읽을 수 있다.

예수의 일행은 식사 뒤의 식곤증을 느끼면서 발걸음을 올리브 산 쪽으로 옮겼다. 제자들은 한 시각이라도 빨리 자리를 정하고 잠들고 싶었다. 예수는 누구보다도 그 상황을 잘 알고 있었다. 그러나 예수 자신의 입장은 완전히 그와 반대였다. 이 세상에서의 최후의 고통에 직면해 있었기 때문이다. 그래서 예수는 제자들에게 잠시 동안 여기 깨어 있어 달라고 부탁했다. 어떤 복음서에는 어려움이 다가오고 있으니까 시험에 들지 않도록 기도하고 있으라고 당부했다. 그리고는 때때로 그런 일이 있었듯이 베드로와 요한, 야고보를 따로 불러 너희는 나와 같이 좀 더 앞으로 나가자고 말했다. 세 제자는 어떤 특별한 부탁이라도 있을 것 같아 예수의 뒤를 따랐다. 그리고 한참 뒤 예수는 어둠 속에서 제자들의 얼굴을 응시하면서, "내 마음이 불안하고 떨려 견딜 수가 없다. 너희들은 여기 머물면서 깨어 있으라. 그리고 나와 너희들 자신을 위해 기도해 주기 바란다."라고 부탁했다.

예수는 다시 돌을 던질 만큼의 거리까지 앞으로 나갔다. 그리고 땅에 엎드려 기도를 드리기 시작했다. 예수의 마음은 몹시 불안하고 떨렸다. 예수는 앞으로 다가올 사태들을 미리부터 짐작하고 있었다. 사랑하는 제자들은 모두 흩어져 달아날 것이며, 자신은 악인들에게 붙잡혀 생명을 잃게 될 것이다. 자신을 따르던 수많은 제자와 무리들은 실망에 빠져 모든 꿈을 잃게 될 것이다. 하늘나라를 위한 온갖 노력은 수포로 돌아가 버리며, 하느님의 사랑과 영광을 기대했던 백성들은 태양이 없는 암흑 속으로 되돌아가야만 했다.

예수의 고통은 개인의 죽음과 함께 끝나는 것은 아니었다. 겨레와 인류에 대한 절망까지도 겹치는 고뇌의 잔이었다. '나의 죽음'을 몇 곱절 합치더라도 풀 수 없는 고뇌의 잔이 기다리고 있었다.

예수는 문자 그대로 온 인류의 장래와 희망을 걸고 하느님 아버지께 기도를 드렸다. 내용은 간단했다. 그러나 예수의 정열은 가득했고 사람의 아들로서 마지막으로 기도를 드렸다. 성경은 '아바 아바지여'라는 호칭으로 시작했다고 표현했다. 그것은 젖먹이 어린애가 어렸을 때 '아빠'라고 부르는 정과 친분이 어린 부르짖음이었다.

"아버지여, 이 잔이 나에게는 견딜 수 없을 만큼의 고통입니다. 아버지는 전능하십니다. 내가 이 잔을 마시지 않더라도 아버지의 뜻이 이루어질 수만 있다면 저에게서 이 잔이 물러나게 해 주시옵소서. 이것은 제 간절한 소원입니다. 그러나 제 뜻보다는 아버지의 뜻을 따르기로 하겠습니다."

그러나 정성어린 몇 차례의 기도였음에도 불구하고 예수는 하느님의 동의를 얻지 못했다.

기도로 땀투성이가 된 예수는 땅에서 머리를 들고 하늘을 쳐다보았다. 하늘에는 아까와 같이 별들이 반짝이고 있을 뿐 사면은 고요했다.

예수는 갈 곳이 없었다. 세 제자가 있는 곳을 찾았다. 그리 긴 시간이 흐르지 않았을 텐데, 세 제자는 벌써 깊은 잠에 빠져 있었다. 예수는 세 제자 중 베드로에게 힘을 주어 말했다. "시몬아, 벌써 자고 있느냐? 한 시간도 깨어 있을 수가 없었는가? 너희는 모두 깨어 있어 시험에 빠지지 않도록 기도해라. 물론 너희들의 마음은 그렇게 하기를 원하지만 육신이 약해 그렇구나!"

이렇게 말한 예수는 거기에 더 머무를 필요가 없었다. 또 그럴 시간의 여유도 없었다. 예수는 다시 먼저 자리로 나아가 같은 기도를 드렸다. 고난의 잔을 벗어나더라도 하느님 아버지의 뜻은 이루어질 수 있음은 분명했다. 그러나 그것은 예수의 인간적인 소원이었다. 묻고 또 기도를 드렸으나 하느님은 긍정적인 대답을 내리지 않았다.

예수의 심신은 허탈 상태에 빠졌다. 갈 곳이 없는 예수는 다시 세 제자가 있는 곳으로 찾아갔다. 위로를 받을 곳은 거기밖에 없었다. 예수는 왜 그런지 자기 자신이 너무 약해지고 있음을 숨길 바가 없었다. 그러나 제자들은 아까와 마찬가지로 또 잠에 빠져 있었다. 그것은 예수의 기도가 짧지 않았다는 사실을 입증해 준다. 예수는 제자들이 얼마나 피곤해 있으며, 졸음이 눈과 온몸을 휩싸고 있음을 알았다. 두 번째로 예수의 말없는 기대를 저버린 제자들은 할 말을 잃었다. 쥐구멍이라도 있으면 들어가고 싶을 정도로 민망한 심정이었다.

예수는 세 제자를 남겨 두고 다시 기도의 장소로 갔다. 땅에 엎드려 먼저보다 더 간곡한 기도를 드렸다. 그러나 아버지 하느님은 끝까지 침묵을 지킬 뿐이었다. 예수의 기도는 거절당한 것이다. 인간적인 나약성 때문에 기도를 드렸을 뿐 하느님의 뜻은 이미 결정되어 있음을 깨달았다.

세 번째 기도를 끝낸 예수는 최후의 결단을 내렸다. 어떤 어려움이 찾아오더라도 하느님의 뜻을 따르기로 한 것이었다. 그리고 그 순간, 모든 일이 즉석에서 벌어질 것임을 예감했다. 기도에서 얻은 예감이었다.

마지막 결단을 내린 예수는 서둘러 세 제자가 있는 곳으로 갔다. 이제 세 제자와 작별하면 앞으로는 홀로 고난의 길을 걸어야 한다.

제자들은 여전히 자고 있었다. 예수는 더 책망을 하지도 않았고 나무라지도 않았다.

예수는 조용히 입을 열었다.

"아직도 자느냐? 아직도 쉬어야 하겠는가? 그만했으면 넉넉할 것이다. 이제는 더 쉴 시간이 없다. 이미 때가 왔다. 보라. 인자가 죄인의 손에 넘어가게 되었다. 일어나 함께 가자. 나를 넘겨줄 자가 가까이 왔다."

예수의 일생에서 이렇게 다급하게 짧은 말을 되풀이한 적은 없었다. 예수 자신의 운명에 대한 긴박성, 제자들의 피곤과 졸음, 예수를 잡으러 온 무리들의 흉악스러움이 모두 극한을 이루고 있었기 때문이었다. 확실히 예수는 약해져 있었다. 약한 제자들의 동정을 구한 셈이다. "이제는 더 쉴 시간이 없다. 일어나 함께 가자."라고 부탁할 정도였다.

예수는 본래 이렇게 약한 인간은 아니었다. 또 제자들 앞에서 자신의 나약함을 드러낼 정도로 믿음이 없는 편도 아니었다. 그래서 복음서를 기록한 사람들은 악마의 작용일 것이라는 암시를 주고 있다. 어떻게 생각하면 예수는 자신의 죽음이 그동안 애써 선포해 온 하늘나라에 대한 희망까지도 헛되이 끝나게 만드는 것이 아닌가 하는 회의와 절망에 빠졌을지도 모른다.

이러한 순간이었다. 예수를 체포하려는 악당의 무리들이 목전에 다다랐다. 그들은 벌써부터 예수의 동정을 살피고 있었음에 틀림이 없었다. 몇 사람은 예수의 뒤를 미행했을 것이며; 연락병들은 일행이 대기하고 있는 본부로 예수와 그 일행의 동정을 계속 보고해 왔을 것이다. 그리고 그 소식은 극비리에 대제사장 가야바에게도 전달되고 있었다.

그들은 예수가 폭력이나 무력을 쓰지 않을 것임을 잘 알고 있었다. 제자들도 무장을 하거나 호신용 도구를 가지고 있지 않음을 잘 알고 있었다. 그러나 만일의 사태에 대비하기 위해 가야바의 사병들은 무기를 휴대했고, 추종하는 무리들은 칼과 몽둥이를 준비하고 있었다. 그수가 얼마나 되는지는 짐작할 수 없다. 그러나 열두 명을 처치하기에는 충분한 병력이었을 것이다. 선발대의 수는 20∼30명이었을지 모르나 그 배후에도 예비 부대는 있었을 것 같다. 물샐틈없이 짜인 작전이었음에 틀림이 없다.

무리를 이끌고 온 가롯 유다는 예수와 제자들 간의 대화가 채 끝나기도 전에 예수 앞으로 다가서면서 "선생님, 안녕하셨습니까?"라고 인사를 했다. 그 당시의 관례대로 유다는 예수의 어깨와 목을 얼싸안으면서 예수의 오른쪽 뺨으로 다정한 듯이 입을 맞추려는 자세를 취했다. 거기에는 몇 가지 의도가 포함되어 있었다. 내가 입맞추는 사람이 예수이니 체포하라는 암호가 들어가 있었음은 말할 필요도 없다. 또 그렇게 함으로써 예수가 도망을 치거나 폭력을 쓸 기회를 주지 않기 위해서였다. 뿐만 아니라, 그 작태가 하도 아니꼬울 정도로 간사했기 때문에 복음서 기자들은 하나같이 유다를 배반자, 반역자라고 부르고 있다.

유다는 스승에게 "안녕하십니까?"라고 인사를 했다. 두 사람이 마지막으로 헤어진 것은 불과 7~8시간 전이었다. 다른 제자들이 본다면 유다의 교태는 비위가 상할 정도로 극치였다.

유다의 뒤를 따른 무리들이 달려들어 예수를 체포했다. 모든 것이 순간적으로 진행되었다. 다급해진 예수의 제자들은 어떻게 할 바를 몰랐다. 잠에서 깨어난 열한 제자들은 정신을 가다듬을 여유조차 없었다.

그때였다. 베드로가 가지고 있던 칼자루를 뽑아 들었다. 겟세마네 동산에 올라오기 전에 예수에게 우리에게는 칼이 있다고 누군가가 말했던 생각이 떠올랐을지 모른다. 베드로는 그 칼로 무리 중의 한 사람을 내리쳤다. 대제사장의 종, 말고라는 사람의 한쪽 귀가 땅에 떨어졌다.

이 광경을 본 예수는 베드로에게 "네 검을 도로 집어 꽂으라. 검을 쓰는 사람은 모두 검으로 망하는 법이다."라고 말하며 폭력에 의한 대결을 막았다. 그리고 잡으러 온 무리들에게 조용히 말했다. "너희는 마치 강도에게 하듯이 검과 몽둥이를 들고 나를 잡으러 왔느냐? 내가 날마다 성전에 앉아서 가르치고 있었건만 너희가 손을 대지 않았다. 그러나 이 모든 것이 이렇게 된 것은 예언자들의 글을 이루려 하신 하느님의 뜻이다." 이렇게 조용히 체포당하면서 예수는 "내 제자들에게는 손을 대지 말라."라고 분부했다. 그것은 제자들로 하여금 조용히 여기를 떠날 여유를 만들어 준 것이기도 했다.

예수는 무리들에게 에워싸임을 당하면서 끌려갔고, 제자들은 제각기 뿔뿔이 흩어져 버렸다. 겟세마네 동산은 아무 일도 없었다는 듯이 정적을 되찾았다. 하루가 지나면 유월절이기 때문에 예루살렘 시내에는 여기저기 창밖으로 불빛이 흘러나오고 있었다.

14

예수에 대한 재판

가롯 유다와 앞장 선 무리들은 예수를 대제사장 가야바의 공관으로
끌고 갔다. 그들은 우월감보다는 승리감에 사로잡혀 있었을 것이다.
배반자인 유다가 앞장서 있어서 예수의 체면은 땅에 떨어져 있었고,
무리들은 상전에게서 예수 때문에 받은 피해 의식을 잘 보아왔기 때문
에 자신들의 거사가 대단한 승리임을 자축하고 싶었을 것이다.

대제사장 가야바는 모든 일의 추이를 잘 알고 있었으므로 생각을 같
이하는 종교계의 지도자들을 이미 공관으로 모아 놓고 있었다. 「마가
복음」은, '거기에는 대제사장들과 장로들과 율법 학자들이 모두 모여
있었다.'고 기록하고 있다. 그러니까 예수를 잡으러 가는 시간에 이미
그 결과를 예측하고 종교재판에 회부할 준비를 갖추고 있었던 것이다.

사실은 종교재판의 주역들만이 모인 것은 아니었다. 관심이 있는 공

의회의 회원들, 바리새파 지도자들, 친로마적 성격을 가진 정치꾼들도 자리를 같이했을 것이다. 이 사건은 어느 모로 보든지 많은 관심을 끌고 있었으며, 예수와 그 제자들을 제외하고는 거의 예측했던 바였기 때문이다.

단지 한 가지 짐작할 수 있는 것은, 갈릴리 사람들은 많지 않았으리라는 추측이다. 지역적인 거리와 감정적 격리감도 작용했을 것이나, 그들의 대부분은 아직도 객지 수도를 방문한 나그네의 상태를 벗어날 수 없었으며, 예루살렘의 정치 풍토에는 익숙하지 못했을 것이다. 또 사건을 꾸며 가는 사람들도 갈릴리 사람들의 접근을 여러 모로 피했음에 틀림이 없다. 예수가 갈릴리 사람이며, 만일 폭동이 일어난다면 갈릴리 지방 사람들이 주동이 될 수도 있었기 때문이다.

이때 예수의 제자들은 어떻게 되었을까. 제각기 겟세마네를 떠나 도망친 것으로 추측된다.

가룟 유다는 예수를 대제사장에게 인도한 후에는 어둠속으로 자취를 감춘 것 같다. 그리고는 시내로 숨어 들어온 산도둑처럼 예수가 어떻게 되는가를 직접적으로, 혹은 간접적으로 살피면서 거리를 방황하는 동안에 날이 밝았고 그 뒤로는 어디엔가 숨어서 재판 결과에 마음을 쓰고 있었음에 틀림이 없다. 예수의 사건을 아는 수많은 사람들의 이야기를 종합해 보았으나 모든 것이 절망적인 것뿐이었다. 역시 예수는 한 개인에 불과했음을 다시 발견했을 것이다.

우리의 관심을 모으는 제자는 역시 베드로이다. 베드로도 일행을 등지고 혼자 겟세마네를 빠져 나왔다. 예수를 따라 법정까지 갈 용기는 없었다. 사실 예수가 어디로 갈지는 베드로 자신도 모르고 있었다. 갈릴리에서 생애를 다 보냈기 때문에 베드로는 예루살렘의 풍토와는 거리가 멀었다. 할 수 없이 베드로는 어둠 속에 몸을 숨기고 있다가 예수의 일행을 멀리서 뒤따라 보았다. 예수를 떠날 수도 없지만 행동을 같이할 수도 없는 상황이었다.

베드로에게는 큰 약점이 있었다. 그것은 무지와 비겁함이었다. 기실 베드로는 사회나 정치의 움직임에는 거의 백지 상태였다. 그리고 적은 사람 앞에서는 뚝심을 부렸지만 속은 겁쟁이였다. 무지가 그 원인일 수도 있는 일이다.

만일 예수가 낮에 체포되었다면 베드로는 법정에 잠입해 들어가지 못했을 것이다. 아직도 어둠이 가시지 않은 새벽이었기 때문에 멀찌감치 예수의 일행을 뒤따른 베드로는 뒤늦게 대제사장 가야바의 공관 옆까지 다가갔다. 적지 않은 수의 사람들이 드나들고 있었으므로, 베드로도 그들 틈에 몸을 숨기면서 가야바의 공관 법정 대문 앞까지 도달했다.

가야바의 공관은 이중 뜰로 되어 있었다. 큰 대문으로 안뜰에 들어가면 거기에는 낮은 울타리 비슷한 것이 있고, 그 속에 다시 뜰이 있어 재판이 벌어졌다. 베드로가 대문 앞에서 망설이고 있을 때였다. 한 젊은 사람이 대문 안으로 들어가다가 베드로를 발견했다. 이 사람은 대제사장 가야바를 잘 아는, 그 시대의 인정을 받는 위치에 있으면서 예수에게 적지 않은 흠모의 마음을 가지고 있는 사람이었다. 그래서 자주 예수의 교훈을 듣기도 했고, 예수의 제자들과도 만나는 기회를 가졌던 사람이었다.

그가 베드로에게 물었다. "제자들은 다 어떻게 되었는가?"라고. 베드로는 부끄러움을 감추지 못하면서 "다 흩어져 도망갔다."라고 대답했다. 젊은이는 자기와 함께 들어가자고 권했다. 그러나 베드로는 겁에 질려 있었다. 나까지 체포하면 어떻게 하느냐는 무언의 표정을 지었다. 젊은이는 무슨 말이냐고 반문했다. 세상에는 법이 있고 사리가 있는 법인데, 그게 무슨 당치않은 생각이냐는 듯이 문지기에게 양해를 구하면서 대문 안으로 들어갔다. 겨우 안심한 베드로도 뒤따라 들어섰다. 그러나 베드로는 그 이상 더 앞으로 나설 수가 없었다. 안뜰로는 들어가지 못하고, 몇몇 사람들이 모닥불을 피워놓고 불을 쬐는 사이로 끼어들었다. 숨어서라도 예수의 동태를 살펴야 하겠기 때문이었다.

안을 들여다보았더니, 예수는 두 손이 묶인 채 대제사장 가야바 앞에 서서 재판을 받고 있었다. 그들은 지체없이 예수를 종교재판에 회부해서 사형에 처하려는 계획이었다. 그것은 그 아침에 결정된 일이 아니었다. 이미 오래 전부터 의도되고 계획된 일이었다. 가야바의 장인 대제사장 안나스가 유대인들에게 백성을 대신하여 한 사람이 죽는 것이 유익할 것이라고 말했던 것으로 미루어 알 수 있는 사실이었다. 예수 때문에 폭동이 일어나 많은 민중이 다치는 것보다는 예수 한 사람이 조용히 제거되면 정치적으로는 더할 나위 없는 이득이기 때문이었다. 결국은 그들의 뜻대로 진전되고 있는 것이었다.

대제사장 가야바는 많은 고발자들에게 발언의 기회를 주었다. 제각기 예수를 고발했다. 그러나 그 내용이 일치되지 않았다. 그저 죽여야 한다는 고함 소리가 계속 들려 올 뿐이었다. 그중의 한 사람이 구체적인 발언을 했다. 그는 "이 사람이 바로 나흘 전 예루살렘 성전 뜰 안에서 '나는 사람의 손으로 지은 이 성전을 헐고 손으로 짓지 않은 다른 성전을 사흘 만에 세우겠다.'라고 말하는 것을 직접 들었다. 이는 성전을 모독한 죄에 해당하며, 나아가서는 하느님을 훼방하는 불신앙으로 단정해야 한다."고 외쳤다. 그러나 그 발언도 뒷받침해 주지 못했다.

고소자들의 발언에 실망한 가야바는 자신이 직접 일어나 예수 앞으로 다가갔다. 그리고 "이 많은 증인들이 그대에게 불리한 증언을 하고 있는데, 그대는 무어라고 답변할 말이 없느냐?"라고 물었다. 가야바는 발언자들을 증인이라고 힘주어 말했고, 그들의 증언에 답하라고 요청했다. 그것은 이미 예수를 죄인으로 인정했다는 말이었다. 그러나 그 말에 대해서 예수는 입을 열지 않았다. 말을 할 필요조차 느끼지 못했기 때문이었다.

대제사장은 계획했던 대로 직접 심문에 나섰다. 대제사장이 가진 권한은 종교에 관한 것이었다. 민란이라든가 폭동 같은 것은 치안을 담당하는 로마 정권에 속하는 것이었기 때문이다. 가야바는 예수에게 단도직입적으로, "당신이 찬양을 받으실 분의 아들 그리스도인가?"라고 물었다. 예수는 이 물음에 대한 대답이 얼마나 중요하냐는 사실을 잘 알고 있었다. 대답 여하에 따라 자신의 생명의 존속 여부가 결정된다는 것을 모를 리 없었다. 그렇다고 해서 침묵을 지킨다면 자신에게 주어진 하느님의 뜻을 거부하는 결과가 된다. 예수는 서슴지 않고,

"내가 바로 그 사람이다. 너희는 내가 전능하신 분의 오른편에 앉아 있는 것과 하늘 구름을 타고 오는 것을 볼 것이다."

라고 대답했다.

그 대답을 들은 대제사장은 자기 옷을 찢으며 외쳤다. "여러분, 이 이상 무슨 증언이 더 필요하겠습니까? 여러분은 지금 하느님을 모독하는 말을 직접 들었습니다. 여러분은 어떻게 생각하십니까?" 둘러섰던 사람들은 일제히 고함을 질렀다. "그는 사형에 처해야 합니다!"

이렇게 해서 예수에 대한 종교적 재판은 끝났다.

이런 재판이 벌어지는 어간의 일이었다. 상황을 지켜보고 있던 베드로 앞에 한 여종이 나타났다. 대제사장의 공관에서 심부름을 하는 소녀였을 것이다. 그녀는 불빛에 비치는 베드로의 얼굴을 빤히 들여다보면서, "당신도 나사렛 사람 예수와 같이 다녔지요?"라고 물었다. 베드로의 옷차림이나 아까부터의 거동으로 보아 그가 갈릴리 사람임을 알아챘고, 예수의 일당 같은 수상함을 느꼈기 때문이었다. 베드로는 흠칫 놀라면서 "나는 아무것도 모른다. 네가 무슨 말을 하는지 모르겠다."라고 대답하면서 자리를 떴다. 제삼자인 것처럼 예수를 가볍게 부인한 것이다. 그 자리에 더 머무르는 것이 위태롭겠다고 생각한 베드로는 슬그머니 대문이 있는 바깥쪽으로 발걸음을 옮겼다. 거기에도 모닥불이 타고 있었으며, 몇 사람이 불을 쬐고 있었다.

그러나 여종들의 시선은 날카로웠다. 그쪽에 있던 또 다른 여종이 여러 사람들이 보는 곳에서, "이 사람은 나사렛 예수와 함께 다니던 사람입니다."라고 쏘아붙였다. 그 말을 들은 베드로는 당황했다. 그래서 "나는 그 사람을 알지도 못합니다."라고 일축해 버렸다. 위험이 가까워 져 오는 것 같은 인상을 받았기 때문이었다. 이제는 이곳을 떠나야겠 다는 생각을 굳혔을 때 옆에 섰던 사람이 다시 입을 열었다. "이 사람 은 틀림없이 저 예수와 한패입니다. 그 말씨가 갈릴리 사람임을 증명 하지 않습니까?" 그는 사람들에게 동의를 구했다.

베드로는 어찌할 바를 몰랐다. 자기도 곧 체포되고 재판을 받게 될지 모른다. 그래서 베드로는 그 사실을 저주하고 맹세하면서, "나는 그 사 람과는 아무 상관도 없으며 알지도 못하는 사람이다."라고 큰 소리로 단정해 버렸다. 위기를 벗어나기 위해서는 강력한 표현과 발언이 필요 했던 것이다. 다행히 그를 붙들려는 사람은 없었다.

바로 그때였다. 어디선가 새벽 닭이 우는 소리가 두 번 들려 왔다. 닭 이 우는 소리를 들은 베드로는 깜짝 놀랐다. 반사적으로 얼굴을 예수 가 있는 쪽으로 돌렸다. 그런데 어떻게 된 일인가. 두 손이 묶인 채로 서 있던 예수가 몸을 뒤로 돌리고 들려오는 닭의 우는 소리와 더불어 넘겨다보고 있지 않은가. 그 순간 베드로는 넋을 잃은 사람 모양의 화 석처럼 굳어졌다. 잠시 뒤 베드로는 두 손으로 얼굴을 가리면서 대문 밖으로 달려 나왔다. 그리고는 사람이 없는 어둠 속을 찾아가 한없이 울었다. 네가 닭이 두 번 울기 전에 나를 세 번 부인하리라던 예수의 음 성이 귓전을 쟁쟁히 울렸기 때문이다.

베드로의 일생에서 이렇게 한없는 울음을 터뜨린 일은 과거에도 미 래에도 없었다. 베드로는 비로소 인간이 얼마나 약한가란 사실을 깨달왔고, 자신이 얼마나 저주스러울 정도로 비겁한 존재인가를 발견했다. 그때의 베드로는 더 살아남고 싶은 의욕조차 사라졌을 것이다.

재판을 끝낸 가야바는 사후 처리를 해야 했다. 예수를 종교적 불경죄로 몰아세우기는 했으나, 가야바에게는 사형 집행권이 없었다. 스데반이 돌에 맞아 죽을 때와 같이 사울과 같은 유력 인사가 민중들 앞에서 증인이 될 처지도 못 되었다. 가야바는 주변의 몇 사람의 의견대로 로마의 총독 빌라도의 힘을 빌리기로 했다. 빌라도에 의해 로마법에 따라 처형되면 전혀 뒤탈이 없을 것이기 때문이었다.

고빌자들은 예수를 이끌고 빌라도에게 갔다. 미리 몇 사람을 보내 내통해 두었던 것이다.

보고를 접한 빌라도는 예수가 갈릴리 사람이라는 것을 알았다. 그렇다면 그것은 분봉왕 헤롯의 관할권에 속하는 것이다. 때마침 유월절 때문에 헤롯 왕이 예루살렘에 머물고 있는 터였다. 빌라도는 귀찮은 문제에 말려들고 싶지 않았다. 로마의 총독인 빌라도는 될 수 있으면 종교적인 싸움에는 말려들지 않음이 지혜로운 처세술임을 누구보다도 잘 알고 있었다.

빌라도는 예수의 문제에 깊숙이 개입하기 전에, 갈릴리 사람의 문제라면 헤롯 왕에게 인도함이 타당할 것이라는 단서를 달아 예수를 헤롯 왕에게로 인계했다. 빌라도는 책임을 벗어나기 위해서라도 정중한 내용의 단서를 달아 보냈음에 틀림이 없다.

빌라도의 호의적인 전갈을 받은 헤롯 왕은 두 가지 면에서 예수를 기꺼이 대할 수 있었다. 그 하나는, 빌라도가 자신의 체통과 위신을 세워준 것에 대한 가벼운 만족감이었으며, 다른 하나는 기회만 있다면 한번 예수를 대면하고 싶었다. 세례자 요한이 처형당한 뒤부터 예수는 제2의 요한이라는 말을 계속 들어 왔다. 그 예수가 남다른 기적을 행한다는 소식을 접했기 때문이었다.

헤롯 왕은 지체하지 않고 예수를 만났다. 어쩌면 눈앞에서 놀라운 기적을 행할지도 모르는 일이었다. 그러나 예수를 본 헤롯 왕은 실망했다. 제자에게 배반당해 팔려와 두 손이 묶인 예수는 세례자 요한이 갖춘 위엄조차도 없어 보였다. 오직 한 가지 다른 점이 있다면 요한에게는 투쟁적인 의지와 용기가 넘쳐났는데, 예수에게는 조용한 침묵과 힘을 행사할 조건을 갖추지 못한 고독이 감싸고 있을 뿐이었다.

헤롯 왕은 예수에게 몇 가지 질문을 던져 보았다. 그러나 예수는 헤롯 왕을 눈여겨보려고도 하지 않았다. 전혀 입을 열지 않았다. 가야바 앞에서와 마찬가지로 정치권력 앞에서는 무력한 제사장들과 율법 학자들이 약간 뒤늦게 도착하여 헤롯 왕에게 아첨하는 발언과 더불어 예수는 처형되어 죽어야 한다고 아우성을 쳤다. 헤롯 왕은 대제사장과는 달리 한 인간의 생사를 다룰 권력을 장악하고 있었기 때문이었다.

그러나 헤롯 왕의 생각은 달랐다. 그는 약간 모자라는 인간이었으나 음흉한 면을 지니고 있는, 경험이 많고 교활한 인물이었다. 예수가 그를 '저 여우'라고 비꼬았을 정도였다. 성실한 사람이라면 더불어 진실을 말할 필요조차 없는 위인이었다. 그때 헤롯 왕의 머릿속에는 좋은 생각이 떠올랐다. 예수를 빌라도에게 다시 돌려보내자. 그 대신에 사형에 처해도 무방할 것 같다는 자신의 의견을 밝히는 것도 괜찮을 것으로 여겼다.

헤롯 왕은 안면이 있는 한두 제사장에게 그 뜻을 암시해 주면서 빌라도에게 편지를 썼다. '나는 내 통치 영역을 벗어나 잠시 예루살렘에 머물러 있기 때문에, 비록 예수가 갈릴리 사람이라고는 하나 그를 재판할 처지가 못 된다. 그러니 나에게 속한 시민이지만 모든 재판과 생살권을 귀하에게 전적으로 위임하는 바이다. 그대가 로마의 법에 따라 어떤 결정을 내리든지 나는 기꺼이 지지할 것이다. 바쁘신 중에도 범인에 대한 예의를 갖추어 주신 데 대하여 감사한다.'는 내용의 글이었을 것이다.

그 당시에는 모든 재판에서 유죄 판결이 내려지게 되면 그 사실을 제소자측과 재판관이 승인하는 뜻에서 범인에게 체형을 가하는 관습이 있었다. 체형을 가하는 일은 범인을 담당한 경호원이나 군인들에게 맡겨져 있었다. 가야바의 법정에서도 그런 일이 있었고 빌라도의 재판에서도 마찬가지였으나, 헤롯 왕도 예수에 대한 모욕적인 체벌을 가하는 것을 용인한 것이다.

그래서 예수를 호위하거나 인솔했던 무리들은 예수를 조롱하고 체벌을 가했다. 아직 사형이 결정된 것은 아니나 유죄가 인정되었다는 표시였기 때문에 재판 내용과 연결되는 야유가 퍼부어졌다. 사람들은 예수의 눈을 가리고 "네 뺨을 치는 자가 누구냐?"라며 비웃었다. "이스라엘의 임금이시여, 안녕하십니까?"라고 비꼬면서 침을 뱉는 사람들도 있었다.

이러한 모욕적인 행사가 끝난 뒤 예수는 다시 빌라도에게 인계되었다. 두 공관의 거리는 멀지 않았다. 빌라도의 공관은 예루살렘 성전 서북쪽 끝에 해당하는 안토니오 탑 밑이었을 것으로 짐작된다. 성전 성곽이 꽤 높았으나 안토니오 탑은 성전 안을 샅샅이 살펴볼 수 있을 정도의 높이를 가진 망대였다. 그 위치도 성전 뜰보다는 훨씬 높은 언덕에 해당했다.

성경은, 그때까지 빌라도와 헤롯 왕의 사이가 좋지 않았으나 이 일을 계기로 하여 서로 친구가 되었다고 기록하고 있다.

예수가 헤롯 왕의 관저를 다녀오는 동안 날은 완전히 밝아 아침이 되었다. 이 하루가 지나면 온 백성이 감격을 안고 경건히 맞는 유월절이된다. 사실은 이 날도 유월절 전날이기 때문에 백성들은 구속의 명절을 맞는 마음의 준비로 들떠 있었다.

빌라도는 유대인은 아니지만, 오늘과 내일은 모든 일이 무사히 또 조용히 지나기를 바라는 마음이었다. 그러나 모든 일이 뜻대로 되는 것은 아니었다.

헤롯 왕에게로 갔던 예수가 다시 온다는 전갈이 왔고, 잠시 후에는 결박을 당한 예수가 공관 문 안에 나타났다. 주변에는 제사장들, 율법학자들, 유대교의 장로들이 위엄을 가장한 모습으로 빌라도를 응시하고 있었다.

오랜 경험을 쌓은 빌라도는, 귀찮은 일이 벌어졌고 또 그 결과도 좋은 방향으로 낙착되기는 어려울 것 같다는 예감이 들었다.

빌라도는 헤롯 왕의 서신을 읽었다. 그리고는 정식 재판을 열 준비를 갖추었다. 군인들이 법정을 둘러싸 치안에 만전을 기하도록 했다. 그 책임은 백부장에게 있었기 때문에 100명의 군인이 법정 안과 주변을 경호하게 되어 있었다. 재판에 참여할 부관들 몇이 자리를 잡았다.

그리고 빌라도는 예수를 자기 앞으로 나와 서도록 지시했다. 예수를 이끌고 온 대제사장의 사병들과 헤롯 왕의 병사들은 예수를 인계해 준 다음 법정 밖으로 나갔다. 빌라도는 왜 제사장들을 비롯한 제소자들이 뜰 안으로 들어오지 않느냐고 옆에 있는 부하에게 물었다. 부하의 대답은 약간 상상 밖이었다. 내일이 유월절이기 때문에 유대인들은 몸을 더럽히지 않고 유월절 식사를 하기 위해 관저 안으로 들어오지 않는 것이라고 말했다. 그 말을 들은 빌라도는 속으로 쓴 웃음을 지었다. 그는 '자기 동족을 죽여 달라고 이곳까지 끌고 온 주제에 법원 뜰에 들어오는 것은 죄가 된다……? 저러니 차라리 종교가 없는 편이 옳지!' 라고 생각했다.

빌라도의 재판은 불편하게 되었다. 재판석에서 예수를 심문한 다음에는 그 내용을 법원 밖에 있는 제소자들에게 통고하는 번거로움이 부득이했기 때문이다.

그러는 동안에 좌중은 정돈되었다. 빌라도는 잠시 예수를 내려다보았다. 불타는 정신력은 가지고 있었으나 몹시 피곤해 보였다. 빌라도는 생각했다. 저 사람이 목수였다는데, 모든 직업을 초월한 인품이었다. 지금까지 많은 종교계의 지도자들을 대해 보았으나 예수는 그들과는 아주 달랐다. 방금 땅 속에서 솟아올라 왔거나 하늘에서 내려온 인간 같은 인상이었다. 빌라도는 저 예수에게 죄가 있는 것이 아니라, 신앙적인 시기와 질투심 때문에 종교적 집권자들이 제거하려는 속셈임을 곧 알 수 있었다. 그렇다면 반드시 나의 재판을 받을 필요가 없지 않느냐는 생각이 들었다.

빌라도는 정식으로 재판을 열기 전에 문 밖으로 나가, "당신들은 이 사람을 무슨 일로 고소하는 거요?"라고 물었다. 군중의 대표격이 되는 사람들은 기다리기라도 했었다는 듯이, "그가 범죄자가 아니라면 우리가 당신에게 넘기지 않았을 것입니다."라고 당당히 대답했다. 그 말을 들은 빌라도는 "그렇게 범죄 사실이 확실하다면 그대들이 그를 데리고 나가 그대들의 법대로 처단하시오."라고 역정스러운 반론을 제기했다.

그러자 제소자들의 기세가 더욱 거세졌다. "우리에게는 죽일 권한이 없습니다."라는 것이었다. 다른 사람들은 예수의 죄는 사형에 해당하기 때문에 끌고 온 것이라고 말했고, 또 다른 사람은 예수의 범죄는 로마법에 해당하는 내란죄라고 못 박았다.

빌라도는 할 수 없이 안으로 들어와 법좌에 앉았다. 대문 밖에서는 더 큰 소리로 떠드는 소리가 들려 왔다. 한참 뒤 빌라도는 예수에게 직선적인 질문을 던졌다. "그대가 유대인의 왕이냐?"라고. 예수는 "그대의 말은 그대의 생각에서 나온 것인가, 아니면 다른 사람들이 전해준 말인가?"라고 물었다. 빌라도는 "내가 유대 사람이란 말인가. 너의 동족과 대제사장들이 그대를 나에게 넘긴 것이다. 도대체 그대는 무슨 잘못을 저질렀는가?"라고 물었다. 예수는 "내 나라는 이 세상에 속한 것이 아니다. 만일 그렇다면 나를 따르는 사람들이 나를 유대인들의 손에 넘어가지 않게 했을 것이다. 그러므로 내 나라는 이 세상에 속한 것이 아니다."라고 단언했다. 빌라도는 "그러면 네가 그 나라의 왕이냐?"라고 다시 물었다. 예수는 엄숙하게, "네가 말한 대로 내가 왕이다."라고 대답했다. 이어 "그러나 나는 진리를 증거 하려고 세상에 왔다. 진리에 산 사람은 누구나 내 음성을 듣는다."라고 했다. 빌라도는 예수에 대하여 흥미는 느꼈으나 지금은 사사로운 관심을 가질 때는 못되었다. 그래서 "진리가 무엇이냐?"라고 물었으나 그 대답을 기다리지는 않았다.

그럴 때였다. 「마태복음」에 의하면, 빌라도의 아내가 사람을 시켜 빌라도에게 쪽지를 보내 왔다. 거기에는, '당신은 그 의로운 사람에게 아무 상관도 마십시오. 오늘 꿈에 내가 그분 때문에 몹시 괴로웠습니다.'라는 글이 적혀 있었다. 빌라도의 생각도 마찬가지였다. 예수가 사형에 해당하는 죄를 지었다고는 판단할 수 없었다.

그때 빌라도에게 한 가지 생각이 떠올랐다. 해마다 유월절이 되면 이스라엘 사람들의 환심을 사기 위해 그들이 원하는 죄수 한 사람씩을 석방하는 전례가 있어 몇 사람들이 민란을 일으키고 살인을 저지른 바라바를 놓아 달라는 청원이 있었는데, 바라바보다는 예수를 풀어 주는 것이 좋겠다는 발상을 한 것이다.

그래서 빌라도는 제소자들이 있는 곳으로 나가 그들의 의향을 타진해 보기로 했다. 예수를 고소하는 군중의 수는 이른 아침보다 좀 더 늘어나 있었다. 그리고 그동안 제사장들과 장로들의 모의가 굳어졌기 때문에 빌라도가 처음 그들을 대했을 때와는 달리 분위기가 더욱 험악해

저 있었다. 빌라도는 그들을 대하기가 역겨워졌다. 그러나 그들을 적대시하거나 멸시하는 태도를 취하면 자신에게도 불리하다는 사실을 잘 알고 있었다.

빌라도는 그들에게 비교적 정중히 입을 열었다. "여러분, 해마다 유월절이 되면 여러분이 원하는 죄수 한 사람씩을 특사로 풀어 주는 일이 있곤 했는데, 이번 기회에 여러분이 고소한 저 예수를 죄인으로 인정하고, 그 대신 특사령을 적용하여 풀어 주면 어떻겠는가?"라고 제안했다.

그러나 군중의 발언은 의외로 드높아졌다. "아닙니다. 저 예수는 십자가에 못 박게 하고, 차라리 바라바를 놓아 주십시오."하는 것이었다. 그들은 이미 바라바의 석방 요청이 있는 것을 알고 있었던 모양이었다. 제사장과 장로들은 빌라도가 어떤 구실을 만들어서라도 예수에 대한 책임을 회피하려는 눈치를 쉽게 간파했던 것이다. 그들은 처음에도 당신네 공의회에서는 예수를 처형해야 한다고 하지만 헤롯 왕도 예수의 죄과를 인정치 못해 나에게 회송하지 않았느냐고 말했던 빌라도의 심중을 모를 리 없었다.

빌라도는 할 수 없이 "그러면 유대인의 왕이라는 저 예수를 어떻게 하기를 원하는가?"라고 반문했다. 군중들의 대답은 하나뿐이었다. 십자가에 처형해야 한다는 것이다. 빌라도의 입장은 난처해졌다. 이쯤되면 선택의 여지가 없었다. 이성과 양식을 잃은 군중 심리와 적개심에 사로잡힌 무리들이었다.

그때였다. 무리 중의 한 사람이 외쳤다. 그는 "우리는 저 예수가 단

순히 종교적인 모독죄만 저지른 것으로 여기까지 끌고 온 것이 아니다. 가이사에게 세금 바치는 것을 반대했고, 이것은 결국 로마 황제의 통치를 거역하는 반역죄에 해당하기 때문에 여기까지 제소해 온 것이다. 이제 만인이 다 아는 사실을 당신이 묵과하고 저 예수를 처단하지 않는다면 당신은 가이사의 파송을 받은 총독으로 황제와 치안에 대한 의무와 충성을 저버리는 과오를 범하는 것으로밖에 볼 수 없다. 그렇게 된다면 우리는 또 다른 방도를 강구해야 하는 것이 아닌가."라고 발언했다.

빌라도와 고소자들은 그 이야기를 들었다. 빌라도의 안색에 변화가 왔다. 자칫하면 이들이 예수의 문제를 자신의 정치권력과 연결지어 자신을 불리한 행동으로 이끌어 갈 것 같았다. 고소자들은 결정적이며 악질적인 지혜로운 발언에 쾌재를 불렀다. 이제는 빌라도도 어쩔 수 없음을 간파했다. 빌라도는 지고 만 것이다.

빌라도는 할 수 없이 제 자리로 돌아와 앉았다. 자신의 위치가 너무나 처참해졌다. 결국은 내가 패자가 되는구나 하고 생각했다. 그러나 패자의 잔을 마셔야 할 만큼 그 당시 빌라도의 정치적 기반은 흔들리고 있었다.

잠시 후 빌라도는 예수에게 몇 가지 질문을 더 던져 보았다. 그러나 여전히 예수는 먼 후일에 남아야 할 종교적 질문을 제외하고는 일체 대답이 없었다. 그 침묵은 신기하게 느껴질 정도였다. 약자가 된 빌라도는 예수에게, "저렇게 많은 군중들이 그대를 고발하고 있다. 내가 보기에 그대에게는 큰 죄가 없는 것 같은데 왜 아무 말도 하지 않는가. 어떤 변명이라도 있어야 할 것이 아니냐. 내가 그대를 죽일 수도 있고 살릴 수도 있다는 사실을 모르고 있는가?"라고 물었다.

그 말을 들은 예수는 빌라도를 바라보았다. 예수의 표정은, 이 일은 당신이 마음대로 하는 것이 아니라 하느님의 뜻이 이루어지기 위한 것이라고 가르쳐 주는 표정이었다.

선택의 여지가 없어진 빌라도는 다시 고소자들이 있는 곳으로 다가갔다. 그리고 조용히 말했다. "나는 저 예수라는 사람이 죽을죄를 지었다고는 생각지 않는다. 오히려……." 빌라도는 말을 계속할 수가 없었다. 군중들은 극도로 흥분해 있었다. 복음서 기자들은 '폭동이 일어날 것 같았다.'라고 확실히 기록하고 있다. 빌라도의 측근자들도 이름 없는 목수를 십자가에 죽게 하는 것이 지혜로운 처사일 것이라는 의견들이었다.

오기와 더불어 실의에 찬 빌라도는, "좋소, 당신네들이 원하는 대로 바라바는 놓아 주고 저 예수는 사형에 처하도록 하겠다. 그것이 당신들의 뜻이라면 할 수 없다."라는 결정을 내렸다. 마태는 빌라도가 물에 손을 씻으면서 "나는 이 사람의 피에 대하여 책임이 없으니 그대들이 알아서 하시오."라고 정신적 무죄를 선언했다고 기록했다. 이에 대하여 고소자들은, "그 사람의 피의 대가를 우리와 우리 자손에게 돌리라."라고 외친 것으로 되어 있다. 역사의 결과도 그렇게 되었지만…….

빌라도는 예수를 처형하고 싶지 않았다. 「마가복음」에는 빌라도가 세 차례나 예수의 무죄를 강조하고 싶었으나 실패했다고 기록하고 있다. 모든 노력이 수포로 돌아간 것을 안 빌라도는 불쾌한 표정을 숨기지 못한 채 고소자들 앞으로 나왔다. 군중들은 자신들의 승리를 직감했다. 빌라도는 한번 더 기회를 엿보고 싶었으나 헛수고였다. 어차피 이렇게 된 바에는 제소자들에게 선심을 보이는 것이 좋을 것 같았다.

빌라도는, "그러면 바라바는 여러분 앞에 석방하고 유대인의 왕이라는 저 예수에게는 사형 언도를 내린다."고 선언했다. 판결을 들은 군중들은 쾌재를 불렀다. 이제는 모든 일이 끝난 것이다. 빌라도는 한 번 더 조용히 서 있는 예수의 모습을 보았다. 무엇인가 일들이 잘못되어 가고 있다고 생각했다. 그리고는 대기하고 있는 백부장에게, "그대가 맡아서 처리하라."라고 지시를 내렸다. 빌라도는 다시는 이런 일이 없었으면 좋겠다는 생각을 하면서 관저 안으로 들어갔다. 왜 그런지 빌라도는, 나도 저 예수와 같이 어떤 믿는 바가 있었으면 좋겠다고 생각했다. 자신이 걷고 있는 길이 나락으로 떨어져 가는 것 같은 허전함을 느꼈다.

이렇게 해서 예수에 대한 재판은 끝났다.

15

몇 사람에 관하여

　네 복음서의 기자들은 하나같이 대제사장 가야바를 나쁜 사람으로 묘사했고, 오히려 빌라도에게 동정을 보이는 방향을 택하고 있다.

　가야바는 종교 기득권을 유지하고 확장하기 위해 의도적으로 예수를 죽이려고 했다. 거의 주모자와 주동자의 책임을 맡은 셈이었다. 그의 장인인 안나스도 대제사장직을 지냈는데, 가야바와 모의해 군중들을 충동질한 것으로 되어 있다.

　이에 반하면, 빌라도는 끝까지 예수가 무죄임을 믿었고, 석방해 주려고 애쓴 사람이다. 그러므로 복음서의 기자들이 빌라도를 옹호하는 입장을 택했음은 당연한 일일지 모른다. 마태는 빌라도의 과오보다는 하느님의 뜻이 더 중요했기 때문에 이 모든 일들이 전개되는 것으로 해석하고 있다. 요한도 비슷한 입장을 취한 셈이다. 그리고 빌라도보다는 가야바가 더 질이 나쁜 선동자였음은 의심의 여지가 없다.

여기에서 우리가 주목해야 할 것은, 가야바는 구약 종교를 책임 맡은 성직자였고 빌라도는 로마의 파송을 받은 총독, 즉 이방인이었다는 사실이다. 결국 예수를 죽음으로 몰아넣은 사람은 배반자인 유다와 종교 지도자였던 가야바가 주동 인물이었던 것이다. 그 가야바와 추종자들을 오늘날의 종교적 직책에 견주어 본다면 누구였겠는가 함이 문제이다.

빌라도는 객관적으로 사리를 따질 위치에 있었으나 가야바는 선입관념에서 벗어날 힘조차 없었다. 빌라도는 처형을 결정짓는 과오는 범했으나 사건의 시시비비는 가릴 수 있었다. 그러나 가야바는 그런 능력조차 상실하고 말았던 것이다. 유감스럽게도 긴 기독교의 역사가 가야바와 같은 과오를 계속 되풀이하고 있다. 만일 예수 그리스도라는 한 인물이 없었다면, 그리고 안나스나 가야바와 같은 종교계의 지도자가 전부였다면 유대교와 구약종교는 파국을 면치 못했을 것이다. 교권이 진실을 묻어 버리며, 교리가 진실을 은폐하는 일은 예나 지금이나 큰 차이가 없다.

그렇다고 해서 우리는 빌라도를 옹호하는 것은 아니다. 오래 전부터 교회가 계승해 온 교리에서 예수는 '본디오 빌라도에게 고난을 받으사 십자가에 못 박혀 죽으셨다.'로 기록되어 있다. 빌라도가 예수를 처형한 직접적인 역사적 책임자가 되었다는 것이다. 어떤 학자들은 역사적으로 실재했던 빌라도의 위치가 예수라는 인물의 실재성을 입증해 주고 있다고 본다. 로마의 역사에서 빌라도는 적지 않은 비중을 차지하고 있기 때문이다. 빌라도는 비교적 유능한 군인 출신의 통치자였다. 그가 아우구스투스 로마 황제의 총애를 받아 그의 손녀딸인 글라우디아 프로클라와 결혼한 사실이나, 말썽 많은 유다 지방의 총독으로 부임했던 사실들이 이를 입증해 주고 있다.

그러나 그는 인류 역사에서 단 한 번 있었던 재판을 그르쳤다. 빌라도가 팔레스타인으로 처음 부임해 올 때 그를 뒷받침해 주었던 로마 황제가 바뀌고 자신의 정치적 배경이 약해진 것을 안 빌라도는 로마에 대한 아첨과 정권 유지를 위해 노력은 했으나, 그 결과로 무죄한 예수를 사형에 처하기에 이른 것이다.

빌라도는 그 뒤, 이스라엘 민족 속에서 일어난 어떤 집단의 사건을 반로마적인 정치적 폭동으로 착각하고 무리들을 모두 학살하는 실수를 범했다. 그때문에 로마에 대한 이스라엘 사람들의 감정이 악화되자 로마는 그를 소환하여 변방인 게르마니아 지방으로 좌천시켜 버린 것으로 추정된다. 어떤 사람들은 계속 권좌에서 밀려나리라는 것을 예측하고 자살한 것 같다고도 말한다.

어쨌든 빌라도는 역사적 재판을 그르쳤고, 예수를 사형으로 몰아넣은 종교계의 지도자들은 의인의 피의 대가를 민족과 더불어 책임지게 된 것이다.

그런데 여기 또 색다른 한 사람의 기록이 복음서에 나타나고 있다. 그는 다름 아닌 빌라도의 부하로서 예수의 십자가 처형을 책임 맡았던 로마 군인인 백부장이다. 물론 그의 상관은 가이사랴에 머물고 있는 천부장이었을 것이다. 그러나 팔레스타인에 머무는 전 로마 군대의 총 책임자인 빌라도에 직속되어 있었으므로 이 백부장의 위치와 실권은 대단한 것이었다.

그 이름을 알 수 없는 백부장은 재판이 벌어지고 있는 동안 시종 빌라도를 보좌하고 있었다. 그리고 재판이 끝난 뒤부터 예수의 운명까지 모든 책임을 감당하는 권리와 의무를 행사해야 했다. 그는 로마의 군인답게 모든 절차를 빈틈없이 진행시켜 나갔다. 치안에 대한 문제는 사형 집행에 있어 빌라도의 의도를 유감없이 살려냈다.

그는 자신의 임무를 히지 없이 추진시켜 가는 도중에 몇 가지 사실을 발견하기에 이르렀다. 무엇보다도 확실한 것은, 예수가 적어도 로마법에 의해서는 죄인이 못 된다는 점이었다. 유대인들의 질투와 음모의 제물이라는 사실은 의심의 여지가 없었다. 그러나 십자가형은 이미 결정된 사실이다. 처형이 끝날 때까지 예수의 제자들도 잠잠했고, 심지어는 친척이나 친지들까지도 표면에 나타나지 않는 것으로 미루어, 백부장은 예수를 외롭고 무능한 예언자 정도로 생각하기에 이르렀다.

그러면서도 백부장은 예수의 최후의 장면들은 조심스럽게 관찰하고 싶었다. 어딘가 보통 사람들과는 다른 면들을 느꼈기 때문이었다. 그러나 임종을 앞두고 십자가 위에서 벌어진 사건들, 특히 낮부터 3시간 동안 일어난 이상한 자연 현상들, 삶의 종말과 죽음을 거룩하게 이끌어 가는 예수의 모습과 교훈들은 백부장의 심금을 울렸다. 그것은 보통 사람은 물론 로마의 어떤 지도자들도 취할 수 없는 존엄하고 거룩한 것이었다.

백부장은 자신도 모르게 이스라엘 사람들이 믿고 있는 종교적 신앙심의 실체를 느낀 것 같았다. 뿐만 아니라, 저 예수는 땅 위의 어떤 사람과도 다른 의인이며, 거룩함을 지닌 인물이었음을 부정할 수가 없었다. 그래서 예수의 운명 직후 그는 솔직히 감탄했다. 「누가복음」은 백부장이 일어난 모든 일을 보고 하느님께 영광을 돌리며 "이 사람은 참으로 의로운 사람이었다."라고 실토한 것으로 기록했다. 마가와 마태는 똑같이, "참으로 이 사람은 하느님의 아들이었다."라고 고백한 것으로 기록하고 있다.

이렇게 본다면 백부장은 가야바의 편협한 선입관념이나 빌라도의 이해가 얽힌 정치성과 무관했기 때문에 오히려 예수를 객관적으로 대할 수 있었고, 그것이 두 지도자와는 상반되는 결과를 가져온 것으로 보인다. 예수를 따르던 서민들이나 소박한 마음으로 예수를 대하는 현대인들이 그러하듯이.

이야기가 이 세사람에 미치게 되면 우리는 자연히 그동안 가롯 유다는 어떻게 되었으며, 베드로와 열 명의 제자들은 그동안 무엇을 했는가를 묻고 싶어진다.

가롯 유다에 관한 기록은 「마태복음」과 「사도행전」에 남아 있다.

유다는 겟세마네 동산에서 스승을 잡아 넘겨 준 뒤 대제사장 가야바의 법정을 빠져 나와 그 귀추가 어떻게 되는가를 지켜보았을 것이다.

첩보원들과의 연락도 있었겠지만 자기가 맡았던 일은 이미 끝났다. 아직 어둠이 깃든 새벽이었으므로 유다는 멀리서 예수를 미행했음에 틀림이 없다. 가야바가 내린 판결은 아직 사형에 이르지 않았기 때문에 유다는 빌라도의 법정 소식까지 기다렸을 것 같다.

그러나 예수의 사형이 법적 절차를 밟아 결정되었다는 사실을 알게 된 유다는 어떻게 할 바를 몰랐다. 제자들은 모두 자취를 감추었고, 갈릴리의 추종자들도 찾아볼 길이 없었다. 민심의 동요도 엿보이지 않았고, 폭동이나 혁명 같은 것은 상상조차 할 수 없이 예루살렘은 조용하기만 했다.

범죄자는 자신뿐임을 깨닫게 되었다. 마태는, 반역자 유다는 예수가 유죄 판결을 받은 것을 보고 뉘우쳐 은 삼십 개를 대제사장들과 장로들에게 돌려주며 "내가 죄 없는 분의 피를 팔았으니 나는 죄를 지었소."라고 말하면서 그곳을 떠났다고 기록하고 있다.

예수의 사형이 확정되었음을 안 유다는 엄습해 오는 죄의식과 공포를 견딜 수 없었다. 그래서 예수의 사형이 결정된 것을 확인하고자 대제사장 가야바의 관저에 모여든 고소자들이 있는 곳을 찾아갔다. 유다 자신이 스스로를 생각해도 그렇게 비참할 수가 없었다. 그는 우선 은 삼십 개에 대한 처리는 해야 할 것으로 생각했다. 그래서 그 돈을 대제사장들에게 돌려준 것이다.

그러나 일은 이미 끝났고, 그 돈의 소유주는 유다였을 뿐이었다. 예수를 넘겨주려 했을 때 그렇게 반기던 대제사장도 이제는 완전히 딴 사람이 되어 버렸다. 대제사장은 퉁명스럽게, "이제 와서 그 돈이 우리와 무슨 상관이 있느냐? 그대가 스스로 처리할 문제가 아닌가."라고 냉소 섞인 음성으로 쏘아붙였다. 대제사장의 말은 옳았다. 유다는 할 수 없이 그 돈을 성소에 내던지고 말았다. 가질 수도 없고, 그렇다고 누구에게 줄 수도 없는 돈이었던 것이다.

유다는 예루살렘의 거리를 쏘다녀 보았다. 그렇다고 마음의 안정이 찾아드는 것도 아니었다. 땅 위에 자신만이 범죄자로 머물러야 하는 것 같았다. 갈 곳도 없었지만 누구를 찾아갈 처지도 못 되었다. 예수는 이미 사형이 결정되었기 때문에 오늘 안으로 십자가에 달려 죽을 것이다. 다른 제자들이 자신을 본다면 자기는 몸 숨길 곳 없는 배반자였다. 그렇다고 다시 제사장이나 로마 군인을 찾아가 호소할 수도 없는 일이었다.

유다는 얼빠진 사람같이 예루살렘 거리를 헤매다가 사람들의 눈에 띄지 않는 시외로 발걸음을 옮겼다. 모두가 내일의 명절을 앞두고 행복을 자축하고 있는데, 유다 혼자만 버림받은 죄인이 된 것이다. 자신의 모습과 처지가 그렇게 비참할 수가 없었다. 스승의 뜻대로, 나 같은 사람은 세상에 태어나지 않은 것만 못하다는 상념에 사로잡혔다.

그가 갈 곳은 없었다. 빌라도의 법정이 있는 곳으로는 발걸음을 옮기고 싶지 않았다. 예수를 잡아 넘겨 준 겟세마네 동산 쪽으로도 발걸음을 옮길 수가 없었다. 그렇다고 베다니 마을로 돌아갈 수도 없는 일이었다. 유다는 쫓기는 사람과 같이 예루살렘 서남쪽 방향으로 달리기 시작했다. 그곳은 예수와 관련이 전혀 없는 방향이었다. 누군가가 그를 보았다면 흡사 아벨을 죽이고 숨을 곳을 찾아야 하는 가인의 모습과 비슷했을 것이다.

그때 유다의 머릿속에 한 생각이 떠올랐다. '죽어야 하겠다.' 이 비참함과 고통에서 벗어나는 길은 죽는 길밖에 더 있겠는가 하는 생각을 했다. 한참 달리던 유다는 길가 으슥한 곳에 있는 한 높은 나무를 발견했다. '목을 매달면 될 것이다.'라는 생각이 번개같이 스쳐 갔다.

그 착상에 이르자 유다는 오히려 침착해졌다. 스승보다 내가 먼저 죽어야 하며, 그것이 안식의 길일 것이라고 생각했다. 유다는 그 나무에 스스로 목을 매달았다. 잠시 동안 심한 고통이 스쳐갔다. 그리고는 의식을 잃었다. 아직도 금요일 이른 아침이었다.

「사도행전」에는, 유다는 그 뒤 나무에서 떨어져 창자가 쏟아져 나오는, 누구보다도 비참한 죽음을 당했다고 기록하고 있다. 그 사실은 알 수 없으나 유다의 시체는 나무에서 내려질 때 돌보아 주는 사람도 없이 땅에 떨어졌을 것이다. 유월절을 앞두고 시신을 저주스럽게 그대로 방치해 둘 수는 없었을 것이다.

대제사장은 몇 사람과 상의한 끝에 성소에 버려진 은 삼십 개를 모아 토기장이의 밭을 사서 나그네의 묘지로 삼았다고 성경은 알려 주고 있다. 핏값에 해당하는 돈을 헌금 궤에 넣을 수도 없거니와 누구도 그 돈을 가지려고는 생각지 않았을 것이다. 피 밭의 유래가 되었다는 기록이다. 마태는 이 사실을 스가랴의 묵시적인 예언과 일치된 것이라고 부언해 말하고 있다. 어둡고 비참한 역사의 기록이다.

우리는 여기서 한 가지 사실을 상상해 보자. 만일, 그 날 낮이나 오후에 유다가 자신의 잘못을 깨닫고 십자가에 달려 있는 스승 예수를 찾아가, "주님, 제가 어쩌다가 이렇게 용서받을 수 없는 죄악을 범한 것입니까?"라며 용서를 빌었다면 어떻게 되었을까. 그 길은 얼마든지 열려 있었다. 그러나 유다는 그 길을 택하지 않았다. "내 일은 내가 책임져야지!"라는 폐쇄된 생각이 마침내 그를 자살의 길로 이끌어가 더 큰 죄악을 범하는 결과를 초래했다. 베드로에게는 뉘우침의 눈물이 있었지만, 유다에게는 눈을 감을 때까지 닫혀진 자아가 있었을 뿐이다.

대제사장 가야바의 관저를 빠져나온 베드로는 어떻게 되었을까. 베드로는 일생에 한 번밖에 체험하지 못한 통회의 눈물을 흘렸다. 그도 유다와 같이 자신이 싫어졌을 정도로 저주스러웠다. 이렇게 주님이신 스승을 배반할 수가 있는가. 몸 숨길 곳을 찾을 길 없는 베드로는 한참 동안 예루살렘 거리를 헤매다가, 그래도 예수의 행적은 알아 두어야겠다는 생각으로 멀찍이 떨어져 빌라도의 법정을 바라보면서 좁은 골목을 배회했을 것이다.

베드로는 지나가는 사람들의 이야기를 통해 예수가 십자가에 달리게 되었다는 소식을 알았다. 이제는 밝은 아침이 되었고, 사람들의 내왕도 많아졌기 때문에 베드로는 다른 사람의 눈에 띄지도 않고 피곤도 풀기 위해 아는 사람의 집을 찾아갔을 것 같다. 그 집에 숨어 있으면서 스승에 관한 동정과 동료 제자들의 행방을 탐지하고 있었다.

예루살렘 성 안에는 수많은 유언비어들이 나돌고 있었다. 예수는 빌라도에 의해 사형이 결정되었지만 그의 제자들과 갈릴리 사람들이 결코 조용하지는 않은 것이라는 말들이 나돌고 있었다. 그래서 빌라도의 군대와 대제사장의 사병들은 갈릴리 사투리를 쓰는 사람들을 경계하고 있었으며, 특히 예수의 제자들의 행방을 추적하고 있다는 소문이 파다했다. 있을 수 있는 일이다.

베드로는 누구보다도 먼저 그런 풍문을 접했다. 가야바의 법정에 있을 때 어린 여종까지도 자기를 경계하던 생각이 떠올랐다. 혹시 다른 제자들이 잡히지나 않았는가 생각하기도 했다. 그들이 제일 먼저 노리는 사람이 있다면 그것은 베드로와 요한, 그리고 야고보임에 틀림이 없었다.

베드로는 예수가 골고다 언덕까지 끌려가고, 십자가에 달렸다는 소식도 전해 들었다. 그러나 그 처형장에 베드로는 나타나지 못했다. 빌라도의 군대가 예루살렘과 처형장 일대를 삼엄하게 경계하고 있었기 때문이다. 「요한복음」은, 요한이 갈릴리에서 온 여인들 틈에 끼어 있었던 것으로 되어 있으나, 공관복음은 전혀 그런 면을 암시해 주지 않는다. 오직 유월절에 예루살렘으로 올라왔던 예수의 친척 여인들과 다른 여인들이 십자가와 먼 거리에서 예수를 지켜보면서 슬퍼한 것으로 되어 있다. 그 당시의 풍습으로 미루어 빌라도의 군인들이나 대제사장의 사병들이 죽음을 슬퍼하는 여인들까지 문제 삼을 정도는 아니었다. 또 이런 경우에는 여인들이 남자들보다 더 대담해지는 법이다.

적어도 베드로를 비롯한 예수의 제자들은 예수가 십자가에서 죽고, 장례를 치르는 금요일에는 공식적으로 나타난 일이 없다. 유대인들이 갈릴리 사람들을 크게 환대했던 시대도 아니었다. 겟세마네 동산에서 기도를 하던 예수가 고통을 짊어진 인간이었던 것 같이, 예수의 제자들도 무지하고 나약한 인간들이었다.

그러나 안식일이면서 유월절인 다음 날, 즉 토요일에는 모든 여건이 달라졌다. 그 날은 수많은 군중이 성전으로 몰려들었고, 그 날만은 누구도 어떤 사건을 일으킬 리도 없었으며, 사람을 체포하거나 구속하는 일은 없게 되어 있었다.

그 유월절에 베드로는 갈릴리에서 온 예수의 친척과 십자가를 바라보던 여인들을 통해 자세한 이야기를 들었다. 예수가 어떻게, 누구에 의해 장례를 치르게 되었다는 소식도 알게 되었다. 예수의 무덤이 있는 곳도 물어 보았다. 그러나 모든 일은 이미 끝난 뒤였다. 세상이 그렇게 공허할 수가 없었다. 베드로의 마음은 텅 비어 있었다. 가슴에 구멍이 뚫린 것 같은 기분이었다. 예수를 본 마지막 순간에 주님을 저주하면서 부인했던 사실이 죽을 때까지 독약과 같이 베드로의 마음을 아프게 했을 뿐이다.

누군가가 베드로에게 지금의 심정이 어떠냐고 묻는다면 베드로는 죽고만 싶다고 솔직히 대답했을 것이다.

이렇게 유월절이 지났다. 빌라도는 안도의 숨을 쉬었고, 가야바 일당은 평온을 다시 찾았다. 갈릴리 때부터 예수를 따랐던 사람들은 허탈감에 빠졌고, 호기심을 가지고 예수를 지켜보았던 사람들도 자신들의 관심과 기대가 완전히 공허해졌음에 놀랐다.

다음 날에도 역사는 해가 뜨고 지는 대로 뜻 없이 반복될 것이다.

골고다의 언덕 위에서

먼저 이야기로 돌아가자.

사형 판결을 받은 예수는 집행관인 백부장에게 넘겨졌다. 백부장의 휘하에 있는 군인들은 어느 정도의 시간이 필요했다. 십자가를 준비해야 했고, 그 위에 죄목을 밝히는 판목도 있어야 했다. 그런 것들이 준비되는 동안, 사형 집행의 직접 책임을 맡은 군인들은 죄수인 예수를 조롱하는 것이 상습으로 되어 있었다.

조롱의 내용은 대게 죄수의 죄목에 부합되는 것들이었다. 예수의 죄목은 특이한 것이었다. 판목에는 '유대인의 왕'이라고 쓰여 있을 정도로 예외적인 것이었다. '유대인의 왕'이라는 말에는 여러 가지 뜻이 포함되어 있다. 빌라도가 예수를 놓아 주고 싶어 군중들에게, "그러면 내가 너희들이 말하는 이 '유대인의 왕'이라는 사람을 어떻게 해 주기를 바라는가?"라고 물었을 때, 제사장들은 "우리에게는 오직 가이사(로마 황제)만 있을 뿐입니다."라고 대답한 일이 있다. 이 '유대인의 왕'이라는 죄목 속에는 가이사 이외의 왕위를 사칭하거나 노렸다는 로마적인 범죄성이 들어가 있는 것이다.

또 '유대인의 왕'이라는 말 속에는 이스라엘 백성에게 군림하려는 정권욕의 발로로써 정치범적 성격도 포함될 수 있다. 그러나 이 같은 말 속에는 신앙에 의해 건설되는 '하늘나라의 임금'이라는 종교적 의미도 없지는 않았다.

어쨌든 군인들은 예수를 조롱하고 채찍질하는 죄목으로, 이 '왕'이라는 호칭에 집중했다.

한 군인이, "이런 임금이 어디 있어? 왕은 자주색 옷을 입는 법이지."라면서 예수의 겉옷을 벗기고 자색 겉옷을 구해다가 입혔다. 또 한 군인은, 왕이면 면류관이 있어야 할 것이 아니냐고 하면서 뜰 한 구석에 자라 있는 가시나무 가지를 칼로 잘라 왕관 비슷하게 만들었다. 그리고는 "자, 왕관은 초라하지만 이쯤이면 어떨까."라며 예수의 머리에 눌러 씌웠다.

예수는 고통을 느꼈다. 이마와 머리 몇 곳에서 피가 흘러내리기 시작했다. 또 다른 군인은, "왕패가 없지 않아?"라면서 갈대 가지를 꺾어 예수로 하여금 오른손에 잡도록 했다. 그리고는 "임금님, 안녕하십니까?"라고 농담을 하며 그 앞에 무릎을 끓고 절을 하는 시늉을 했다. 둘러 서 있던 군인들은 깔깔대며 웃었다. 그 군인은 예수의 손에서 갈대를 잡아채 들고 예수의 머리를 때리면서, "임금이시여, 그대를 때리는 내가 누군지 맞춰 보시지!"라면서 빈정거리며 웃었다. 어떤 군인들은 "임금님 얼굴이어서 안됐지만……"하면서 예수의 얼굴에 침을 뱉기도 했다. 군인들은 예수를 정신병자로 여겼을 것이다. 유대인들에게 증오심을 품고 있던 군인들은 예수의 뺨을 치기도 했다.

그러는 동안 십자가도 다 준비되고 떠나도 될 시간이 되었다. 군인들은 예수의 몸에서 자색 옷을 벗기고 다시 평상복으로 갈아 입혔다. 그리고는 준비된 십자가를 짊어지게 했다. 형장인 골고다로 가야 했던 것이다.

예수는 어렵지 않게 이 모든 고통과 모욕을 참을 수 있었다. 이미 지난 밤 세 차례의 기도를 드렸을 때 모든 결정은 끝나 있었기 때문이다. 고뇌의 절정은 지났고, 앞으로 남은 것은 육체적 고통이 기다리고 있을 뿐이다. 육체적인 고통은 어렵기는 해도 참아 넘기기만 하면 된다.

그러나 예수의 마음은 더 아팠다. 지금쯤 내 사랑하는 제자들은 어떻게 되었을까 하는 걱정도 있었고, 우리가 찾아 주어야 할 하늘나라 건설에 대한 책임을 그들은 어떻게 생각하고 있을까 하기도 했다. 이렇게 암흑의 세력이 가득 찬 현실 속에서 누가, 어떻게 희망의 등불을 켜 줄 것인가를 생각하면 정신적 고통은 더욱 심해졌다.

예수는 계속 기도를 드리는 마음의 상태를 벗어날 수가 없었다. 위대한 정신력의 소유자는 언제나 육체적 고통보다는 정신적 고뇌를 더 깊이 받아들이는 법이다. 죽을 때까지 나라와 민족을 자신의 육체보다 더 사랑한 애국자는 우리들 주변에도 있었다. 예수의 큰 사명감은 육체적 고통보다는 정신적 고뇌에 사로잡혀 있었다.

그런 고통을 안고 있는 예수의 어깨에 무거운 십자가가 얹어졌다. 예수의 몸은 흠칫했다. 십자가는 상상했던 것보다 무거웠다. 두 명의 로마 군인이 들어서 얹을 정도였다. 어떤 학자들은 십자가의 종목, 즉 세움대는 골고다 언덕에 있고 횡목만 지웠을 것이라고 말한다. 그러나 그것은 큰 문제가 아니다. 가장 참혹한 처형인 십자가형의 형틀은 죄인이 지고 가게 되어 있었다.

빌라도의 법정을 떠난 대열은 처형장으로 되어 있는 골고다의 언덕을 향해 움직이기 시작했다. 금요일 오전 8시가 약간 넘은 시각이었다. 예루살렘의 4월 아침 8시는 늦은 아침 시간에 해당한다. 그날 아침도 태양은 밝았고, 지난 밤의 냉기와는 달리 벌써 이마에 땀이 날 정도로 더위를 느끼게 하는 날씨였다.

한두 명의 로마 군인이 앞장서서 돌들이 좁게 깔린 길을 인도하고 있었을 것이다. 그들은 치안과 처형에 차질이 없도록 지시를 받고 있었으므로, 골목길을 지날 때마다 좌우를 살피는 경계를 늦추지 않았다. 얼마 떨어진 곳에서 예수는 70kg이나 되는 무거운 십자가를 지고 뒤따라야 했다. 그 옆에는 위엄을 갖춘 백부장이 인솔 책임을 맡아, 힘차지만 느린 발걸음을 옮기고 있었다. 그 주변과 뒤에는 일반인들이 접근할 수 없도록 상당한 공간을 두고 군인들이 호위하고 있었다.

그러나 비밀은 없는 법이다. 야반부터 한두 사람의 입을 통해 전해지기 시작한 예수에 대한 소식은 많은 예루살렘 사람들에게 전해져 여기저기서 사람들이 모여들기 시작했다. 예수와 친분이 적은 갈릴리 사람들은 동향인이라는 뜻도 있어 골목골목에 지켜 서서 예수의 행진을 보고 있었다. 처음 빌라도의 법정을 떠날 때와는 달리 도심지의 한 계곡을 지날 때는 더 많은 군중들이 모여들기 시작했다.

그러던 와중, 처음부터 예상했던 어려움이 생겼다. 저렇게 약한 체력의 소유자인 예수가 과연 저 무거운 십자가를 지고 목적지까지 갈 수 있겠느냐는 염려였다. 예수는 비틀거리기 시작했고, 몇 차례씩 돌길 위에 쓰러지기도 했다. 군인들은 고함을 지르면서 채찍질을 해 보았으나 부질없는 일임을 눈치챘다. 예수를 호위하던 두세 명의 군인들은 은밀하게 합의를 보았다. 저렇게 약한 예수로서는 도저히 더 갈 수가 없으니 누군가에게 대신 십자가를 지우기로 하자는 것이었다.

길가 군중들 속에서 이 광경을 바라보고 있는 사람들 중에 유달리 얼굴색이 갈색으로 타 있으며, 시골에서 올라온 듯한 건장한 30대의 한 젊은이가 눈에 띄었다. 예루살렘에 거주하는 사람이 아닌 것은 옷과 표정으로 보아 분명했고, 갈릴리 사람 같지도 않았다. 눈짓으로 동의를 얻은 한 군인이 그 젊은이를 느닷없이 끌어들였다. 그리고는 "네가 이 사람 대신 십자가를 지고 가라."라고 명령을 내렸다.

그는 아프리카 동북쪽 구레네라는 곳에 거주하다가 배 사정으로 늦게 예루살렘에 도착한 시몬이었다. 시몬은 처음에 항거를 해 보았을 것이다. 그러나 어쩔 수 없이 운명의 짐이 되어 버렸다. 시몬은 예수의 얼굴을 바라보았다. 아무리 보아도 죄인 같지는 않았다. 또 이렇게 많은 사람들이 제작기 다른 표정으로 살피고 있는 점을 미루어 볼 때 폭동이나 살인죄에 해당하는 사람으로 보이지도 않았다. 예수의 조용히 가라앉은 두 눈은 고맙다는 뜻과 더불어 수수께끼 같은 무엇을 전해주고 있는 것 같았다. 시몬은 모든 생각을 단념하고 십자가를 지기로 했다. 행진은 약간 빨라졌다.

그러나 예수의 발걸음이 어떤 골목에 도달했을 때였다. 거기에는 예수를 잘 알 뿐만 아니라 갈릴리에서부터 예수를 수종들던 여인들이 함께 모여 서 있었는데, 예수를 보고는 울음을 터뜨렸다. 예수는 여인들이 있는 곳을 돌아보면서 "예루살렘의 딸들아, 나를 위하여 울지 말고 너희와 너희 자녀들을 위해서 울어라. 보라, 그 날이 정녕 올 텐데, 그 날에는 사람들이 아기 배지 못하는 여인과 아기 낳아 보지 못한 태와 젖 먹여 보지 못한 유방이 행복하다 할 것이다. 그때에 사람들은 산을 향하여 우리 위에 무너지라고 말하며 언덕을 향하여 우리를 덮으라고 말할 것이다. 푸른 나무에도 이렇게 하거든 마른 나무에야 무슨 일을 못 하겠느냐."라고 위로와 경고의 말을 남겼다.

구레네 시몬 덕분에 예수는 가벼운 몸으로 골고다 언덕까지 걸어 올라갔다. 예루살렘의 거리는 그 당시에도 좁았고 돌들이 깔려 있었다. 빌라도의 법정에서 골고다까지 가는 길은 언덕을 내려와 계곡과 비슷한 낮은 거리를 지나 다시 올라가야 한다. 참나무로 된 십자가 끝이 돌길에 끌리는 소리는 주변 사람들의 귓전을 자극시켰다.

형장까지 끌려 올라간 시몬은 땀을 씻으면서 십자가를 놓고 다시 한 번 예수의 모습을 살폈을 것이다. 운이 나빠 남의 십자가를 대신 져 주었으나, 아무리 보아도 예수는 죄인 같지가 않았다. 예수는 먼저와 마찬가지로 시몬에게 고맙다는 눈인사를 하며 시몬을 응시하고 있었다.

시몬은 더 머뭇거리다가는 또 다른 봉변을 당할지도 모른다는 생각이 들어 그곳을 빠져 나오다가 다시 한 번 예수의 두 눈을 보았다. 예수의 조용하고 맑은 두 눈은 여전히 시몬에게 수수께끼와 같은 무엇을 전해 주고 있었다.

시몬은 유월절이 끝난 뒤 구레네로 돌아갔을 것이다. 그러나 오랫동안 예수의 수수께끼와 같은 눈초리를 잊을 수가 없어 다시 예루살렘으로 올라왔음에 틀림이 없다. 그때는 예수의 제자들이 예루살렘에서 큰 집회를 열고 부활하신 스승에 대하여 강론을 펴고 있을 때였다. 어떤 날은 하루에 3천 명이나 되는 신도들이 결심과 더불어 세례를 받기도 했다. 그 틈에 끼어있었던 시몬은, 자신이 그 날 예수의 제자들도 대신 질 수 없었던 십자가를 지고 갔다는 사실이 알려져 큰 환영을 받았다. 그리고 처음 크리스천 중의 한 사람이 되었음에 틀림이 없다. 마가는 시몬을 알렉산더와 루포의 아버지라고 적고 있다. 그것은 시몬의 두 아들인 알렉산더와 루포가 초대교회에 알려진 크리스천임을 입증해 주는 사실이다.

그리고 시몬은 후에 구레네로 돌아가 아프리카에 처음 세워지는 교회의 설립자가 되었다. 구레네에는 1세기 때부터 교회가 설립된 것으로 되어 있다.

예수는 골고다로 가는 도중에, 여인들에게 나를 위해 통곡하지 말고 너희 자손을 위해 울라고 예고했다. 그리고 고난의 날에는 여성들에게 더 심한 핍박이 올 것임을 암시했다. 뜻이 있는 사람들과 역사의 앞날을 살피는 이들은, 전술한 바와 같이 주후 70년에 로마 군인들이 예루살렘을 어떻게 진멸했으며, 많은 여성들과 어린애들이 어떻게 유린당하고 학살되었는지 기억할 것이다. 역사의 심판은 잔인할 정도로 처절한 것이었다.

골고다 언덕 위에서는 미리부터 몇몇 로마 군인들에 의해 작업이 진행되고 있었다. 두 강도가 예수와 함께 처형을 받도록 결정되어 있었기 때문에 그 준비가 진행되고 있었다. 성경은, 예수가 중심이 되는 죄인이었으므로 두 강도 사이에 자리잡게 되었다고 기록하고 있다.

예수는 '해골의 고장'이라는 뜻을 지닌 골고다 언덕에 도착하자마자 대기하고 있던 군인들에게 인계되었다. 한 사람을 처형하는데 보통 4명의 군인이 배정되어 있었다.

그중의 한 군인이 포도주에 몰약을 탄 잔을 예수에게 주었다. 너무 심한 고통을 덜어 주기 위해 마시게 하는 마취제에 해당하는 것이었다. 그것은 관례로 되어 있었다. 예수는 그 잔을 잠시 입에 대었다가 곧 되돌려 주었다. 육체의 고통을 덜기 위해 정신적 마비 상태를 자초하고 싶지는 않았다. 이미 하느님께 고통의 잔을 받기로 결정을 내린 뒤였으며, 운명할 때까지 주어진 의무를 약화시키고 싶지는 않았다.

군인들은 예수의 옷을 벗기고 십자가 위에 눕힌 뒤 두 손과 발목에 못을 박기 시작했다. 예수의 전신은 고통으로 경련을 일으켰다. 상상했던 것보다 많은 피가 쏟아져 나오지는 않았다. 두 강도에 비하면 예수의 몸은 야위어 있었고, 피부는 병약자같이 흰 편이었다. 강도들의 전신이 털로 덮여 있는데 비하면 예수는 갈빗대가 앙상히 드러나 보이는 영양 부족에 걸린 어린애 같은 인상이었다. 로마 군인들도 험하게 다루기에는 약간 애처로운 심정이 들 정도였다.

십자가는 비교적 높이 세워진 것 같았다. 이 지역이 높은 곳이기도 했으나, 본래 십자가에서 처형될 때에는 많은 사람에게 드러내 보이도록 하자는 뜻도 있었다. 골고다는 바위 언덕이다. 예루살렘 전체가 바위 위에 세워진 도성이며, 모든 집들도 돌집이었음을 미루어 짐작할 수 있는 일이다.

세 개의 십자가가 세워졌고, 예수는 가운데 자리를 차지하게 되었다.

모든 절차를 끝낸 군인들은 넷이서 둘러앉아 벗긴 예수의 옷을 관습대로 처리하기로 했다. 처형당하는 사람이 지니고 있던 소지품은 형을 집행하는 군인들이 가질 수 있도록 되어 있었다. 처형의 보상이라고도 볼 수 있는 것이다. 그들은 누가 무엇을 가질 것인가를 상의하다가 제비를 뽑아 돌아오는 것을 차지하기로 했다. 지금과는 달리 옷이 대단히 소중한 옛날이었음을 회상해 볼 수 있다.

군인들의 책임은 끝났다. 죄수들이 죽을 때까지 지켜봐 주기만 하면 되었다.

모든 절차가 끝났을 때는 오전 9시경이었다.

골고다 언덕은 도심지에서 약간 떨어진 곳이었으나 많은 사람들이 모여들기 시작했다. 그러나 이상한 것은 예수의 제자들은 가까이에 나타나지 않았다. 모두가 겁먹고 자취를 감추었던 것이다. 예수가 알아볼 수 있는 사람들은 갈릴리에서 유월절에 올라온 여인들이었다. 그속에 예수의 모친이 끼어 있었음에는 의심의 여지가 없다. 그녀들만이 슬픔을 감추지 못해 흐느껴 울고 있었을 뿐, 다른 사람들은 침묵과 조소로 엇갈린 표정들을 짓고 있었다.

성경은 침묵 속에 가슴을 치는 사람들이 있었음을 밝히고 있다. 그러나 이런 경우 앞장서서 떠드는 사람들은 언제나 예수를 적대시했던 사람들이며, 그들은 계속 저주스러운 조소를 퍼부었다. 대부분이 대제사장의 앞잡이가 되어 예수를 사형으로 몰아넣은 장본인들이었다. 그들은, "아하, 성전을 헐고 사흘 만에 짓겠다던 사람아, 십자가에서 내려와 네 자신을 구원하면 어떠냐?"라고 비꼬아 말했다. 고발자였던 제사장이나 율법 학자들도, "그가 남은 구원하면서 자신은 구원하지 못하는구나. 이스라엘의 왕 그리스도여, 지금 십자가에서 내려오라. 그리하면 우리가 직접 보고 믿을 것이 아니냐."하면서 종교적인 승리를 함축시킨 조소를 퍼부었다. 듣는 사람들 앞에서 예수의 무능을 폭로하고 싶은 야욕을 채워 보는 것이었다. 군인 중의 한두 사람도, "당신이 참으로 유대인의 왕이거든 자기 자신을 구원하시지!"라고 비꼬아 말했다.

예수의 양쪽에 같이 십자가에 달려 있던 강도 중 하나도 예수를 조롱했다. "당신이 우리의 구세주인 그리스도라면서? 그렇다면 당신 자신을 구하고 우리도 구해 주시지?"라고. 물론 예수는 말이 없었다. 그것을 본 다른 쪽 강도가 입을 열었다. "너는 하느님이 두렵지 않느냐? 너도 이분과 같은 선고를 받고 있지 않느냐? 우리는 우리의 범죄로 보응을 받는 것이 마땅하지만, 이 분은 아무 잘못도 없지 않느냐." 그는 죽음을 앞에 둔 네가 어떻게 그런 말을 할 수 있느냐는 듯이 날카롭게 비난했다. 그리고는 머리를 예수 쪽으로 돌리면서, "예수님, 당신이 당신의 나라에 들어가실 때에 저를 기억해 주십시오."라고 간청했다. 흡사 그 말은 기도와도 같았다. 그 말을 들은 예수는 "내가 진정으로 네게 말한다. 너는 오늘 나와 함께 낙원에 있게 될 것이다."라고 위로와 약속을 해 주었다.

예수가 십자가 위에서 남긴 말은 모두 일곱 가지로 되어 있다.

강도들과의 대화가 그 하나이다. 「요한복음」에 따르면, 예수는 십자가 밑에 앉아서 아들의 죽음을 지켜보고 있던 어머니에게, 앞으로 요한을 아들로 삼아 달라고 부탁한 것으로 되어 있다. 그러나 공관복음에는 그 장면이 나오지 않는다. 또 「요한복음」에는 구약의 뜻을 성취시키기 위해 "내가 목마르다."라고 말했고, 어떤 사람이 신 포도주를 해면에 적셔 마시게 해 준 것으로 되어 있다.

그러나 「마가복음」과 「마태복음」에 의하면, 예수는 십자가에 달리고 긴 시간이 지난 뒤, 많은 사람들이 들을 수 있을 정도의 목소리로 "엘로이 엘로이 라마 사박다니!"라고 외쳤다. 몇 사람이 그 말을 듣고,

"보라, 엘리야를 부르고 있다. 과연 엘리야가 와서 저를 구해 줄 수 있을까?"라면서 의아심을 품었다고 전해 준다.

그러나 예수가 외친 이 말은 「시편」 22편 첫머리에 나오는 것이다. '나의 하느님, 나의 하느님, 어찌하여 나를 버리셨나이까…….'라는 뜻이다. 당시의 유대인들은 중요한 구약의 내용을 다 알고 있었으며, 「시편」을 찬송과 같이 부르고 있었다. 마치 크리스천들이 '여호와는 나의 목자시니…….'라는 서두를 꺼내면 모두가 「시편」 23편의 내용을 기억하고 있는 것과 같은 실정이었다. 왜 예수는 「시편」 22편의 첫머리를 외쳐 불렀을까. 전반 부분이 예수가 당하는 고통을 묘사해 주었기 때문이다. 심지어는 예수의 옷을 제비뽑아 나누어 가질 것이라는 내용까지 들어가 있을 정도였다.

22편 중간에는 그래도 모태 때부터 나를 경륜해 주신 하느님에 대한 충성과 믿음에는 변함이 있을 수 없다는 뼈저린 신앙 고백이 들어가 있다. 끝 부분에는 온 무리들 가운데 이 사건이 전해질 것이며, 하느님의 뜻은 영원하다는 찬양을 포함하고 있다. 예수는 이 찬양의 첫 부분을 죽음을 앞에 둔 고통 속에서 불렀던 것이다. 뜻이 있는 사람들은 깨달았을 것이며, 믿음이 있는 사람은 뉘우칠 수 있기 위해서, 그리고 자신의 신념을 다짐하는 뜻에서도.

그러나 한편, 이 고백은 모든 사태를 지켜보면서 남긴 인간과 역사에 관한 지극한 사랑의 발로일 수도 있을 것이다.

나는 어렸을 때, 큰아들이 간질병으로 폐인이 되었는데 둘째 아들마

저 또 간질 발작을 하는 것을 본 그 아이의 어머니가, "오오 하느님, 왜 저를 버리십니까!"라고 호소하는 것을 본 적이 있다. 나라가 불운해지고 민족이 파국에 직면하게 되었을 때 "나의 하느님, 어째서 저를 버리십니까?"라고 외치던 애국자를 회상해 보는 때가 있다. 그 어머니는 두 아들의 생명이 자신의 생명을 합친 것보다 몇 배로 귀했던 것이다. 애국자의 심정에서 본다면 민족의 비운은 개인의 생명과는 바꿀 수 없이 소중한 것이다.

십자가에서 모든 상황을 보고 겪은 예수는 「시편」 22편의 노래를 부르지 않을 수 없었을 것이다. 그것은 모든 인간들, 특히 자신을 박해하고 있는 사람들과 이스라엘 장래를 위한 애절한 기도였다. 예수는 그런 충정을 안고 십자가에 달렸던 것이다. 그리고 이러한 해석은 예수의 일생을 통해 극히 자연스러우면서도 타당한 것이다.

누가는 복음서에서, 예수의 이러한 뜻을 예수의 기도로 재현시키고 있다. 예수는 십자가에 달리고 얼마 후에,

"아버지, 저 사람들을 용서하여 주옵소서. 저들은 자기들이 무슨 일을 하는지 알지 못하고 있습니다."

라는 기도를 드렸다.

그것은 예수 자신이나 고소인들에 대한 적개심에서 나온 기도는 아니다. 하느님의 뜻을 어기며 민족의 비운을 자초하고 있는 저들이 용서함을 받기 위해 예수 자신이 왔는데, 역사적인 속죄가 이루어지지 않는다면 하느님의 나라가 어떻게 되겠는가 했을 때 호소할 수밖에 없

는 기도였던 것이다.

사랑 안에는 원수가 없고, 완전한 사랑은 인류를 위한 고통의 짐을 지지 않을 수 없기 때문이다.

마태와 마가는 예수가 마지막으로 큰 소리를 지른 뒤 운명했다고 기록하고 있다. 그 내용은 밝혀지지 않고 있다. 그러나 누가는, 마지막 말을 "아버지, 내 영혼을 아버지 손에 맡기옵니다."라는 기도로 끝난 것으로 보았다. 어디까지나 인간 예수의 신앙적 과정을 표현한 것이다. 이에 비해 요한은, 마지막 말을 "다 이루어졌다."라는 내용으로 밝혔다. 요한이 본 예수는 구약으로부터 전해 내려온 메시아로서의 사명을 끝낸 것으로 예수의 일생을 걸친 대단원을 내리고 싶었던 것이다.

이 마지막 음성을 어떻게 보아도 좋다. 인간적인 면에서는 하느님께로 돌아가는 길이었던 동시에, 보내심을 받은 사람으로서는 예수의 죽음이 역사의 책임 완수가 될 수도 있다. 생각해 보면 예수가 사람의 아들로서 할 수 있는 마지막 고백은, 하느님께로 돌아가면서 땅 위의 사명을 완수했다는 표현 이상이 없을 것이다.

그리고 예수는 조용히 눈을 감았다. 금요일 오후 3시경의 일이다. 예수는 6시간을 십자가 위에 달려 있었다.

생각해 보면 예수의 일생은 수목이 적은 이스라엘에서 벌어졌으나 이상스럽게도 나무에서 나무로의 생애를 보낸 것 같기도 하다. 예수는 말구유 속에 태어나 목수 일을 하다가 십자가에서 그 생애를 끝냈다.

그래서 사람들은 예수가 다시 세상에 온다고 해도 신부나 목사로는 오지 않을 것이며, 목수 일을 즐기는 소시민으로 태어날지 모른다고 말하는 것 같다. 신부나 목사인 예수는 어울리지 않아도 경건한 목수 예수에게는 이상스러움이 없을 것 같다.

17

예수의 장례와 몇 가지 문제들

예수가 십자가 위에서 숨을 거둔 역사적 사건은, 그 일이 있은 뒤부터 오늘날까지 인류 역사상 가장 주목할 만한 사실이 되었다. 크리스천들의 신앙에 의한 인간적 변화는 말할 것도 없으나 2천 년 동안 인간의 정신사에서 누구도 완전히 해석할 수 없는 위대한 사건으로 남겨졌다.

네 복음서를 기록한 제자들도 그 뜻을 영감으로 짐작하고 있었다. 그러므로 복음서 기자들은 후일에 복음을 쓸 때 몇 가지 특이한 설명을 가했다. 말하자면 예수의 죽음과 관련된 자연의 이변이다.

예수가 십자가에 달린 것은 아침 9시였다. 그 시작부터 3시간 동안에는 큰 변화가 없었다. 그러다가 낮 12시부터 3시간 동안 예수의 고통은 극에 달했고 죽음이 임박함을 예측할 수 있었다. 공관복음은, 이 3시간

동안은 해가 빛을 잃고 사방이 어둠에 싸여 있었다고 기록하고 있다.

제자들의 입장에서 본다면 그 날은 전체가 암흑에 싸인 하루였을 것이다. 과연 어떤 기이한 현상이 3시간 동안 벌어진 것일까. 유월절 기간은 만월이기 때문에 일식은 없었을 것으로 추측하고 있다. 마태와 누가는 예수의 탄신 때 있었던 일들을 기록하고 있으므로 죽음에도 어떤 사태가 벌어졌을 것으로 기록하고 싶었을지 모른다. 그러나 마가도 3시간 동안 어둠이 깔려 있었다고 전한다.

좀처럼 흐린 날씨가 없는 계절임에도 불구하고 짙은 구름이 끼었거나 날씨에 이변이 있었을지 모른다. 그런 일은 충분히 있을 수 있다. 아니면 인류 역사의 큰 비극을 계기로 날씨의 이변이 있었을지도 모른다. 우리는 개인적이기는 하나 때로는 그런 경험을 하는 경우가 있다. 필자는 6 · 25를 앞둔 어느 날 북쪽 하늘이 놀라울 정도로 짙은 구름에 싸이는 것을 보고 어떤 불길한 예감에 사로잡힌 일이 있었고, 또 내가 개인적으로 존경했던 사람의 운명 시간에 일생 동안 겪어보지 못한 서쪽 하늘의 변화를 보고 두려움을 느낀 일도 있었다. 이와 비슷한 어떤 사태가 크게 나타났을지도 모른다.

복음서들은 예루살렘 성전의 휘장이 찢어지고 지진이 있었다고 덧붙였다. 과거의 종교적 전통이 깨지고 새로운 신앙의 역사가 시작된다는 증거로 해석해도 좋을 것이다. 지진의 기록은 아마도 구약의 예언과 맞추기 위해 더해진 내용일 수도 있겠다.

그러나 먼저 말한 대로 이 날 오후, 즉 예수가 운명한 시간은 세계 역사상 그 유례를 찾아볼 수 없는 큰 사건이었음에는 틀림이 없다. 오히려 지진이나 날씨의 변화와는 비교가 안 되는 사건이었다.

오후 3시가 지나자 예수의 측근 사람들과 관심 있는 사람들을 제외한 대부분의 군중들은 집으로 돌아갔다. 예수는 세상을 떠났고, 모든 일은 완전히 끝났기 때문이었다.

그러나 여기에 하나의 문제가 남아 있었다. 본래 십자가형이란 로마가 만들어 낸 가장 잔인한 처형이었기 때문에 죄인들을 여러 날 동안 십자가에 매달아 온갖 고통을 다 겪게 했다. 하루가 지나면 발광하는 사람도 생기고 몸부림을 치다가 지쳐 죽어가는 것이 상례였다. 건강한 사람은 3일 동안이나 애타는 고생을 해야 한다. 빨리 죽고 싶어도 그것이 허락되지 않는다. 또한 십자가 형틀에 달린 죄수를 보는 사람들은, 이유는 물을 필요 없이 저주를 퍼붓는 것이 예사였다. 용서받을 수 없는 죄인이기에 십자가에 달렸을 것으로 받아들여진 것이었다.

그런데 이 날은 유월절이자 안식일인 거룩한 명절 전날이었다. 이스라엘 전통에 따르면, 이 날에는 죄인을 십자가에 그대로 둘 수가 없었다. 그래서 대제사장은 빌라도에게 사람을 보내 예수와 두 강도를 오늘 중으로 처리하게 해 달라고 간청을 했다. 전갈을 받은 빌라도는 백부장을 불러 예수가 어떻게 되었는지 물었다. 백부장은 예수는 이미 운명했고, 다른 두 강도는 내일이나 모레까지 살아남아 있을 것이라고 말했다. 오늘 아침에 처형된 예수가 벌써 죽었다는 것은 예상 밖의 일이었다. 그러나 백부장의 설명을 들은 빌라도는 수긍이 갔다. 예수는 지나치게 건강이 좋지 못했던 것으로 짐작했다.

　빌라도는 백부장에게 오늘 중으로 죄인들을 처리하는 것이 좋겠다고 말했다. 지시를 받은 백부장은 새로운 군인 두세 명을 이끌고 골고다로 갔다. 많은 사람들은 내일의 안식을 위해 집으로 돌아갔고, 갈릴리에서 온 여인들만이 아직도 비탄과 절망에 젖어 있었다.

　백부장의 명령을 받은 군인들은 두 강도를 십자가에서 끌어내려, 아직도 살아 있는 사람들의 다리를 꺾어 죽여 버렸다. 그대로 밤을 넘길 수는 없었기 때문이다. 가운데에 자리하고 있는 예수의 십자가 앞에 와 예수의 얼굴을 쳐다본 군인은 뜻밖이라는 듯이, "벌써 죽었는데."라고 중얼거렸다. 그러나 한 군인이 죽음을 확인하고 싶어 창으로 예수의 옆구리를 찔렀다. 물과 피가 약간 흘러내렸을 뿐 예수의 몸은 움직이지 않았다. 후일에 제자들은, 다리가 꺾이지 않으리라고 기록된 구약의 말을 상기하기에 족했다. 이제는 예수의 시체만이 십자가에 남아 있었다.

　바로 그때였다. 아리마대 요셉이라는 사람이 두세 명의 친지와 더불어 골고다 언덕을 찾아왔다. 그는 백부장에게 빌라도의 허락하에 자기가 예수의 시신을 인계받아 장례를 치르기로 했다는 뜻을 전했다. 백부장은 자기도 알고 있었다고 대답했다. 빌라도가 이미 그 사실을 백부장에게 알려 주었기 때문이다.

　아리마대 요셉은 공의회 의원 중의 한 사람이었다. 나이는 많지 않았으나 만사에 신중하고 동료들의 존경을 받고 있는, 명성과 재산을 다 갖춘 지도층 인사였다. 그는 대놓고 예수를 따르지는 않았으나 예수의 생활과 교훈을 옳게 여기고 있었으며, 이번의 처형은 대제사장들의 질투와 원한의 결과임을 잘 알고 있었다.

물론 그런 위치에 있었다고는 해도 사회적으로 큰 문젯거리가 된 예수의 시신을 인계받는다는 것은 대단한 용기가 필요한 일이었다. 성경은 요셉이 과감히 그 뜻을 빌라도에게 전했고, 그렇지 않아도 뒤처리에 마음을 써야 했던 빌라도로서는 다행스러운 일이었다. 제자들은 나타나지 않았고, 예수를 장사지낼 친지들도 마땅치 않았던 것이다. 요셉은 사람들을 시켜 십자가에서 예수의 시신을 내리게 한 뒤 그의 상처를 씻게 했다.

그때 또 한 사람의 의회원이 나타났다. 오래 전 저녁 때 조용히 예수를 찾아 중생에 관한 대화를 나누었던 니고데모였다. 그때 예수는 니고데모에게, 모세가 광야에서 뱀을 들어 죽을 사람을 살린 것 같이 나도 들려야 할 것이라고 말한 적이 있었다. 오늘 그 예수가 십자가에 들린 것을 본 니고데모는 자신이 쓰려고 준비해 두었던 몰약과 침향을 섞은 방부제를 가지고 골고다까지 찾아왔다. 아리마대 요셉과는 친분이 있는 사이였으므로 그는 그것을 예수의 시신에 발랐다. 그리고는 요셉이 준비해 온 베천으로 예수의 몸을 감싸게 했다. 백근의 향유였기 때문에 시신에 바르기에는 충분했고, 베천은 약 6m가 되는 긴 천이었다. 그 당시에는 관을 사용하지 않았기 때문에, 천으로 시신을 감싼 뒤 그대로 무덤에 안치하면 되었다.

아리마대 요셉은 부자였다. 마침 골고다 가까이에 자신의 가족들을 위해 준비해 둔 무덤이 있었기 때문에 그는 그곳을 제공했다. 그 무덤은 바위 언덕을 뚫고 굴을 판 뒤, 굴속 여기저기에 시체를 안치하도록 되어 있었다. 지금 우리가 로마를 여행할 때 볼 수 있는 초대교회의 지하 묘지와 비슷한 구조였다.

마침 이 무덤은 아직 한 사람도 사용하지 않은 새로운 무덤이었고, 예수의 시신은 가장 좋아 보이는 장소에 안치될 수 있었다. 아직도 예수의 제자들은 나타나지 않았기 때문에 아리마대 요셉이 데리고 온 일꾼들이 장례를 진행시키는 동안 막달라 마리아를 비롯한 몇 여인들은 지켜보다가 무덤 안까지 동행했다. 일행은 침묵 속에 슬픔을 간직한 채 무덤 밖으로 나왔고, 들어가는 무덤 입구는 사람의 키만큼 큰 돌문을 굴려 막았다.

모든 절차는 잘 끝났다. 아직 짙은 어둠은 찾아오지 않았다. 다음 날의 유월절을 위해서 적당한 시간에 장례를 끝낸 셈이다.

끝난 것은 예수의 장례뿐이 아니었다. 예수의 죽음과 더불어 모든 것이 다 사라져 갔다. 예수가 그렇게 정성껏 가르치고 호소했던 하늘나라에 대한 꿈도 산산조각이 나고 말았다. 예수와 더불어 시작되었던 모든 것은 예수와 더불어 모든 사람의 심중에서도 자취를 감추어 버렸다. 내일의 유월절은 수천 번 거듭된 행사로, 지나가 버리면 되는 것이었다.

예루살렘 일대는 곧 아무 일도 없었다는 듯이 어둠의 장막에 감싸이고 말았다.

이러한 일련의 사건들을 직접적으로, 혹은 간접적으로 겪은 예수의 후계자들이 얼마의 세월이 흐른 뒤, 600년 전 메시아에 관하여 가장 많은 예언을 남긴 이사야의 글을 읽었을 때 그 심정이 어떠했을까.

우리가 전하는 말씀을 누가 믿으며
야훼의 팔이 뉘게 나타났느냐.
저가 그 앞에서 새싹과 같이 나오고
또한 마른 땅에 선 나무 그루와 같아서
모양도 없고 맵시도 없으니
흠모할 만한 아름다움이 하나도 없도다.
저는 사람에게 멸시를 받고 배척을 받아
간고를 겪고 질고를 아는 사람이다.
사람들이 얼굴을 가리고 보지 않으려는 것 같이 하여
우리도 저를 멸시하고 천하게 여겼도다.
저는 과연 우리의 질고를 지고 우리의 근심을 메었거늘
우리는 생각하기를 그는 징벌을 받아
하느님께 맞았고 고난을 당한다 하였노라.
저가 찔림을 받은 것은 우리의 허물을 인함이오
저가 상함을 받은 것은 우리의 죄악을 인함이라.
저가 형벌을 받은 것은 우리의 화평을 얻게 함이오
저가 채찍에 맞은 것은 우리의 나음을 얻게 함이로다.
우리가 다 양과 같이 길을 잃고 각기 자기 길로 향하더니
야훼께서 우리 무리의 죄악을 그에게 담당하게 하신지라.

저가 구박을 받았으나 겸비하여 입을 열지 아니하였도다.

사람에게 끌림이여 양이 죽을 땅에 나아가는 것 같고

입을 열지 아니함이여

어린 양이 털 깎는 자 앞에서 소리 없는 것 같도다.

저가 곤고를 만나고 심문을 받고 끌려 갔으니

그 세대 중에 누가 생각하기를 저가 산 자의 땅에서 끊어짐이

형벌 받은 내 백성의 허물로 인함이라 하리오.

무리가 그의 무덤을 악인으로 더불어 같이 하려 하더니

죽어 부자의 무덤에 장사하였으니 이는 불의를 행하지 않고

입에 궤사가 없었음이라.

이것으로 예수의 생애는 끝났다. 물론 우리는 예수의 생애를 전반에 걸쳐 서술한 것은 아니다. 「마태복음」과 「누가복음」에 의하면 예수의 탄생에 관한 많은 기록들이 있다. 또 전도생활을 시작하기 전의 소년기에 해당하는 부분들도 있다. 그러나 우리는 그 문제들은 다루지 않았다. 그 까닭은 두 가지 이유 때문이다. 문헌상으로 보아 예수의 생애에 관한 객관성 있는 기록은, 예수가 세례자 요한을 찾아갔을 때부터 죽음 뒤의 사실까지이다. 「마가복음」에 따르면, 예수에 관한 기록은 본래 이 복음서 16장 8절까지로 되어 있다. 그 이전과 이후의 기록은 점차로 추가된 내용들이다. 추가된 기록이라고 해서 신빙성이 없다는 것은 아니다. 그러나 보충을 위한 조작성이 없지 않다는 사실은 숨길 수가 없다. 물론 초대 교회의 많은 신도들이 그런 이야기를 주고받았으

며, 그 내용들이 보충되어 오늘의 네 복음서가 쓰인 것이다. 그러므로 우리는 예수의 전도 생활 시작부터 그의 죽음까지로 일단은 예수의 생애를 끝내는 것이 좋겠다.

또 우리가 성경을 읽는 데 비판해야 할 점들이 있다. 그것은 복음서의 저자들 누구나가 예수를 그리스도로 입증하기 위하여 예수에 관한 모든 기록을 구약의 내용에 맞추어 나갔다는 사실이다. 특히 예수의 일생 중 가장 중요한 마지막 한 주간에 걸친 면에서는 그 흔적이 너무나 뚜렷하다. 심지어 요한은 구약에 맞추기 위해 그렇게 하지 않으면 안 되었을 것을 묘사하고 있는 실정이다.

유대인의 입장에서 보면 그 이상 중요한 일은 없다. 목수였던 예수가 구약의 긴 역사를 통해 예언되고 약속되었던 메시아임을 입증해야 이스라엘 구주가 되며 야훼 하느님의 아들이 되기 때문이다. 그러나 현대인의 입장에서 보면 우리는 이스라엘 구세주인 예수보다는 예수 자신이 어떤 인물이었는가를 알고 싶은 것이다.

그런 점에서 본다면 네 복음서에 대한 해석에 있어 비판적 요소가 섞이지 않을 수 없다. 우리가 알고 싶은 것은 예수 이상의 무엇도 아니고 예수 이하의 어떤 것도 아니다. 예수 그 자신을 알면 되는 것이다.

우리가 성경을 읽을 때마다 당면하는 것은 예수와 떼어 놓을 수 없이 연결된 기적의 문제들이다.

기적의 이야기들이 너무 많기 때문에 독자들은 약간 당황하게 된다. 그 당시 로마의 문명과 그리스 때부터 전해 내려오는 철학이 그렇게 발달되어 있었는데, 그렇게 쑥스러운 기적의 이야기들이 무책임하게 기록될 수 있었을까 하는 점도 문제이다. 그런 기록을 남기면 지성인들은 모두가 외면하고 말 정도의 사건들이 스스럼없이 열거되고 있다.

물론 어떤 부분들은 각색된 것이었을 것이다. 구약에 나오는 수많은 기적의 이야기를 읽는 사람들이 예수에게도 기적은 있어야 할 것으로 기대했고, 또 그런 이야기들이 유포되었을 것은 있음직한 일이다. 그러나 아무런 기적도 없었는데, 마치 많은 기적이 있었던 것처럼 기록된 것이 성경이라면 그것도 타당한 평가는 못 된다.

오늘날도 그렇다. 수많은 크리스천들은 예수의 기적적인 능력을 믿고 있다. 그들이 과학을 몰라서가 아니다. 합리적인 사고가 부족해서도 아니다. 자기 자신들이 신앙생활의 체험에서 얻은 수많은 정신적 확증들 때문에, 그 원천이 되는 그리스도의 인격과 신앙의 능력에 어떤 경건한 가능성을 인정했기 때문이다.

여기에는 언제나 뚜렷한 절차가 있다. 먼저 나타나는 것은 정신과 인격적 변화이다. 그에 뒤따르는 설명이 추가되어 초자연적인 기적이 뒤따르곤 했다. 그 정신 및 인격적 변화는 엄연히 많은 사람들이 체험하고 있는데, 거기에서 주어진 신앙의 사건들을 어떻게 부정할 수 있겠는가.

이런 면에서 볼 때, 우리에게 크게 문제가 되는 것은 다름 아닌 부활에 관한 것이다.

네 복음서는 예수가 육체와 더불어 부활해 제자들과 가까운 사람들에게 열한 번 나타났고, 부활한 상태로 승천한 것으로 기록하고 있다.

다른 사람은 모르겠지만, 당시에 최고의 지적 수준을 지녔고 예수가 그리스도임을 반대하기 위해 생명을 걸고 나섰던 바울까지도 그 사실을 인정하고 있을 정도이다.

물론 바울이 믿었다고 해서 모든 사람이 다 믿은 것은 아니다. 바울이 예수의 부활 사실을 로마의 고관들에게 발설했을 때 그들은 바울을 정신병자라고 했다. 죽었던 예수가 다시 살아났다는 터무니없는 주장을 했기 때문이다. 지금도 예수의 부활을 일고의 가치도 없는 조작된 내용이라고 보는 사람들이 수없이 많다. 아무리 기독교가 국교로 되어 있던 시대에도 이것을 믿게 할 권리나 의무는 누구에게도 없었다.

그러면 과연 예수는 부활했는가.

우리는 각자의 생각과 신앙에 일임할 수밖에 없다. 바울과 같은 지성인에게 믿지 말라고 할 수도 없고, 과학의 결과를 신봉하고 있는 현대인들에게 예수의 부활을 믿어 달라고 요청할 수도 없다.

그러면 예수의 생애는 죽음과 장례로 다 끝났는가.

그렇다면 우리는 인간 예수는 문제 삼을 수 있어도 예수의 정신력과 선포한 하늘나라는 다 언급한 것이 못 된다. 예수의 부활은 믿지 않는다 해도 예수가 남겨 준 뜻과 하늘나라에 대한 역사적 과정과 성취가 지금도 이어지고 있다는 사실이 더 중요한 것이다.

그러나 우리는 교회의 교리를 말하자는 것도 아니며, 신앙고백을 밝히자는 것도 아니다. 마지막 금요일, 예수의 장례가 끝난 뒤 무슨 일이 어떻게 벌어졌는가 하는 것을 찾아보자는 것이다. 또 그렇게 하지 않으면 안 되는 것이 우리의 책임이기도 하다.

18

예수는 과연 부활했는가

예수가 무덤에 묻힌 다음 날은 안식일이자 유월절이었다. 일 년에 오십여 회의 안식일이 있으나 이 날은 일 년에 한 번밖에 없는 최고의 명절이다. 본래 유대인들은 안식일에는 아무 일도 하지 않는다. 일을 했다고 생각되면 그것은 신앙적인 불경죄가 되는 것이다. 따라서, 스승을 잃은 예수의 제자들과 추종자들도 그 날만은 아무 일도 하지 않았다. 그렇다고 해서 그들에게 명절의 즐거움이 있거나 성전에 찾아가는 한 가닥 희망이 있을 수는 없었다. 삶의 모든 용기가 하루 이틀 사이에 사라져 버리고 말았던 것이다.

제자들은 갈릴리에서 온 예수의 일당으로 지목을 받아 체포될지도 모른다는 두려움 때문에 밖에 나가 다니는 것도 꺼렸다. 오직 여인들을 통해 예수의 동정과 장례를 치른 사실을 전해 듣고 비통에 빠져 있을 뿐이었다.

갈릴리 사람들은 해마다 예루살렘에 오면 제각기 머무는 집들이 있었다. 대개는 친척이나 친지의 집 신세를 지게 마련이다. 그래서 예수의 십자가 옆에 머물렀던 여인들과 베드로와 요한 네 형제들은 예수에 관한 소식을 계속 연락받을 수 있었다.

안식일이 저물어 갈 무렵, 예수의 무덤을 알아 두었던 여인들은 모여서 마지막으로 예수의 시신에 향유를 부어 드리고 고향인 갈릴리로 돌아가기로 작정했다. 물론 그 일을 위해서는 제자들의 협조가 있었을 것이다. 향유를 준비한 여인들은 밤이 가고 새벽이 오기를 기다렸다. 날이 바뀌면 정상적으로 무슨 일이든지 할 수 있는데, 그것은 종교적 범죄가 되지 않는다.

여인들에 비해 예수의 열한 제자들은 더 심한 허탈과 절망에 빠져 있었다. 이미 생명을 끊은 가룟 유다의 팔자가 부러울 정도로 심한 좌절을 겪어야 했다. 우선 그들은 갈 곳조차 없었다. 갈릴리로 돌아가 다시 어부 일을 시작할 수 없거니와, 초라한 모습으로 고향에 나타난 그들을 보는 세상 사람들의 눈초리는 어떠하겠는가. 마태는 옛날 하던 세무 일을 생각해 보았으나 도저히 그 자리로 돌아가 일을 할 수 없었다.

고향으로 돌아갈 수 없는 더 큰 이유도 있었다. 스승의 무덤이 예루살렘에 있는데, 그 예수를 등지고 당장 어디로 갈 수 있겠는가. 예수가 없는 곳은 온 세상이 텅 빈 공간과도 같았다. 그런 새벽에 여인들은 향유를 가지고 예수의 무덤을 찾아 나섰고, 제자들은 몇 사람씩 따로 모여 실의에 빠져 있었다. 복음서에는, 그래도 정치적인 보복이 두려워

안으로 문을 잠그고 자신들의 근거지를 숨기고 있었던 것으로 되어 있다.

그런 제자들에게 청천벽력과 같은 소식이 들려 왔다. 무덤에 갔던 여인들이 불안과 공포에 질린 표정으로 돌아와, 예수의 시신이 무덤에 없다는 보고를 한 것이다. 여인들의 보고는 상상조차 할 수 없는 내용이었다.

이른 새벽, 무덤을 찾아가면서 여인들은 무덤 문을 막아 놓은 그 큰 돌을 누가 옮겨 줄 수 있을까를 걱정했다. 혹시 무덤지기라도 있으면 부탁해 보아야겠다는 생각을 하고 있었다. 그러나 막상 무덤 앞에 다다라 보니 돌문이 열려 있고, 무덤 안이 어렴풋이 들여다보이는 것이 아닌가.

두 여인은 의아함과 불안을 느끼면서 안으로 들어섰다. 그리고 예수의 시신이 안치되었던 자리를 살펴보았다. 그런데 이 어찌 된 일인가. 예수의 시신은 간 곳이 없고, 몸을 감쌌던 베천만이 개켜져 한 곳에 놓여 있지 않은가.

여인들은 질겁을 했다. 누가 예수의 시신을 훔쳐다가 버린 것이 아닐까. 그런 일은 벌어질 수 없었다. 그럴 필요를 느끼는 사람이 있다면 그것은 예수를 죽게 한 원수들이다. 그런데 원수들은 이미 예수의 처형으로 그 책임이 끝나지 않았는가. 또 시신을 훔쳐다가 버린다면 베천을 저렇게 정리해 놓을 필요가 있겠는가. 어제는 안식일이었다. 로마인이라면 몰라도 유대인들은 안식일을 범하는 일을 절대로 하지 않는다. 로마인들이 유대인, 그것도 갈릴리 사람인 예수의 시체를 훔쳐 가거나 옮길 필요는 아주 없는 것이었다.

여인들의 보고를 받은 제자들, 그중에서도 베드로와 요한은 그 소식을 듣자마자 무덤으로 달려갔다. 요한이 먼저 도착해 보니 무덤 문은 열려 있었다. 약간 뒤늦게 달려온 베드로가 먼저 무덤 안으로 들어섰다. 여인들의 말에 잘못이 없었다. 그 장면은 마치 잠들었던 사람이 잠에서 깨어나 베천을 정리해 놓은 뒤 무덤 문을 열고 밖으로 자취를 감춘 상태와 흡사했다.

그렇다면 예수는 어떻게 되었는가. 들려오는 말로는 대제사장 가야바가 예수의 시신을 훔쳐갈 것 같아 군인들로 하여금 3일간 무덤을 지키게 했었다는 것이다. 그러면 예수의 시신을 누구도 훔쳐갈 수도 없거니와 그럴 필요도 없지 않은가. 만일 예수의 죽음이나 장례가 잘못되었다면 모르나 그것은 수백 명의 증인이 있어 불가능한 일이었다.

그때 여인들과 제자들이 다 같이 기억에 떠올린 생각이 있었다. 사흘만에 내가 다시 살아나리라고 했던 예수의 말이었다. 과거에 있었던 모든 사실들로 미루어 보아 그것은 가능한 일이며, 예수는 확실히 그 일을 성취시켜야 했을 것이다.

부활 이외에는 다른 일이 벌어질 가능성이 없었다. 그렇다면 부활한 스승 예수는 반드시 자기네들에게 나타날 것임이 틀림이 없었다.

이럴 즈음에 부활한 예수에 관한 소문과 보고가 들어오기 시작했다. 무덤에 갔던 여인들이 천사를 통해 예수가 다시 살아났으며, 고향이면서 활동 무대였던 갈릴리로 제자들보다 먼저 가 기다릴 것이라는 소식을 전해 들었다고 전파되기 시작했다. 제자들은 물론, 직접 제자가 아니었던 경건한 신도들도 예수의 나타남을 보았다고 하는 보고가 들어왔다.

이러한 소식들은 자연히 아직 예루살렘에 남아 있던 베드로를 중심으로 하는 제자들에게 전해졌고, 제자들은 살아 있었을 때 스승이 했던 교훈이나 생활을 보아 불가피한 것으로 사료되기 시작했다. 부활은 당연한 귀결이었다. 그것이 하늘나라를 위한 예수의 뜻임을 뒤늦게나마 깨닫게 된 것이다.

부활에 대한 기록들은 두 가지 성격을 띠고 나타났다. 하나는 육체의 부활을 강조하는 방향이었고, 다른 하나는 영적인 부활에 관한 것이었다.

다시 나타난 예수를 믿을 수 없는 제자들에게, 예수는 식사를 같이 해서 부활한 실체임을 보여 주었다는 기록이 있는가 하면, 여인들은 예수의 발을 붙들고 엎드려 절했다고 쓰여 있다. 도마와 같이 의심이 많은 제자는 직접 예수의 손과 창자국이 난 옆구리를 만져 본 뒤에야 믿었기 때문에, 예수는 "너는 나를 보았기 때문에 믿느냐? 나를 보지 않고도 믿는 사람은 복이 있다."라고 말했을 정도였다.

이런 일련의 기록은 예수의 부활을 확증하려는 의도와 예수의 부활은 육체를 동반한 것이었음을 강조하고 싶었던 뜻에서 나온 것이다. 또 그 당시에는 그렇게 생각하는 것이 자연스러운 추세이기도 했다.

이에 비하면, 누가의 기록에 나오는 엠마오로 가던 두 제자에게 나타난 예수는 육체적인 부활보다도 정신적인 영존과 실존성을 더 강조하고 있다.

글로바라는 예수의 간접적인 제자와 그의 친구가 예루살렘에서 11km쯤 떨어진 엠마오라는 마을을 향해 가고 있었다. 그들은 수심과 회의의 표정을 감추지 못하면서, 아까부터 어떤 이야기에 몰두하고 있었다. 물론 나사렛 예수에 관한 이야기였다. 저녁볕이 지중해 쪽으로부터 그들의 그림자를 길게 드리울 시각인 늦은 오후였다.

그때 두 사람 뒤에 한 행인이 뒤따라 나타났다. 그는 두 사람에게, "아까부터 무슨 이야기에 그렇게 열중하고 있느냐."라고 물었다. 글로바는 그에게, "당신도 예루살렘에서 오는 손님 같은데, 지금 예루살렘을 온통 뒤집어 놓은 사건을 당신만 모른다는 말입니까?"라고 반문했다. 뒤따라 온 길손은 "무슨 사건이냐?"라고 짐짓 모르는 체했다.

두 사람은 예수에 관한 이야기를 자세히 설명했다. 그분에 의해서 이스라엘이 구원을 얻고 하늘나라가 성취될 것으로 믿고 있었는데, 대제사장과 원수들이 예수를 십자가에 못 박도록 빌라도에게 넘겨주었고, 유월절 전날 만인이 다 아는 대로 세상을 떠나 장례를 지냈다. 그런데 안식일이 지난 오늘 새벽에 여인들이 그 무덤에 갔다가 천사들의 환상을 보았는데, 예수가 부활해서 무덤에 없다는 이야기였다. 여인들의 보고를 들은 제자들이 무덤으로 달려갔으나 역시 무덤 문은 열려 있었고 예수는 거기에 계시지 않았다는 것이다. 지금은 그 사건을 놓고 제자들과 무리들이 어찌할 바를 모르고 있다는 설명도 들려주었다.

두 사람의 말을 들은 길손은 그들의 말을 이어받으면서, "그것은 당연한 일이 아니냐. 구약에 여러 번 그 사실이 예언자들을 통해 기록되었고, 예수도 살아 있을 때 항상 그 뜻을 이야기했는데, 어째서 당신네만 믿지를 못하는가. 하느님께서 원하시는 하늘나라는 그렇게 해서만 이루어질 것을 어째서 깨닫지 못하느냐."라고 불만스러운 설득을 했다.

두 사람은 경건한 마음으로 그 뜻을 받아들였다. 그리고는 여행을 계속하려는 듯이 보이는 길손을 간청해서 함께 여관에 들었다. 저녁 식사를 같이 하면서 은혜와 감격에 찬 설명을 더 듣고 싶었던 것이다.

식사가 들어왔을 때 길손은, 먼저 떡을 들고 축복한 뒤 친히 떡을 떼어 두 사람에게 나누어 주었다. 떡을 받아먹은 두 사람은 비로소 그 길손이 예수임을 알게 되었다. 어쩔 줄 몰라 망설이고 있을 때 예수는 그들 앞에서 모습을 감추었다.

두 사람은, "아까 길에서 말씀하실 때부터 우리 마음이 뜨겁지 않았던가."라고 공감하면서 그대로 예루살렘으로 되돌아가 그 사실을 열한 제자들에게 보고했다. 그러나 이미 그때는 몇 제자들도 예수를 만난 뒤였다. 모두가 처음에는 유령일 것이라고 경계했으나 결국은 스승임에 틀림이 없다는 결론을 내렸다.

두 사람이 만난 예수는 육체적인 부활을 강조하지 않고 있다. 그러나 예수의 영존과 실존을 의심하지 않는 입장은 지키고 있다.

어쨌든 예수의 열한 제자와 그 측근자들은 예수의 부활을 의심할 수 없었고, 그들은 모두가 직접적으로, 혹은 간접적으로 예수가 살아 있을 때와 직결되는 새로운 사명 의식을 깨닫게 되었다. 하늘나라는 이제부터 시작되어야 하며, 그 성취는 제자들을 떠나지 않고 살아 있는 예수 그리스도에 의해 이루어질 것이라는 확실한 신념을 가지기에 이르렀다. 그들은 예루살렘과 유다를 거쳐 땅 끝까지 예수의 소식을 전해야 한다는 불타는 정열과 사명 의식에 붙잡히게 되었다.

예수의 부활에 확신을 얻은 제자들은 다 같이 다락방에 모이기로 했다. 아마 그 다락방은 최후의 만찬을 나눈 곳이었을지도 모른다. 그 집은 넓은 공간을 가지고 있었다.

처음에는 열한 제자가 중심이 되었으나 갈릴리에서 온 여인들도 함께 가담했고, 예수의 간접적인 제자들도 합세하여 120명 정도의 수가 정기적으로 모이곤 했다. 물론 대제사장 가야바를 중심으로 하는 종교 실권자들은 이 사람들의 집회를 마땅치 않게 여겼다. 때로는 위협도 하고, 불온한 집회라고 해서 제재를 늦추지 않았다. 그러나 예수의 부활을 확신한 그들은 유월절 이전의 상태와는 달랐다. 자신과 용기에 찬 모습으로 열심히 모여 기도를 드렸고, 예수의 행적과 가르침을 반복해서 전달해 주면서 하느님의 은총을 사모했다. 예수가 부활한 후 40일에 걸쳐 열한 번이나 나타난 것으로 되어 있기 때문에, 그들의 신앙과 사기는 더욱 드세어졌다.

제자들이 장소를 옮겨 예루살렘 성전 뜰에 갔을 때는 더 많은 군중이 모여들었다. 예수에 대해 관심을 가졌거나 기대를 걸었던 사람들은 대부분이 베드로를 비롯한 제자들을 통해 부활의 사실을 확인하고 싶었으며, 예수에 대한 더 자세한 소식을 듣고 싶어 했다.

이때부터 베드로와 경건한 신앙을 가진 제자들은 육체를 입고 부활한 예수보다도 항상 자신들과 같이 있으면서 역사해 주시는 주님을 느끼며 깨닫기 시작했다. 그리고 그것은 예수가 살아있을 적에 여러 번 약속했던 성령의 임재임을 체험하는 일이었다. 예수는 당신 대신 성령이 너희를 이끌어 줄 것이라는 교훈을 했었고, 그 사실이 지금 입증되고 있었던 것이다.

그러는 동안에 오순절이 되었다. 유월절을 지나 50일의 시간이 흘렀다. 베드로를 중심으로 하는 제자들은 이 명절을 맞아 더 큰 집회를 가지게 되었다. 오순절을 지키기 위해 예루살렘에 모여 든 군중들이 이 기이하고도 놀라온 소식을 듣고 더 많이 모여 들었던 것이다. 그 날 아침 베드로는 제자들을 대신하여, 십자가에 달려 죽은 예수가 하느님께서 보내주신 메시아였음을 증거하는 연설을 했다. 구약을 인용함은 물론, 살아 있었을 때의 예수의 행적과 교훈을 설명해 주었다. 그리고 예수의 죽음과 부활을 강조하기 시작했다.

그때였다. 갑자기 큰 바람이 부는 것 같은 소리가 방에 가득하더니 어디선가 혀와 같이 생긴 불꽃같은 섬광이 여러 가지로 갈라져 제자들과 많은 사람들 머리 위에 나타났다가 사라졌다. 그 방에 있던 사람들은 모두 그 놀라운 광경을 보았다.

그런데 이상한 일이 아닌가. 베드로가 예수에 관해 증거하는 말이 거기에 모인 모든 사람들의 모국어로 각각 들려오는 것이었다. 그들은 서로의 얼굴을 쳐다보면서 놀라움을 감추지 못했다. 어떻게 된 영문인지 알 수가 없었다. 비방하기 위해 첩자의 책임을 지고 와있었던 사람들은 예수의 제자들이 새 술에 취한 것 같다고 빈정댔다.

그러나 베드로의 연설을 귀담아들은 사람들은 예수가 그리스도임을 인정하고, 새로운 신앙과 삶을 기약하기를 원했다. 무리들은 베드로에게 "그러면 우리가 어떻게 하면 되겠느냐?"라고 물었다. 베드로는 자신에 찬 자세로 "모든 죄를 회개하고 죄 사함을 받은 뒤 세례를 받고 성령을 받으라."라고 가르쳤다.

이때의 세례는 두 가지 뜻을 가진다. 새로운 신앙에 들어온다는 뜻이며, 주의 성령이 나를 이끌어 주리라는 새로운 삶의 출발을 뜻한다.

오순절 하루 동안에 세례를 받고 크리스천이 된 사람이 3천 명에 달했다고 사도행전은 기록하고 있다. 며칠 뒤에는 그 수가 더 늘어 남자만 5천 명에 이르렀다.

이렇게 예수의 부활은 성령의 역사로 이어졌고, 기독교는 오늘날까지 생명의 흐름을 계승하게 된 것이다.

이 사실은 개인 예수의 부활보다도 더 엄청난 역사의 사건이 되었고, 하느님과 인류 사이에 벌어지는 구원의 사건으로 전개되고 있다.

그리고 누구도 이해할 수 없었던 사실은, 그렇게 나약하고 비겁했던 예수의 제자들이 새 역사의 창조자들이 되었으며 그들의 대부분이 예수의 뒤를 따라 순교의 길을 택했다는 사실이다. 그들은 예수와 같은 자신들의 죽음이 하늘나라의 건설임을 확신하고 있었다. 이렇게 본다면 예수의 부활에 대한 신앙이 인류의 참다운 삶과 연결되는 것이다.

성경과 역사가 전해주는 바에 따르면, 베드로는 61년경에 로마에서 순교했고, 그의 동생 안드레는 그리스의 파트라스에서 굶겨 죽이는 형벌을 감수했다. 시몬이라는 제자는 스아닐에서 예수를 증거하다가 살해당했고, 바돌로매는 알바나에서 산 채로 살갗이 벗겨진 채 십자가형을 당했다. 나이가 많은 요한은 밧모 섬에서 기름 가마에 넣어져 순교했고, 야고보는 예루살렘 교회의 책임자로 있다가 살해당했다. 의심이 많은 제자로 알려졌던 도마도 동쪽으로 전도 여행을 떠났다가 관에 넣어진 채 톱으로 켜져 죽었다고 전해지고 있다.

사실 예수의 진정한 부활을 증거하는 사건들은 이 비겁하고 무능했던 제자들의 행적과 죽음이 아니었을까.

그들은 예외없이 예수와 같이 죽어 예수와 더불어 영원히 살 것을 믿고 있었으며, 그것이 하늘나라를 위한 사명임을 깨닫고 있었다.

그래서 예수의 생애는 무덤과 더불어 끝나는 것이 아니라 부활과 더불어 시작된 것이다.

나는 왜 이 책을 썼는가

나는 80여 년을 책과 더불어 살았다.

지금 세계를 움직이고 있는 영국과 미국, 프랑스, 독일은 모두가 대단한 독서국가였다. 그러나 문예부흥을 출발시켰던 이탈리아, 스페인, 포르투갈은 독서국가가 되지 못했다. 그래서 지금은 유럽국가 중에서는 제2선에 머물고 있다. 러시아는 근대화에 뒤쳐지면서 독서의 후진국이 되었다. 독서의 결핍이 후진사회의 요인이 되었다. 동양에서는 유일하게 일본이 대단한 독서국가이다. 그 결과로 지금은 아시아에서 유일한 선진 국가로 성장했다.

불행하게도 우리는 그런 독서부흥의 시기를 갖지 못했다. 책을 읽는 사회가 될 것으로 기대해보았다. 그러나 컴퓨터와 휴대폰 그리고 영상문화가 등단하면서 정신적 고전은 외면당하고 있다. 크게 우려스러운 일이다. 이 정신적 영양부족이 우리 민족의 돌이킬 수 없는 상흔으로 오래 남을 것 같다. 생활에 필요한 지식은 얻고 있다. 그러나 정신과 인간적 영양은 턱없이 모자란 사회에 살고 있다.

예를 들어 공자의 「논어」와 무관하게 살고 있다면 그것은 교양인도 아니며 지성인의 자격도 상실하는 것이다. 그런데 정신적 지도자의 책임을 맡고 있는 신부나 목사가 「논어」는 유교의 경전이기 때문에 우리와는 상관이 없다고 생각한다면 사회 지도자는 물론 기독교 이해에도 도움이 되지 못한다. 그 결과 많은 그리스도인이 「논어」와 벽을 쌓고 살고 있다.

기독교 경전인 구약과 신약은 부피가 너무 방대하다. 그러나 그중에서 구약의 「창세기」와 신약의 네 복음서는 기독교 경전이라고 여기기보다는 누구나 읽어야 하는 고전 중의 고전이다. 그런데 교회 밖 사람들은 그것은 기독교인들의 경전이지 기독교와 떨어져 있는 우리와는 관련이 없다고 생각한다. 우리 주변에는 「창세기」나 네 복음서를 읽지 않은 사람들이 너무 많다.

나 같은 사람이 예수에 관하여 집필하게 된 것은, 만일 내가 고등학교 상급반이나 대학 초급학년에 있다면 기독교 경전을 가장 정확하게, 어렵지 않게 읽을 수 있는 책으로 어떤 책이 있을까 자문해 보았기 때문이다.

네 복음서를 다 읽는 것도 부담되거니와, 네 복음서 안에는 상처되는 부분도 적지 않다. 또 경전으로서는 상징적 의미가 있으나 고전 및 역사적으로는 어떻게 해석하는 것이 옳은가 하는 문제도 없지 않다. 성서학자들 스스로가 인정하고 있는 사실이다.

그래서 예수는 어떤 사람이며 왜 예수에게는 그의 인간다움을 넘어 종교와 신앙적 질의에 해답을 주는 뜻이 잠재해 있는가를 찾아보고 싶었다. 예수에게서 그가 우리에게 그리스도, 즉 신앙적 구원과 관련되는 가능성이 있는가를 물어보고 싶었다. 네 복음서에 나타난 예수를 기록된 내용대로 살펴본 것이다.

만일 나와 내 친구들이 젊었을 때 직접 성경을 읽지 않아도 '예수가 누구인지', '우리와 상관이 있는지' 묻는다면 권할 수 있는 글을 쓰고 싶어 집필하게 된 것이 이 책이다.

자신의 저서에 만족하는 사람은 많지 않다.
독자에게 작은 도움이라도 된다면 감사할 뿐이다.

세 번째 교정판을 내면서
저자 김형석